欧美学科教学法译丛
总主编:陈时见　张学敏

体育教学法

编　者　[英]苏珊·卡佩尔(Susan Capel)
　　　　[英]玛格丽特·怀特黑德(Margaret Whitehead)
主　译　黄　菁
参　译(按照姓氏笔画排列)
　　　王惠珍　刘　婧　刘承宇　张国栋
　　　陈雅清　唐　榕　黄　菁
译　校　刘承宇　谢翠平
审　校　刘承宇

重庆大学出版社

版贸核渝字（2011）第 32 号

图书在版编目（CIP）数据

体育教学法/（英）卡佩尔（Capel,S.），（英）怀特黑德（Whitehead,M.）编；黄菁等译．—重庆：重庆大学出版社,2015.7
（欧美学科教学法译丛）
书名原文：Learning to Teach Physical Education in the Secondary School（3rd Edition）
ISBN 978-7-5624-9270-2

Ⅰ.①体… Ⅱ.①卡… ②怀… ③黄… Ⅲ.①体育教学—教学法 Ⅳ.①G807.04

中国版本图书馆 CIP 数据核字（2015）第 148892 号

体育教学法

苏珊·卡佩尔（Susan Capel）
[英]玛格丽特·怀特黑德（Margaret Whitehead）　编
黄　菁等译
策划编辑：唐启秀　陈　曦
责任编辑：李桂英　　版式设计：唐启秀
责任校对：张红梅　　责任印制：赵　晟
*
重庆大学出版社出版发行
出版人：邓晓益
社址：重庆市沙坪坝区大学城西路 21 号
邮编：401331
电话：(023)88617190　88617185(中小学)
传真：(023)88617186　88617166
网址：http://www.cqup.com.cn
邮箱：fxk@ cqup.com.cn（营销中心）
全国新华书店经销
重庆川外印务有限公司印刷
*
开本：787×1092　1/16　印张：19　字数：383 千
2015 年 8 月第 1 版　2015 年 8 月第 1 次印刷
ISBN 978-7-5624-9270-2　定价：54.00 元

前　言

学会教学

　　所有优秀的运动员和舞者都会花时间学习和练习基本技能以便能熟练高效地表现或演出。学会某种技能后,可以不断地对其进行改进、精炼,使其体现表演者的个性或适应某种情境,从而创造独具特色的艺术表现。挖掘表演技艺也是以科学理解为基础的,包括生物力学、人体运动学、生理学、心理学、社会学等多个方面。因此,卓越的表演都有艺术与科学的支撑。

　　同样,教学也具有其艺术性和科学性。首先,教师需要掌握基本的教学技能。其次,高效的教学要求教师具备职业的判断能力以满足具体情境和教学的要求,采用相应的教学技能,在教学过程中要考虑诸如学生的能力和需求,以及授课的空间和环境等因素。同时教师还要具备广博的知识和很强的理解力,如能依据体育教学目标制订教学计划、划分教学单元;同时,教师对于整个教育领域的认识和理解也是同样重要的。然而,正确的教学方式并非只有一种。对应不同的学习情况可以采取相应的教学策略。而且,不同的教师亦有其不同的个性和特点。因而,教师要不断改进、精炼基本的教学技能,结合不同的方式从而创造自己独特的教学风格。从教的过程是令人兴奋的,能在教学中融合艺术与科学,将会使你的教师生涯极具意义,载誉累累。

　　在体育教学中,运动技能有时被描述成从开放性技能(多变条件下所完成的技能)到封闭性技能(一致条件下所完成的技能)的连续。对于开放性技能,如篮球和曲棍球里的运球技能,既要求掌握基本技能,同时也要求适用于不同的比赛情境;封闭性技能如前空翻或掷铁饼,最重要的就是不断练习、改进技巧并能在竞赛的高压环境下完成。还有一些技能,如高尔夫运动中的推球入洞,既具有开放性又具有封闭性。

　　高效学习和掌握不同的技能需要不同的练习方法。对于开放性技能不仅要练习基本的动作技巧,而且也要加强训练技能的适应性以应对不同的情况。而对于封闭性技能则要不断地练习完善基本动作技巧。

　　运用运动技能开放性和封闭性的类比,教学技能可以被视为开放性技能。教师需要不断练习掌握基本的教学技能,同时也需要能针对不同的情景在正确的时间以正确的方式选择正确的技能。在教师入职教育(ITE)课程中,师范生有各种机会和体验来学习掌握基本的教学技能。首先是在受控制的情境下练习教学,进而练习上满堂课。师范生不可能仅仅通过教师入职教育课程就能完全成为一名高效教师。作为一名新合格教师或者已经成为一名合格教师,仍要不断改进自己的教学技能,培养依据不同情况运用不同技能的能力,并作为教师职业持续发展(CPD)的一部分,能够继续培养自己的职业判断能力和反思能力。

要成为一个高效教师要学的内容很多,而且教学过程肯定不是一帆风顺的。我们不可能准备一个具体的教学模式,但可以帮助理解教学的复杂之处。因此,我们的目标是辅助师范生,使其能:

- 学习掌握基本的教学技能(教学的工艺),以便能应对大多数教学情境;
- 将基本教学技能应用于具体的教学情境中以满足不同情况的需求;
- 认识和理解体育的内涵和外延;
- 具有职业判断能力;
- 批判性地反思自己的所作所为以及自己的价值观、态度和信念;开始建立和发展自己的体育教学体系。

这样一来,教师就能够不断发展和改进精炼自身的教学技能,满足具体教学情景的需求,应对不断变化的教育环境,并指导自己的教师职业发展。同时也应该能更批判和反思地看待教学的各个方面,开始探索和形成自己的体育教学体系。这将有助于满足教师指导具有硕士水平的入职教育课程的需求和/或职业持续发展的需求。

关于本书

本书共有 18 章,可分为五个部分:

- 第一部分(1、2 章)提供了关于体育教学及其教学目标的介绍和背景知识。
- 第二部分(3—8 章)介绍了师范生在入职教育课程中需要掌握的一些基本教学技能。
- 第三部分(9—12 章)处理师范生的基本技能在教学情境的诸领域中的应用。
- 第四部分(13—16 章)探讨更广泛的教育背景下的体育教师的定位。
- 第五部分(17、18 章)寄予作为教师的持续发展的展望。

在本书中,我们只考虑研究了适用于体育课程中活动领域的一般原则。

我们虽然没有从细节上考虑学科知识,但是全书中有列入体育课程的活动参考。读者需要参考其他资料以获得学科知识。很多书都将重点放在体育课程中的具体活动上。此外,读者还需利用其学士学位课程所涵盖的学科知识,包括生物力学、人体运动学、生理学、心理学和社会学等学科。读者对于这些学科的理解应该成为其作为体育教师工作的基础,如利用生物力学原理确定某项技能的学习/教学点,利用生理学知识鼓励学生采取健康、积极的生活方式或利用心理学知识理解竞争的影响或运动消耗的原因从而制订课外教学计划。

本书每章结构如下:

■ 引言,介绍本章内容;

■ 目标,列出读者在读完本章后所应该知道、懂得或能够做的事情并完成本章任务;

■ 内容,基于研究和证据的基础上强调教学是在证据和批判性反思的基础上才能得到最好的发展。其间还穿插有小任务以提升读者的知识水平、理解力和能力;

■ 小结与要点,本章总结和提要;

■ 拓展阅读:使得读者能找到关于更多本章内容的节选信息。

我们强调理论与实践的关系,试图通过在每章列举与实际情况有关的例子并将理论与任务相结合,帮助读者识别行为或问题的主要特征。可以使用多种不同的方法来获取信息,如反思阅读、观察,或者实施某项被要求开展的活动、提问、收集信息、观课或是与自己的导师或其他师范生讨论等。有些任务会侵犯他人,如观摩一体育老师授课或询问信息。如果某项任务要求你这样做,你必须首先征得相关人员的应允。要记住你只是学校的客人,你不能随便走进某位老师的课堂然后开始观课。此外,有些信息可能是个人的或敏感的,在进行询问或作报告时需要考虑保密和职业行为问题。为了支持硕士程度的师范生,有些任务是硕士级别的(这些任务都带有标记)。这要挑战师范生更加批判和反思地看待教学的各方面并开始形成自己的体育教学体系。

主要文本的支持材料如下:

■ 关注课外学习的附录;

■ 与本书相关的网站材料(www. routledge. com/textbooks/9780415561648)。

该网站包括:

■ 每章内容的 PPT;

■ 与特定章节相关的附加文件;

■ 观察表;

■ 体操设备样本计划;

■ 本文之前各版的两章节选,使得读者可以了解自 1992 年制订的英国国家体育课程标准(NCPE)。(Murdoch, E. (1997) The background to, and developments form, the National Curriculum for PE, in S. Capel (ed.) *Learning to Teach Physical Education in the Secondary School: A Companion to School Experience*, London: Routledge, pp. 252-70; and Murdoch, E. (2004) NCPE 2000-where are we so far? in S. Capel (ed.) *Learning to Teach Physical Education in the Secondary*

School：*A Companion to School Experience*（2ed edn），London：Routledge，pp.
280-300）；

■ 其他重要网站的网页链接。

　　同时,本书也受到了丛书中的其他图书的支持,我们在本书中的一些章节中都
有参考,包括：

■ Capel，S. Breckon，P. and O'Neill，J.（2006）*A practical Guide to Teaching Phys-
ical Education in the Secondary School*，London：Routledge（我们特别要求读者完
成该书中的任务,因为它们支持了本书中的多章内容）,另外还有两本通用
教材：

■ Capel，S.，Leask，M. and Turner，T.（eds）（2009）*Learning to Teach in the
Secondary School*：*A Companion to School Experience*（5th edn），London：Rout-
ledge. 读者同样可以从网站获得《教学导论》的相关材料（http：//www. rout-
ledge. com/textbooks/9780415478724）,包括《英国关心每一位儿童行动计划》和
《保障儿童权益》的材料。该网站还包含《教学导论》中名为《利用研究和证据
指导教学》的一章,为师范生开展行动研究项目以获得硕士水平的认可提供
建议。

■ Capel，S.，Heilbron，R.，Leask，M. and Turner，T.（2004）*Starting to Teach in
the Secondary School*：*A Companion for the Newly Qualified Teacher*（2ed edn），
London：Routledge. 该教材适用于刚进入教师岗位的新入职教师。

关于师范生

　　我们认识到,作为一名体育师范生,在成为教师的发展过程中有广泛的需求。
因此,我们觉得师范生没有一种最好的方式来使用本书。虽然本书的设计是让读者
可以浅进浅出而不需逐字研读,我们仍鼓励师范生用最适合自己的方式来使用
本书。

　　我们认识到,师范生会在不同的地方学习不同类型的入职教育(ITE)课程。我
们试图尽可能多地满足师范生的潜在需求,不管后者是在何处进行何种类型的入职
教育(ITE)课程。虽然预期中大多使用本书的师范生所进行入职教育课程的学校
都与高等院校(HEI)有合作关系,但我们也认识到有些师范生的入职教育课程是完
全基于学校的课程或与高等院校没有合作关系。对于后者,本书应该同样有用。当
书中涉及高等院校的工作时,此种情况的师范生应询问自己学校的相关人士或
部门。

　　虽然入职教育通常被认为是通用的,但当我们涉及具体要求时,参照的是英国
的标准。如果读者将来不在英国教学,就要参照自己相应的入职教育要求。当我们
需要将理论与学校的具体情况或教师实施课程的具体要求结合时,参照的是英国国
家体育课程标准(NCPE)[Qualifications and Curriculum Authority（QCA）2007]。我

们认识到有些师范生的入职教育课程并非为在英国公立学校任教做准备,因此我们建议,每当书中使用到全国体育课程标准的具体信息或具体任务时,这类情况的读者应做两件事:

■ 用适用于自身情况的课程和要求替代给出的信息和任务;
■ 反思适用于自身情况的课程和要求与全国体育课程标准的差异。

做到上述两点或其中一点,师范生不仅可以了解与自身情况相关的信息和任务;同时,通过比较自己和其他师范生的经验,比较其他入职教育要求或课程,可以获得更深入的了解。

你的职业发展档案

我们强烈推荐师范生建立一个职业发展档案(PDP)。我们要求师范生在通读全书和完成任务时将信息记录在自己的职业发展档案中。这些信息可用于多种目的,如可作为完成本书中其他任务时的参考、可帮助完成课程作业、帮助回顾自己的发展过程、证明自己的进步、突出自己的长处以及可进一步发展的领域。当师范生结束入职教育跨入教师岗位后,职业发展档案中的材料同样有用,因为这些材料可为将来的持续专业发展提供建议。在英国,职业发展档案还可用于完成入职与发展档案(CEDP)。有关记录和使用职业发展档案的指导,参照本书的第 18 章和卡佩尔、利斯克和特纳(Capel,Leask and Turner,2009)的《中学教学导论》的导言部分。

本书使用的术语

我们试图混合和平衡性别词的使用以避免不得体的他/她指代。

我们将学龄儿童称为中小学生(pupils)以避免与学生(students)混淆,后者指高等学校和专科学校的学生。我们用师范生指在高等院校里接受入职教育课程的人。师范生所进行的课程(以及本书中)所指的入职教育(ITE)不仅提供对职前教师的培训(师资培训),同时也包括职前教师的教育。以此我们意在指出学会教学是个人和专业发展的征途,其间师范生在对教与学的过程产生新的理解的同时不断发展课堂管理技能。这个过程开始于师范生学习课程的第一天并贯穿其职业生涯。

师范生生活中重要的管理人员是那些在学校和高等院校中负责支持其教师发展的人,我们称这些人为导师。师范生的入职教育课程将以其自己的方式与管理人员进行联系。

师范生入职教育课程使用的术语也许会与本书中的术语有所不同。例如,本书中使用的是评估(evaluation)一词,其他课程可能用鉴定(appraisal)。在本书中,宗旨(aims)指工作计划的预期成果,目标(objectives)指单元学习的预期成果,而预期学习成果(ILOs)是指某一节课的成果。目标和预期学习成果描述的都是学生的反应,即中小学生在学习完成某一节课或某单元后应该知道、了解和能做的;而单元学习目标相对于某一节课来说属于长期目标。然而,师范生的课程则可能采取不同的术语,如预期学习成果可能既包括单元学习目标,也包括某一节课的学习目标。在这种情况下使用自己课程中的术语。师范生应核对自己课程中使用的术语。

我们希望本书能支持师范生的教师职业发展,最大化帮助中小学生的学习。如果您觉得本书有帮助,请分享给其他人;如果您觉得本书不够好,请告诉我们。

我们衷心祝愿您的职业生涯是愉快的、令人兴奋的、富有意义的。

苏珊·卡佩尔

玛格丽特·怀特黑德

2010 年 4 月

目　录

开始做一名体育教师 1

引　言

作为一名体育实习教师,你正处于一个漫长而又刺激的成长为一名有效教师的过程,一个能够把你的体育知识和对体育的热爱转化为鼓励学生成为体育受教育者而学习和进步的过程。你既要明白作为教师的作用和一名体育教师的具体角色,同时也要明白你的课程目标是什么。你需要掌握许许多多的教学技巧和能力,同时还要在恰当的时间通过恰当的方式运用恰当的教学技巧来促进学生的学习。认识课堂中教学技能间的相互作用也是很有价值的。为了成为一名有效教师,你还要认识到影响教学的一系列因素,包括认识自己,个人的价值观、态度和信仰,并能够反省这些因素如何影响自己的行为和对学生学习的影响。

成长为一名有效教师的发展过程并非总是顺利的,而是富有挑战性的。有时你也许焦虑或担心个人发展或者教学行为,也许缺乏尝试的信心,也许会因为不能够处理某个事件或不知道如何反应而感到沮丧或失望。在个人发展的早期,你或许不具备有效处理具体情况的教学技巧或经验。学会教学的部分挑战将适应你的所做以适于任何情况下的独特需求。当你能将教学技能适用于具体情景以达到明确的预期学习结果(ILOs)时,你的努力便得到了回报,同时你也正走向一个满意的职业——做一名有效教师。这个能力使你把注意力从自身转移到学生的学习。

目标

在本章结束时,你应当能够:

- ■ 认识人们选择做体育教师的原因;
- ■ 识别影响你教什么、为什么教和如何教的一些因素;
- ■ 对发展成为能够专注于学生和他们学习的有效教师所需的教学技能有一个概观,并且开始理解这些技能在教学情境中是如何互动的;
- ■ 对成长为一名有效教师的步骤有一个概观。

　　检查你课程的相关要求,以便明白哪些与本章相关。

你为什么要做一名教师

任务 1.1 要求你思考人们为什么会做体育教师。完成这个任务再继续阅读。

任务 1.1　为什么人们想成为体育教师？

请罗列出你想成为一名体育教师的理由。把这些理由与其他实习教师以及你所认识的有经验的体育教师给出的理由相比较。看看有哪些共同的理由？有哪些不同的理由？思考一下为什么会这样？把你的理由记入你的职业发展档案中。

你已经在学校工作 11 年或更长时间,尽所有可能想当好一名体育教师,是因为你热爱体育,有能力并且很成功,想把体育知识以及对体育的理解和爱传递给年轻人,并且愿与年轻人一起工作。如果你还发现这些是其他人想成为体育教师的主要原因,那么你的发现支撑了研究成果(例如:Evans and Williams,1989;Mawer,1995)。成为一名体育教师的类似原因揭示了人们关于体育和体育教学的价值观、态度和信仰方面的一些共识。

积极的体育体验以及在身体活动和竞技运动方面的能力与成功,赋予你对体育教师、体育教师的角色、所为以及他们如何教授这门课有着积极的认识。当你可能会花费大量的时间,职业性、社会性地与职业体育人在一起时,便很容易忘记学校里的许多学生(实际上,社会中的绝大部分人)都没有分享你的体育价值观、态度和信仰,以此参与身体活动和竞技运动。当然,你可以想象你的朋友中谁更缺少积极的学校体育体验,谁对体育课和体育教师抱有更多的消极认识。不幸的是,这些消极认识似乎太常见了。令人遗憾的结果是这些人一旦离开学校就完全脱离身体活动。**一个有效教师**是这样的:他能够帮助所有学生(包括那些不喜欢以及没有能力成功地享受身体活动的人)享受参与、珍惜他们的体验,并因此接受身体教育(见第 2 章)。你的目标是成长为能够带给年轻人效益,同时也带给自己满足感的体育教师。

教学概观

首先,也是最重要的,你是**学生们的**老师,一名职业中的成员,有责任帮助学生通过发展知识、实践技能和理解力去学习以达到更为宽广的教育目标(见第 14 章)。第二,你是一名体育教师,对教授体育知识、实践技能和对体育的具体理解具有明确的责任。因此,你拥有双重角色,一个是作为一名教师的宽泛角色(见 8.2,Capel,Leask and Turner,2009),一个是作为一名体育教师的具体角色。

任务 1.2 要求你思考体育教师这一角色。

任务 1.2　体育教师的角色是什么?

你认为体育教师的角色是什么?请罗列出来。你也许想列出两方面,一是识别普通教师的角色如何适用于体育教师;二是识别体育教师所承担的具体角色。和其他实习教师作比较,然后与指导老师讨论,以便明白你将要努力的方向,而所要求的知识、教学技能和理解将使你能够成为一名合格的体育教师。把这些信息记录在你的职业发展档案中,以便在职前教师教育课程的过程中时常翻阅一下。

该部分主要是帮助你发展体育教学技能,同时指明(在 14 章)作为一名教师能够履行自己的广泛责任的方法。

你不能一次性地掌握成为一名有效教师所需的全部教学技能。在职前教师教育课程和教科书(比如该书)中,教学技能是分开处理的。如果你的职前教师教育课程指导老师或者我们在本书中试图解决教学技能的组合,我们很可能给了你太多的东西,要去思考和花费精力,铺天盖地的信息甚或让你感到困惑,而不是帮助你发展成为一名教师。然而,正如本书所呈现的,分离地看待教学技能,这仅仅给你提供一个逐渐建构的有关教学的部分蓝图。当你豁然明白时,你才能确认这个完整的蓝图。这很有用,因此,在这个阶段,对教学有一个概观,以便知道你的目标是什么,以及怎样把你正在发展的各种教学技能协调在一起。

这个概观应有助于你思考自己的行为和学生达成预期学习结果的有效性,以及为了进一步开展教学所需要专注的教学技能。这是计划课堂和工作单元的模拟练习。你知道你想通过一堂课(你的预期学习结果)和一个工作单元(目标)获得什么,所以能够计划如何实现这些目标(见第 2、3 章)。

现在让我们来看看教师的角色,尤其要注意其中部分角色,即课堂教学以及促进学生学习所需的教学技能。

对有效体育教师的要求是什么?

教学是一个复杂的、多层面的活动。首先且最为重要的,是所教内容、为什么教这些内容和怎样教之间的互动过程。

体育课教什么,你所在学校的课程目标对此已有说明。在英国,这些应当是基于课程与资格署颁布的政府指导纲要(QCA,2007a)。而有些国家在教学内容上可能没有政府(或国家)目标(或纲要)。在英国,对体育课的目的表述得较为宽泛,以至于目的即是构成内容的活动本身。NCPE 目前是 2007 年的国家体育课程（QCA，2007a），制订了如何选择内容的具体指导纲要。选择的依据是基于一系列主要概念、主要过程，老师在教这些主要概念和主要过程时应当利用的指向性的内容和范围，以及应提供某种课程机会的规定（见第 13 章）。尽管在早期的国家体育课程已有这些纲要或类似的东西，但活动的选择并不总是与纲要相匹配。例如，虽然国家体育课程努力强调拓宽学生的学习体验，但英国许多学校的体育课程还是偏好游戏（例如，Penny and Evans，1994）。这个以及其他在体育课程内容选择上的问题是值得反思的。因此，对你来说，考虑游戏为什么占优势是很有用的。例如，是由于学校渴望培养优秀的校队？或是教师的偏好？还是因为课程一直都是偏好游戏？或者是综合因素？游戏在体育教学中有利于学生的学习吗？所有的学生在 7 年级、9 年级、11 年级内都喜欢游戏吗？有多少学生在脱离学校后还选择继续参与游戏？学生们喜欢参与其他活动吗？比如非竞技性或个体性的？这将会鼓励他们在校外或毕业之后更多地参与身体活动吗？

任务 1.3 是帮助你熟悉所在学校体育课程的目标与内容。

任务1.3 体育课程中的活动

让自己熟悉学校开设的体育课程的目标和内容，熟悉课程包括哪些活动，然后与另一位实习教师所在学校所开设的体育课程的目标、内容、活动相比较。哪些相同？哪些不同？为什么？有没有其他应当涉及的目标？有哪些活动是你们学校经常教的？哪些不是？将这些保存在你的职业发展档案中，以便以后参考。

显然，每一位教师都需要丰富的知识和对学科内容的理解（第 4 章着眼于有效观察至少部分上与你所教活动的知识深度有关）。你很可能对体育课程中的一个或更多的活动具有可观的内容知识。你要确认哪一个活动是你擅长的，以及这些活动中哪一个你需要获得更多的经验，以便能够有效地用它们来促进学生的学习。在你职前教师教育课程中，专门学习你被要求教的每项活动的时间是有限的。所以，你很可能不得不在许多活动上主动扩充自己的知识和提高理解力。本书的目的不是要涵盖体育课程中的所有活动。因此，你要考虑能够获取这些活动所需的知识和理解力的方法。有许多方法可以让你做到这一点，有些在第 18 章中详细地提到了。只要你能做到，我们建议你就开始教学方面的工作。另外，在你知识丰富的一个或一些领域，你需要清楚从哪里以及如何获得那些知识（比如，从体育课程、体育俱乐部或运动队），思考内容和教学方法是否适合你的教学组。

然而，在你的职前教师教育课程中，认识到发展其他方面的知识也是非常重要的，它们共同构成了教学知识。如果你仅仅集中发展你的学科内容知识，即你要教的活动，你就不可能完全成长为一名有效教师。就舒尔曼（Shulman，1987）所确认的知识基块而言[1]，第 18 章涵盖了广泛的更详细的学科内容知识。任务 1.4 的目

---

1 舒尔曼（Lee. Shulman）于 20 世纪 80 年代提出了"学科教学知识（Pedagogical Content Knowledge）"的概念，简称"PCK"。

的是帮助你致力于学科内容知识的发展。

任务1.4　定位学科知识内容的发展

　　运用你所在学校课程中的活动清单(任务1.3中编制的),确认是否每一个都与你的知识和理解力发展的长处与领域有关。确认能够使你致力于个人发展领域的方法(例如,学校中的观察,在你的课程中与其他实习教师分享知识和理解,获取管理机构奖,同学互教,体育课堂教学,观看比赛,主持学校活动,阅读,看录像)。不要立刻涉及所有的发展领域,但要考虑你如何能把它拓展到你的职前教师教育课程,甚至到你第一年的教学之中。把这些信息保留在你的职业发展档案中,以便在课程学习中参考。

　　你还要考虑为什么教体育,你为什么要教具体的工作方案、工作单元及课堂。其中每一个都属于不同的情形,一次一个地简要看一下。

- 上面几部分已经涵盖了你为什么教体育。例如,你对身体活动的热爱以及你在帮助学生拥有相同积极体验方面的兴趣。
- 在英国,你为什么教具体的工作方案和单元是通过整个政府和学校政策来推动的。
- 你为什么教一堂课以及为什么用一种特定的方法教,依赖于学生和你自己的特点以及教学情境的各个方面,比如场所。预期学习结果是你为什么按照你的方式教学(见第10章关于教学策略)的主要原因。学生的年龄、能力、经验和动机,以及实用性,比如课的长度、教学空间的大小以及天气状况(假如在室外的话),也是值得注意的。你为什么以某个特定方式教学也是有赖于你的教学风格(见第10章)。另外,当你在教学上更富有经验时,也证明了你自己在这个科目上的价值观、态度和信仰。

　　怎样教授体育课程内容有赖于学校、部门及教师的专业判断(见1.1,Capel,Leask and Turner,2009)。如何教跟学校和体育课程的目标、学生的特点以及你自己对一个教学单元的目标和任何一堂课的预期学习结果有关(见第2、3章)。第10章认为目的、目标和预期学习结果都跟教学策略有联系。因此,你需要认真地思考如何独特地开展教学活动,以确保实现你的目的、目标和预期学习结果。

　　就教师而言,在一堂课中所看到的仅仅是冰山一角(Capel,Leask and Turner,2009:13)。计划和评估也是教学的组成部分。在开始教一堂课之前,工作方案的长期目的和工作单元的中期目标就已经制定完备,接着是工作单元的一般计划以及这一节课的详细计划和准备,包括这堂课的短期的预期学习结果。课后,应当评估部分和整堂课的有效性或其他方面,以便为下一堂课的计划和准备提供信息。第3章即强调计划和评估。

　　当然,这个冰山的一角(也就是在课堂中与学生互动时所发生的)也非常重要。学生成功达到预期学习结果的程度与你如何引导课堂有关。包括在进行中的教学情境下,你如何应对学生。如果必要,你需要灵活变通并适应计划,因为在特定任务中学生不一定按照你预期的那样反应。如何引导课堂不仅包括教学技能,也包括教师所展现的特性,比如同情心、洞察力、敏感度和反应能力。所有这些都与课堂评估有关。任务 1.5 要求你观察一节体育课所发生的事情。

任务 1.5　一堂体育课发生了什么?

观察一名有经验的体育老师所上的课,并记录有关老师的不同活动类型、每一活动的步骤及所用的时间。你的目标应当是对所发生的事情有一个总体概述,而不是具体的细节。你也许想要观察究竟发生了什么:

■ 教学开始前(例如,当学生更衣时进行登记,收集、宣读假条,与不想上课的学生谈话,收集贵重物品,催促动作缓慢的学生,最后一名学生离开时锁好更衣室,等等);

■ 课中教学部分;

■ 课后。

第 6 章包括课堂组织和管理。在这本书的网站上有一些观察表(见 www. routledge. com/text-books/9780415561648)。

记住,当学生来到教室时,开始上课;当他们转入下堂课或一天中的休息时间时,本节课结束。把这些记入你的专业发展档案,以便以后参考。

你可以好好地观察一下学生在教学场地时教学互动中的教学技能和教师行为,包括观察、指示、运用特定的体育术语提问、提醒、示范、调解不同能力的学生。另外,你可能很好地观察到教师管理学生、时间、空间以及需要注意安全的情况下的反应。你很可能看见教师给予表扬和反馈,这不仅是为了提高行为表现,而且是为了促进动机和学生的自尊。你很可能还观察到教师运用信息和通信技术,以及可能实施评估程序。你还可以看到教师计划和教师准备的证据,以及工作空间的缝隙。

下面是朗科(Rink,1993)与西登托普、坦尼希尔(Siedentop and Tannehill,2000)对一名老师在一堂课中大致做什么的分类都给了有关体育教学的概述,如下:

■ 引导活动(向学生传递跟学科内容有关的活动);

■ 组织和管理活动(与组织学习环境和管理课堂相关的活动,以维持适当学习行为而进行的活动);

■ 其他活动(为了发展和保持有效学习环境的活动,如表扬的应用)。

检查你所确认的老师课堂上的所为(来自任务 1.5),并把这些老师的行为分为三个类别组,这对你来说是非常有用的。上面列出的所有技能归为一个或几个类别,都包含在本书之中。例如,第 5 章关注交流,第 6 章关注组织和管理,认为学生积极地投入在学习上的时间,以及它们是如何受到跟学生的学习并非直接相关的活动的影响的。第 7 章讨论保持一个有效的学习环境。

有些教学技能针对特定类型的教师行为,而其他则对所有类别的教师行为都重要,如观察力(见第 4 章)、涉及安全的管理问题(第 9 章)。

确认你在职前教师教育课程结束时所需要发展的教学技能的一个出发点(事实上这个关键的参照贯穿你的整个学习过程),是新合格教师所需要的技能,正如针对你的工作,政府文件或你的高等教育机构所规定的那样。尽管需要技能的地方被集中控制起来,但高等教育机构也总是基于相关文件制作他们自己的一套技能。任务 1.6 要求你思考通过职前教师教育课程需要掌握的技能。

任务 1.6　教学技能

看看为了通过职前教师教育课程所需要发展的技能,即在你的职前教师教育计划或者其他官方文件中所确认的技能,并找出为了成为一个胜任的老师所应锻炼的技能。与你的指导老师讨论哪些技能你需要立即掌握,哪些应当留在以后。在职前教师教育课程学习期间作为与指导老师共同定期审阅的一部分,思考在哪个特定的时间你应当致力于哪些教学技能。把这些作为你教师发展过程的记录保存在你的专业发展档案中。

仅仅掌握基本的教学技能对于你的有效课堂是不够的。为了成长为一名有效教师,你需要能够提炼和适应这些教学技能,并且整合它们,以便在具体的情况下以合适的方式加以运用。你要思考这些技能在一堂课中是如何互动的。当你更富有经验时,对这个互动的理解也得到了提高。最好记住,你教什么和如何教是相互依存的,除非充分考虑了教学的这两个方面,否则预期学习结果将不可能达到(见第 10 章)。每堂课之后的认真反思对于你的教学非常重要,思考你教学的有效性与达到预期学习结果的差距,以及自发尝试不同方法。进一步讲,你需要把注意力从自身和教学转移到学生以及他们的学习上。

你不能总是达到预期学习结果是有许多原因的。有时是由于缺少适当的规划。我们见到过有些实习教师充分地备好课堂内容,却疏忽了对任务、器材或学生的组织和管理。相反,我们也见过有些实习教师已经计划好如何控制班级,但却没有考虑到内容的适当性、质量以及进度。如果一个实习教师没有计划如何组织和管理课堂,学生就不清楚他们要做什么以及被期望做什么,因此,教师不得不花费大量的时间进行组织和管理,否则就不能按照预定的方式完成教学。另一方面,如果这个实习教师过于集中在组织和管理上,学生很可能收获很少,并且质量也不高。第 3 章中的课堂计划引导你关注这两方面。

你要注意到学生会刁难实习教师(或新老师),并且试图协商一个可接受的表现、努力或行为标准。我们都见过这样的情形:如果学生们练习效率较高,他们就会要求游戏玩得久一点;或者如果能与朋友们一起工作,他们会承诺努力工作。与另一个实习教师探讨学生试图谈判界限的其他方式,以便在你开始教新班级时能意识到它们。

要确保一开始你就只接受可以接受的表现、努力或行为标准,否则以后再让学生接受它就很困难了。如果你最初接受的表现、努力或行为低于学生所能做到的，将来他们可能不会努力去适当地完成一项任务。比如，你可以布置一项体操任务，要求学生完成一个包括 5 个动作的组合练习，至少含有 3 种不同类型的动作——翻滚、跳跃和平衡。找机会让学生发展和练习一套适当的组合动作，然后展示给全班同学。你对学生完成任务的方式如何作出反应是很重要的。例如，如果一名学生用 3 种要求的动作完成了一套组合，但没有努力把它们连接起来或者以有效的方式完成，而你却接受了，他们会认为你向同学们传递了一个信息：他们可以以任何方式完成任务。

　　为什么学生可能不按照期望的标准来履行或做努力呢？这还有其他的原因。比如，也许任务太容易、太难或没什么兴趣，因此学生没有完成任务的动机。也许你没有清楚地呈现任务，或者你对同样的表现、努力或行为在不同的情况下反应不同。也许学生会因此厌烦、不清楚或困惑他们需要的是什么，因此他们可能把任务更改为更容易或更难，不努力完成任务，或者偶尔拒绝一起执行任务。你能想到为什么学生可能不会按照期望的标准去履行或努力表现的其他原因吗？

你如何成长为一名有效体育教师？

　　当你发展教学技能和教学策略时，许多变化也随之发生。许多研究者已经确认了变化的发展阶段（见 1.2，Capel，Leask and Turner，关于一名教师发展阶段的思考，2009）。梅纳德、弗朗（Maynard and Furlong，1993）与佩罗特（Perrott，1982）确认了实习教师的成长阶段，西登托普和坦尼希尔（Siedentop and Tannehill，2000）认定了体育实习教师成长的具体阶段。纪尧姆和罗德尼（Guillaume and Rudney，1993）发现，在教师和实习教师的发展上，不仅要思考不同的东西，还要思考同一事物的不同方面。

　　作为教师如果有不同的发展阶段，接下来你也许要在不同的阶段需要不同的学习机会和体验。学习机会和体验包括观察有经验教师的授课，角色扮演，与同伴或学生进行小组微观教学，协助指导老师授课，为小组上部分或整堂课，或者为整个组上课堂的一部分，整班授课。这些都不是按顺序的，为了达到特定的目的，每一个都可以在你职前教师教育课程阶段的任何时间运用。这些学习机会和体验让你练习并能胜任基本的教学技能，可能运用于某个特定的目的，以及要花时间在不同的情况下运用你正在发展的教学技能。这些实践允许你改善教学技能，以便你能适当地应用到具体的情景，使你能够在恰当的时间用恰当的方式使用恰当的教学技能促进学生的学习。当你对自己的教学技能更加自信时，认真地反思你想达到的以及你想让学生实现的（你的目的、目标和预期学习结果）也是很重要的，因此，这样的教学策略和学习活动能够让学生实现这些（见第 10 章）。

开　始

　　为了在学校中充分利用学习机会和体验,需要理解你所工作的环境。收集必要的背景信息,以了解你的工作是学校工作的重要组成部分。在初步访问每一个学校的体验之前,需要收集关于这个学校和体育部门的信息。这些信息有许多来源。观察体育教学环境,包括设备、表演和器材。提问,与指导老师交谈关于学校和体育部门的政策与程序,并在实践中观察他们。阅读学校和部门的文件,比如工作计划和单元、政策报告、学校简介(prospectus)。一份文件,比如学校简介,能够提供有关整个学校及其学生的有用信息。整个学校和体育政策报告涵盖的问题,比如评估、机会平等以及课外活动,对于提供你所在部门的工作环境信息都是很重要的。其他文件在如何表现(如学校着装规定)以及在部门内如何与学生联系等方面给予你基本的引导。毫无疑问,你的指导老师将指导帮助你收集那些信息及其技巧。为了补充指导老师的指导,如果需要的话,本书网页(见 www.routledge.com/textbooks/9780415561648)中有问题设计的例子,通过集中你的观察力、提问以及确认要看的一些重要文献,来帮助你收集关于该学校、体育部门、体育设施和资源的信息。

　　本书网页(见 www.routledge.com/textbooks/9780415561648)还包括观察计划表的实例以帮助你观察活动中的不同教学技能。除了应用它们观察已认定的教学技能外,还可以用来设计自己的某个特定目的的观察计划表。第 17 章讨论了观察和其他收集信息的技巧,以帮助你充分利用学校的学习机会和体验。

　　梅茨勒(Metzler,1990)指出,辅导应当是教学过程本身。为了学习、观察和练习适合你的发展阶段的教学技能,指导老师应当帮助你在职前教师教育课程中充分利用这个学习机会和体验。在学校,当你担负不同的学习机会和体验时,你和你的指导老师也许担任了不同的角色。因此你需要决定在你发展(例如,方向、引导、协商、自由)的不同阶段如何更好地与指导老师一起工作。

　　任务 1.7 目的在于帮助你与指导老师一道工作。

任务 1.7　与你的指导老师一起工作

　　与你的指导老师讨论你当前发展所需要的,以及你们都感觉哪些学习活动可能最有助于满足这些需求。积极参加这个学习活动,然后与指导老师一起评估活动是如何有效地满足你的发展需要。把这些保存在你的专业发展档案中,作为参考以帮助你从中学习并继续发展。

　　除了从事一系列帮助你成长为一名教师的活动之外,发展认真反思的能力也是很重要的。例如,你需要认真思考你所教授的内容,为什么教以及如何教。第 17 章会谈及这个问题。

小结与要点

　　你过去的体育经验影响了你成为一名体育教师的决定,并且形成了你在体育和体育教学方面的价值观、态度和信仰。为了成为一名有效体育教师,你要知晓你的价值观、态度和信仰是如何影响你的,并且明白并非所有你教的学生、所有家长、所有其他教师都认同你的价值观、态度和信仰。在能够适应和完善基本的教学技能以便能在恰当的时间用恰当的方式运用它们之前,你就需要掌握它们。只有那时,你才能有效地整合它们来提高学生的学习,以达到一堂课的预期学习结果和工作单元的目标,并朝向实现工作计划及你所执任的体育课程的目标前进。为了做到这一点,你还需要了解教学技能、身体活动与学生学习之间复杂的相互作用,包括具体的教学策略如何才能有助于实现具体的预期学习结果。教学技能趋向于被引入你的课程并写进教科书(比如该书)中,它们之间是相互孤立的。本章试图提供一幅教学技能是如何相互结合及相互作用的蓝图,以便让你明白你的目的是什么。这样做的一个方法是,通过解决关于教什么、为什么教以及怎么教的问题,进入整个教学事业。第3—8章讨论特定的教学技能,第9—12章则集中于这些基本教学技能的运用。阅读完这些章节之后,我们建议你返回到本章,以帮助你反思教学技能是如何相互结合和相互作用的。

　　当你开始作为一名体育实习教师时,你很可能会发现教学比你想象的要复杂得多。你先前的经验、热情和传达知识的愿望、理解和热爱体育是不够的。职前教师教育课程的目的在于给予你不同的学习机会和体验,以帮助你成长为一名体育教师。我们希望本书有助于你作为一名教师的发展,并且希望你能享受这个挑战。

　　看看本章中有哪些是你已经解决的课程要求。

体育教育的目的 2

引　言

第 1 章让你大致了解关于体育教师的角色以及成功和自信地履行它所需要的技能、知识和理解。讨论的话题是有关体育教育的目的以及你的教学如何促进实现这些愿望。本章着重讨论体育教育的目的。目标明确是很重要的,因为它们是制订工作方案计划、工作单元和单个课堂的基础。第 3 章讨论详细的计划指导。你在与学生的相处中,目的既影响教学内容也影响你选择的教学方法。在你职前教师教育课程的整个过程中,你可能会想定期返回到第 1 章和第 2 章,以提醒自己在体育教育中你所要实现的目标。

> **目标**
>
> 在本章结束时,你应当能够:
> - 理解这些术语:目的、目标和预期学习结果;
> - 理解整体的教育目的与体育教育的目的之间的关系;
> - 区分体育教育的目的与体育教育的理由;
> - 理解两类体育教育目的:本科目所独有的,以及与其他课程科目共享的广泛的教育目的;
> - 了解目的、目标与预期学习结果会影响你的课堂设计与授课。
>
> 检查你的课程要求,看看哪个与本章有关。

定义与广泛目的

在你的职前教师教育课程和其他课程中你会经常听到"目的""目标""教学目的"等词汇。这些术语是对内容的不同表述,并且服务于多种目的:

■ 它们确认你想要学生达到什么;

■ 它们引导你将如何教,告知你的方案、单元或课堂计划;

■ 它们提供一个基准,并依此评估学生的学习,这样使你了解你的计划和教学是否达到了期望的预期学习结果。

因此,目的给你的工作目标、指导计划和评估重点指明方向。如果你放眼于将要开始的一个旅行,这些功能就可以在本质上得到理解。为了设计和实施这个旅行,你需要知道你将要去哪里,如何才能到达那里,以及你如何确认你已经到达了。所有这些在教学中都很重要。

目的、目标和预期学习结果

目的和目标

目的和目标是教育计划的基础。目的提供总体目标和方向,并且因此关系到更多的一般目的。一个学校有长远目的或目标,在你所在学校的文件中你一定能找到它们。有作为整体的课程目的,如在英国这些目的由政府在"每个孩子都重要"(DfES,2003)的政策中确定。另外,有些目的是为各个科目而制定的,如2007国家体育课程的重要声明(QCA,2007a)。目的和目标越清晰,短期目的就越明确,它们就越接近所要传递的要点。因此,从教育到学校、到课程、到科目,目的变得越来越具体。教育目的指明一段时间内应当达到什么目的,如这个时间段内学生都必须待在学校。它们给教育的目的和结果提供了一般性指导,而不是规定任何具体的成果,而课程目的,比如体育教育,尽管有长期目标,但更为具体。

一个学科的目的或目标是设计工作方案的起始点。典型的工作方案跨越整个教学年度或教育阶段。工作单元是指一个较短的时间段,比如一个或半个学期。单元有目标,而典型的方案有目的。目标是更为具体的目的。这样,目标就像积木和步石,把它们放在一起,就形成了目的。

预期学习结果

正如上面指出的,长期的工作方案有目的,并且这些目的产生工作单元的目标。然而,无论是目的还是目标都不能直接用来帮助你计划一堂特定的课。它们需要被分成可操作的单元,每一个都具有更明确的重点。这些又成为单个课堂的预期学习结果。目的和目标分别是工作方案或工作单元的最终目的产品,而预期学习结果则是要确认学生在一堂具体的课中应当获得的东西。例如,体育工作方案的目的也许是激励学生参与一个竞技比赛。工作单元的目标则源于这个目的,也许是让学生玩一个 5 对 5 的曲棍球比赛。这个单元中一堂课的预期学习结果,或许是学生理解和能说明曲棍球 5 对 5 情况下进攻和防守的角作用。预期学习结果描述的是课后学生应当能够做到、知道或理解什么。它们通常包括在课堂计划的开始部分,或者通过比如"课后,学生将能……"这样的陈述中被引入。它们是课堂计划的基本方面,因为它们激励老师为了学生的学习成绩而设计专门的学习活动。另外,预期学习结果在课堂中集中学生和老师的注意力,因为它们有可能生成个别任务,启发教学要点,以及成为学生评估的重点。此外,它们还是你评价一堂课是否成功的依据。

教育、学校和学科之目的

卡佩尔、莱斯卡与特纳(Capel, Leask and Turner, 2009)在单元 7.1 详细讨论了教育目的。建议你马上参阅那个单元的背景资料。在这一点上拓展阅读你所在学校的总体或课程目的将很有用。任何一所学校的目的都很可能反映当前一个国家总体教育思想体系中潜在的广泛基本原理。例如,在英格兰和威尔士,国家课程要求学校开设广泛和均衡的课程。国家课程最重要的目的是让所有年轻人成为:

■ 享受学习、获得进步和达成愿望的成功学习者;
■ 能够安全、健康、充实地生活的自信个体;
■ 积极为社会作贡献的有责任的公民。

(QCA, 2007a)

第 14 章阐述的是达到这些广泛目的时,体育教育的作用。然而在这个阶段,重要的是你要认识到,你是所有工作人员中的一员,学校的所有工作都是为了共同的教育目的或愿望。每一个学科都要为实现这些目的作出一份贡献,并且每一位老师都应当保证所有的教学计划和授课都紧扣这些目的。课堂包含的材料和促使学生学习的方法都能为实现这些愿望作出有价值的贡献。

体育教育的目的

自从 19 世纪末期体育教育纳入学校课程以来,采用了许多种形式。早期的体育教育形式被称为训练和身体训练(见 Davis et al., 2000)。1945 年,当时的教育部门从卫生部接管这个学科时,引入体育教育这个词汇。自从被引进学校,这个学科便为实现各种各样的目的而工作。许多年,那些教授体育的老师可根据自己所在学校的教育目的任意选择具体的目的。早期的目的包括促进健康、强化纪律和发展忠诚与团队合作精神。表2.1 给出了调查教师所优先选择的目的中收集到的目的清单。

表2.1　教师所向往的体育教育目的

- 培养身体技能;
- 培养自尊和自信;
- 向每一位学生介绍更广泛的活动;
- 确保学生离开学校后继续进行身体活动;
- 培养创造力和创造性;
- 培养世界级的运动员;
- 提供让年轻人远离街头和犯罪的活动;
- 让学生明白身体活动在缓解压力方面的作用;
- 促进关节灵活度和肌肉强度;
- 教育学生要尊重环境;
- 教会学生处理竞争;
- 培养社会和道德技能;
- 让学生准备成为知识渊博的观众;
- 教育学生明白体育或舞蹈在英国(英国、威尔士、苏格兰、北爱尔兰)文化中的地位;
- 增加离校后就业的可能性;
- 促进健康,免于疾病,尤其是心血管健康;
- 促进身体成长和发育;
- 培养毅力;
- 促进情感的发展;
- 提供乐趣;
- 赢得校际间的比赛和锦标赛;
- 确保学生时刻警惕安全;
- 为不优秀的学生提供可能成功的领域;
- 确保每一位学生有足够的时间熟练一个特定的运动项目;
- 培养克服困难的信心以提高个体生存的能力;
- 培养艺术感;
- 使学生通过运动来表达自己;
- 促进认知的发展;
- 培养优美的体姿,并且接近一个匀称的体格,既不超重也不过轻。

现在完成任务2.1,看看哪一个激发你反思该表中的清单。

任务2.1　体育教育的首要目的

　　研究表2.1中的清单,并确认四个你感觉在体育教育中应该达到的最重要的目的。把这个结果与另一位实习教师选择的结果相比较,讨论并辩护你们不同的选择。记录这次论辩并把笔记放入你的职业发展档案中。

然而，当今在英国，国家课程清楚地说明了每一个学科应立志实现的目标。这在"重要声明"中有阐述。教师应设计工作和教学方法以实现"重要声明"中所阐述的该学科的目的，并且就实现这些目的方面评估学生。

在第 13 章可以找到 2007 国家体育课程的重要声明（QCA，2007a）。体育教育目的产生于这个声明，是指学生应当：

- 喜欢许多种类的体育运动并获得成功；
- 广泛培养运用战术、策略和综合思想的技能与能力；
- 思考自己在做什么，分析情况，作出决策。
- 反思自己及他人的行为，并寻找改进行为的方法；
- 培养自信，积极参与各种身体活动；
- 了解健康积极的生活方式的价值；
- 能够明确选择终身的体育活动；
- 促进个人和社会发展；
- 能够单独工作又有合作团队精神；
- 能够承担不同的角色和责任；
- 学会如何有效地竞争、创新和挑战。

具体详见第 13 章关于国家体育课程所涉及的由"重要声明"扩展而来的概念和流程，这应能指导体育教师的工作。

在学习的主要阶段方面，国家体育课程的建议更加具体。例如，有关第三和第四两个主要阶段（是指 11 到 16 岁学生的相关学习），纲要详细说明了体育教育更为具体的目标和目的。这些是让学生：

- 成为熟练的和聪明的行为者；
- 获得和发展技能，并随着身体能力和信心的增长，在一些身体活动和场景中完成它们；
- 学会如何选择和运用技能、策略和综合思想，以适应那些需要不同方法和思考方式的活动；
- 培养创新思想；
- 为自己制定目标，并且作为团队成员或个体与他人竞争；
- 理解坚持和成功的意义，并承认他人的成功；
- 应对身体条件允许的范围内和场景下的各种挑战；
- 自发带领活动，着重提高自身行为能力；
- 发现自己对不同活动的天赋和偏好；
- 明智确定体育锻炼在他们生活中的重要性；
- 培养参与身体活动的积极态度。

http://www. standards. dfes. gov. uk/schemes2/Secondary_PE/？view = get（2009）.

上面列出的目的中,有三个要点:涉及渴望实现的目的范围,目的与理由之间的区别,两种不同类型目的(本学科所特有的以及与其他学科共享的)的包含。

体育教育目的之范围

在英国国家体育课程的第三和第四两个主要阶段所呈现的目的范围看起来很令人望而生畏。然而,它一直以来都是由体育教师所确定的众多愿望,从表2.1中可以看到。虽然尝试过对目的进行等级排列或优先排序,但很少能够达成共识。这种情况下,帮助你找到前进的道路以及避免因太多的目的而不知所措,因此从一个稍微不同的角度来处理这个问题是有帮助的。可以有助于众多目的的条理排序。问题的核心在于"你所希望的是学校体育教育的最终结果吗?"简单地回答可能是,你想让所有的学生成为体育受教育者。任务2.2要求你讨论体育受教育意味着什么。

任务2.2　定义何为体育受教育者

与另一位实习教师讨论你们将如何描述一名体育受教育者。换句话说,你期望在这名受教育者身上发现什么样的知识、认识、技能和态度？写一个简短的描述,然后思考国家体育课程(在英国)的目的或者你的国家或学校的体育教育目的的制定是如何帮助学生实现这一目标的。把这个描述保存在你的职业发展档案中,可能在你的课程中会不时地回顾它。

你的描述很可能涉及身体技能以及参与身体活动的热情。它可能也包括与其他人在一个活动情境中一起工作的能力,以及身体活动对健康重要性的一些理解。

一个可供选择的总体体育教育目的被认为是体能素养的开发和培养。体能素养的简洁定义为:"体能素养可被描述为一种适合个人禀赋的倾向,通过保持终生身体活动的动机、自信、身体能力、知识和理解力得以证明。"(Whitehead,2010)接受这个概念并愈来愈感兴趣不仅仅是因为建立体能素养促进个体终身参与身体活动。在体育教育中致力于获得体能素养,目的不仅是为了促发个体的身体能力,更重要的是为了激发所有的人坚持参与身体活动,在一个适当的水平上进入成年和老年。任务2.3挑战你思考国家体育课程(在英国)的目的以及你的国家或学校的体育教育目的如何可能帮助学生成为身体强健的文化人。

任务2.3　把体育教育目的和体能素养联系起来

与另一位实习教师讨论,国家体育课程(在英国)的目的或者你的国家或学校的体育教育目的离促进发展体能素养的目标可能还有多远。把这些记录与任务2.2的记录相比较,并辩论当今学校的身体素养达到了什么程度。把这些记录放进你的职业发展档案中。

有关身体素养的更多信息见网页 www.physical-literacy.org.uk。

　　体能素养不仅仅是体育教育家讨论的一个相对较新的概念。例如,有些人提倡重视竞技教育而不是体育教育(见第14章关于教学方法的探讨)。Kinchin等人关于这个问题的文章、(Kinchin et al.,2001:19)是发人深省和富有挑战性的。任务2.4建议你拓展阅读这篇文章,和另一位实习教师比较你们的观点。

任务2.4　竞技教育

　　阅读Kinchin的这篇文章(Kinchin et al.,2001)。与另一位实习教师讨论你对这个方法的理解。确认在体育教育中使用竞技教育方法存在的机会和潜在问题。记入你的职业发展档案中。

　　体能素养和竞技教育,分别是从体育教育、各自的优势、潜势以及它们在教育中的作用上的一个独特观点中产生的。其他作者提出了不同的看法,并且他们的见解很值得阅读。完成任务2.5,以领会一些有关体育教育的其他观点。

任务2.5　思考体育教育的其他见解

　　阅读第1章的麦克菲迪恩与贝利(Macfadyen and Baily,2002)的"关于中学体育教育的思考",并记录其中你赞同的地方或作者的其他观点。与另一位实习教师讨论你的观点,记入你的职业发展档案中。

　　久而久之,你就在目的或体育教育核心目的方面发展了自己的观点。换句话说,你得到了自己的体育教育见解。当你与同事们讨论时,你会为你的观点辩护。下一节关注体育教育的价值和正当性的问题。

目的、价值和正当性

　　有关体育教育目的的表达常常与学科的价值和正当性相混淆,部分原因是它们常常包含非常相似的成分。但是需要理解这些概念之间的细微区别。

　　有三个总是潜在的问题:

- 第一,你为什么让学生参加一个任务或活动?
- 第二,这个任务或活动的价值是什么?
- 第三,你能证明在这个任务或活动的价值上,你为什么是这个观点?

　　目的、目标和预期学习结果可回答第一个问题。例如,当问及"本单元你为什么设计让学生在竞技队伍中从2对2提升到5对5?"答案可能是为了达到发展团队合作的目标。

　　在这个例子中,第二个问题也许是"发展团队合作的价值何在?"答案会是,在将来的某个时候让学生打满全场或促进其社会发展。

接下来的问题可能是"你能解释一下为什么学习打满全场或促进社会发展是有价值的吗?"也就是,在教育中你要注意达到这个目标的充分理由是什么?

第一种情况的答案可能是,参与一个全场比赛能给予学生在离开学校后继续参与竞技活动的信心,以此能够有价值地利用休闲时间同时也能促进身体健康。第二个情况的答案可能是社会技能对一生尤其在职场中的有效合作很重要。

此阶段,阅读第1章卡佩尔、布莱克恩与奥尼尔(Capel,Breckon and O'Neill, 2006)是很有帮助的,并且开展1.1a和1.1b中的活动。活动13.3也很有价值。任务2.6挑战你确认、表达和辩论目的国家体育课程的目标和目的的价值及充分理由。

任务2.6 目的的合理性

与另一位实习教师一起工作,每人从国家体育课程的第三、四主要阶段罗列的目的中选取一个不同的目的,并且各自准备出能够证明这个目的在教育背景中的价值。马上开展一个论辩,每一位实习教师轮流故意辩解对方所提出的关于目的合理性的错误观点。保存这些思想并放进你的职业发展档案中。

作为一名体育教师,你能确认实现本学科所达到的目的的价值是非常重要的,也就是说,能够证明它在课程中的包含,以及能够在所宣称的教育价值方面进行辩论。在回答问题"为什么你让学生从事这种类型的工作"时有关目的方面,存在小小的争论。然而,任何一个人都可能怀疑你在目的价值上的观点。例如,当你证明了某一特定课堂的预期学习结果能够让学生创编一套体操动作时,大部分人将不再与你争论,而有些人可能会问"学生达到这些结果的价值是什么"。在这种情况下,你不仅需要引证,如有价值的创造力的培养,而且需要证明你对发展年轻人创造力的价值信念。

两类不同的目的

对上面陈述的许多体育教育目的和愿望的分析发现,它们属于两种类型。一种类型是仅仅属于体育教育的目的,其他学科不能达到;另一种类型是与其他课程科目共享的广泛教育目的。任务2.7要求你辨认这两种不同类型的目的。

任务2.7 辨认两类目的

运用第三、四两个主要阶段的文献(QCA,2009)罗列的目的,辨别本学科所独有的目的和与其他学科课程所共享的目的。完成与你所在学校列出的体育教育目的相一致的练习。与指导老师探讨,并记入你的职业发展档案中。

人们对体育教育同时达到广泛的教育目的和具体学科的教育目的的程度进行了广泛讨论。正如第 10 章所概括的,有人认为当内容更趋向侧重于具体的体育教育目的时,所执行的教学方式,也就是你的教学方法,可以有助于实现更广泛的目的。也有人建议在体育教师的早期发展阶段所侧重的主要目的、目标和预期学习结果应当专属于体育教育(例如,培养学生的一系列身体技能,以及在各种身体活动上的成功)。在这个阶段,与学科内容相关的课堂教学的预期学习结果为你的早期计划提供侧重点,使你检查对所教内容的理解,以及形成自己和他人判断课堂教学成功与否的标准。

然而,重要的是,切记英国的体育教育能够而且应当,事实上是应该有助于实现更广泛的教育目的。一旦取得具体学科目的的成果时,就要开始关注与其他学科课程共享的更广泛的教育目的(见第 14 章"体育教师的广泛作用")。在成长为体育教师的学习中,广泛的教育目的也许不是你首先要考虑的事情,但毫无疑问,作为教师你有责任关注总体的教育目的,比如第 14 章中所描述的个人学习以及思维技能。的确,体育教育在实现更广泛教育目的上的可能性有助于体育教育被保留在课程中。然而,事实上我们对怀疑保持开放的态度以证明我们可以实现这些更广泛的目的,这肯定是一个严肃的职业问题。这里需要声明两个要点:一个是确保,另一个是挑战。

你要知道,在英国,通过学位与课程管理委员会(QCA)的努力,日益证明了体育教育对于实现广泛教育目的的贡献很大,如培养自尊、改善学习态度和在校行为。建议你访问学位与课程管理委员会(QCA)的网页(www.qca.org.uk/pess)来获得这些信息。

然而,这个成就的挑战在于,唯有恰当地修改我们的计划和教学才会获得成功。体育教育家有时对宣称这个学科的诸多成就而感到内疚,但很少有证据表明这些愿望已经实现。为达到具体学科目的的工作计划,比如技能的改进,并不能自动实现广泛的目的。这里重要的变量是我们如何教以及如何让学生投入到学习之中。如果我们宣称,比如要促进自尊、培养创造力或者发展社会技能,那么切记把这些与我们的计划和教学设计在一起。例如,只有让学生掌握设定的任务,以及老师积极而又鼓舞人心,一堂体育课才能提升自尊。反复跳舞无法自动开发创造力,参与足球运动也不一定能促进社交技能。例如,对于舞蹈来说,要想开发创造力,学生必须具备必要的动作、编舞技能和知识,并且在课堂中要给予其足够的时间和机会来体验并运用他们的想象力。至于足球,要想促进社交能力,团队一起计划、竞争和评估是必不可少的,老师鼓励探索和讨论,与队中的每个成员进行辩论。见第 10 章关于实现目的、目标和预期学习结果之教学方法的进一步讨论。

小结与要点

　　你所在学校所使用的教育和学校的目的,以及包括体育在内的更为具体的学科课程目的,为你要实现的目标提供指导。本章向你介绍了体育教育目的的范围,提醒你两种不同类型的目的,一类是体育教育特有的,另一类是更为广泛且与其他学科课程共享的。讨论了目的之区别与理由,概述了能够阐明体育教育工作的价值的重要性。

　　你所在学校的体育课程目的应当引导你在工作单元目标、课堂的预期学习结果以及选择恰当的教学内容和方法等方面的决定。作为体育教师的早期发展阶段,课堂中的主要预期学习结果应当是体育教育所特有的。在这个阶段,目的要确认身体技能的掌握,身体活动的有效参与为你的计划、教学和评估提供了侧重点。当你精通这个艰巨的任务,即侧重于获得具体学科的预期学习结果的工作单元和课堂计划时,以及获得经验和自信时,你便可以开始解决更为广泛的体育课程目的了。正如上面所阐释的,实现这些广泛的目的在相当程度上有赖于你如何教,即你如何让学生投入到学习中去。我们建议,当你掌握了基本的教学技能,并能反思体育教育的目的以及它对于教育学生的意义时,在你职前教师教育课程的不同观点上以及为了通过课程而思考它的详细内容上,你应当返回到本章。

　　检查你的课程要求,看看哪一个与本章有关。

　　任务 2.8 要求你认真地检查体能素养这一概念,并写一篇短文来陈述体育教育所有工作采用这个概念作为原理的益处或其他方面。

任务2.8　体能素养与体育

　　参考网页 www.physical-literacy. org. uk 及《一生的体能素养》(Whitehead, 2010),思考采用这个概念作为学校全年所有体育教育工作原理的价值或其他方面,尽可能构建一个 SWOT(Strengths, Weaknesses, Opportunities, Threats)网格。这个方块可分为四等份:标题为强势、弱势、机会、威胁(见这本电子书中的网格轮廓;www. routledge. com/textbooks/9780415561648)。写一篇2 000 ~ 3 000 字的论文,并与导师讨论,把这篇论文保存在你的职业发展档案中。

体育教育中的计划 3

引 言

　　有效的计划是有效学习和教学的核心。本章研究长期(工作方案,第 26-27页)、中期(工作单元,第 27-32 页)和短期(课堂计划,第 32-44 页)计划。读书期间,通常不需要作长期计划(例如,设计工作方案)。但在适合于部门现有方案的这些单元中,将要求你作出工作单元和课堂计划。然而,你一旦开始教学,将要求你参与长期计划。为了做到这个,你需要了解工作方案的构成。因此,本章目的在于帮助你了解计划的过程,鼓励你思考整个计划周期,然后让你在学校期间学会制订工作单元和课堂计划。

　　你的计划是基于你将要学习教学的学校使用的课程体系,在英国就是指国家课程(NC)和国家体育课程(NCPE),它们在本章被用于说明特定范式的计划。如果你采用的是一个不同的课程体系,那么就在该课程体系内用合适的专业术语或要点来取代国家体育课程的专业术语。该模式还强调了计划和评估之间的重要联系,其中对从学生学习的评价中收集来的信息进行严格评估以体现当前课堂、未来课堂以及工作单元中的未来计划。

　　本章侧重于计划的结构。然而,重要的是,如果你想为学生提供一个有价值的学习体验并能实现长期目标,就需要认真考虑计划周期的所有阶段。因此,了解和严格评估影响计划的一系列因素就非常重要,包括基于学校的影响计划的一些因素。但更为重要的是,当你培养你的计划能力时,你要考虑影响计划的所有方面的广泛的个人因素,如关于体育教育的价值观、信仰和态度。最后,在本章末的拓展阅读中我们为你准备了一些相关的文章。

目标

　　在本章结束时,你应当能够:
- 了解长期、中期和短期计划之间的关系;
- 设计工作单元和课堂,并了解如何制订工作方案;

> ■　运用一个能够让你有效地为学生设计体育体验的计划模型;
> ■　认识计划是由学生的学习需求驱动的;
> ■　运用评估结果制订下一阶段的计划;
> ■　认识计划过程中认真思考所有阶段的重要性。
> 　　检查你的课程要求,看看哪个与本章有关。

体育教育中计划的影响因素

　　体育教育中计划的一个最为重要的影响是确定你将要学习教学的特定语境的法定体系。在英国,如果你要学习教书,这便是国家课程(1988 年首次推出)和国家体育课程(1992 年首次推出),以及当前最新 2007 版本的国家体育课程(课程与资格署"QCA",2007a)(见 http://curriculum.qca.org.uk/index.aspx)。关于 2007 版国家体育课程在第 15 章有解释。自 1992 年以来,更改国家体育课程的要求意义显著。了解关于国家课程(自 1988 年)和国家体育课程(自 1992 年)发展的讨论是很有用的,以便你认识影响课程体系的因素(例如,Murdoch,1997;2004. 这两本书可以在本书网站上找到:www.routledge.com/textbooks/9780415561648. Penny 与 Evans,2000)。

　　除了课程体系之外,还有许多影响一个学校的工作方案的可能因素,它们是:教师的背景与经历,包括他们感知上的优缺点;跟课程和课外活动内容有关的历史和传统,反过来这又关联到教师的感知能力以及器材设备。例如,在纯粹的实践层面上的设备,教育标准办公室(Ofsted,2002a)指出,大多数学校的设备和资源的利用能力在很大程度上影响计划的制订和课程传授。例如,如果一个学校室内设施有限,那么所提供的活动往往以室外游戏为主,而像体操和舞蹈之类的活动机会则受到限制。在旅游方便的情况下,极少有学校使用游泳池,因此游泳也不会成为课程计划的一部分。

　　当首次面对体育教育学习和教学体验的计划时,通常依赖你自己原有的经验和你认为更有经验的人的建议和指点。同时考虑到这两者是很重要的,你应该避免被动地计划以匹配你教什么,如何教或者实施从其他渠道吸收的而没弄清楚消息来源的想法,以及它们跟你的目的、目标和预期学习结果是如何联系的。有效计划要求你要变得积极主动,并且具有评价和批判意识以便教授学生体育,这样才能促进学生的学习。学生的学习和你的教学得以发展是批判性思维的结果,并且作为一名教师,你是促进学生学习变化和发展过程的核心。

工作方案设计的总体框架

在教学体验中,尽管你不可能参与制订工作方案,但重要的是要了解它们所呈现的大致框架,以便能够知道如何制订适合工作单元和课堂的计划。工作方案是长期课程计划的文件,即用于概述阶段性的学习期望,如一年或一个主要阶段(KS)。你的工作方案需要考虑学校的具体环境以提供一系列广泛的机会和相称的经历,以达到你所教授的课程体系的要求。在英国,它们应当确认哪一个专门的活动被作为5个主要阶段以及实现国家课程广泛目的的学习和教学方面的学习场景而使用。第14章包括这些广泛的目的。应当认真注意如何计划全年和主要阶段及阶段之间的进度和连续性。进度是这样被界定的:"通过课程政策和工作方案形成学生的学习顺序,以便随后的学习是建立在先前习得的知识、技能、理解和态度之上。"(DES,1990:1)而连续性是这样被界定的:"当从一个环境转换到另一个环境时,学生们体验到的课程的本质。"(DES,1990:13)因此,为了实现进度和连续性,对学生的要求和期望也逐渐增加,可分为四个方面:

- 逐渐增加动作序列的复杂程度;
- 提高动作展示的质量;
- 增强学习情境中的独立性;
- 逐步挑战技能认知水平。

这些能够通过学生的评价以及国家体育课程文件(QCA,2007a)中的八个水平描述进行跟踪。例如,第三个主要阶段的工作方案需要把标准定在水平3-7,比如,对7年级学生的期望值一般定在水平3-5,预期成绩可上调到水平4(见第15章)。

然而,当计划和设计一个工作方案时,包括时间表、可用的设备、配备教员以及分组策略(见上面)的时候,也许需要考虑到一些限制。

工作方案包括一系列背景信息,有:

- 年龄组或主要阶段;
- 工作方案的重心;
- 学期时间和数量;
- 目的;
- 活动,包含它所适合的国家体育课程或其他课程体系的要求;
- 资源;
- 结果。

任务 3.1 让你详细查看一些工作方案。

任务3.1 工作方案

拿到你所在学校的其中一个主要阶段的工作方案的副本,并与另一位实习教师拿到的另一所学校的副本相比较。与你的指导老师讨论国家体育课程在这个阶段上包含的要求。

把这些信息保留在你的职业发展档案中,以便你从一个工作方案中开展一个工作单元时,或者当开始你的教学生涯和撰写自己的工作方案时参考。

工作单元计划

了解有效的长期课程计划的结构应能帮助你理解长期计划与工作单元和课堂的中期和短期计划之间的关系。计划很好的工作方案为特定群体学生和个体的工作单元计划打下了基础,制订工作方案应适合特定群体学生的需求。工作单元是中期计划,即概述在一学年内的一个具体时期特定群体学生的学习期望。为了在学习上达到尽可能的程度,儿童、学校和家庭部(DCSF,2009)建议工作单元应当根据学生的发展阶段安排 8～18 小时。

一开始,一想到必须为一整个工作单元做计划也许看起来令人却步,但如果你按步骤工作和计划,你会发现它并不像起初看起来的那样困难。

计划的简单流程可按照这个顺序进行:

- 我教谁?(学生的信息)
- 在这一系列的课程要求(例如,五个主要阶段中的)中我想让学生达到的目标是什么?(这些是从适合工作单元的工作方案的目的发展而来)
- 我教什么?(活动与素材)
- 如何教?(学习活动、教学策略和组织)

当有了工作方案,在你开始为一个具体小组计划工作单元之前,你需要记录一些重要的基本信息,包括有关你要教的班级的信息——主要阶段和年级,以确保符合规定(见表3.1)。

在你的计划中,你所教的学生的需要是最重要的,并且它们是首先被考虑的对象,其次是你要教的活动或素材。除非下一学习阶段的计划是基于对先前小组的评估结果,否则通过学习的连续性和进度来确保挑战和发展是很困难的。信息评估能让你设定合适的学习体验和思考整个小组和个体的学习需求。因此,你需要在工作单元计划中记录先前的学习,而先前的学习信息应从一系列资源中收集。如果你是首次教这个组,你可能要参考原先工作单元中的已有评估结果,以构建恰当的工作单元。这可能是每年的学生报告或者由教师保留在他们的注册表或教师安排表中的日常记录。不管怎样,有效计划的核心是,考虑你所教小组的先前学习和经验,以形成计划。

表 3.1　体现 KS3 学生工作单元目标的主要过程的范例

　　一个工作单元的重点:①学生对动作、组合与顺序的精确模仿;②探索和交流观点、概念和情感;③发现和解决问题;④安全有效地练习。

学习情境:体操

工作单元的持续时间:12 小时

目标(按照英国国家体育课程中的五个主要过程分组):

本工作单元结束时,学生将能够:

发展身体活动技能:

■　在腾空、平衡中演示一套不同的身体姿势,以及在行进中清晰地展现身体姿势;

■　重复简单的步法模式,以便在腾空前后有效地起跳和落地;

■　转移重心,以便在静止和移动时更好地保持平衡;

■　能够完成表现不同动作类型之间有效过渡的简单动作模式和组合。

制定和执行决策:

■　选择最合适的身体姿势,以便在腾空中控制旋转程度;

■　设计小段动作组合,能够表现片刻静态动作和以某个固定姿势开始到结束的流畅动作的变化;

■　创编小段动作组合、动作主题或序列,能够恰当地表现所选的身体姿势的变化,根据情境运用整个或部分身体动作,当改进动作模式时应用这种理解;

■　设计小段动作组合、主题或序列以表现速度、大小、水平和方向上的动作变化。

评价和提高:

■　描述一个观察到的或自己对一项设定任务的反应,并运用一套特定的标准确认其中的关键特征;

■　确认这个反应中的优点和待改善的区域,并用关键词建设性地交流。

关于健康积极的生活方式的选择和发展身体心理智能:

■　选择和运用一套功能性练习来发展肌肉力量和柔韧性;

■　通过自我激励和应用并完成一套设计过程,并表演一套能够展示柔韧性和肌肉力量的动作;

■　采用合适的姿势并理解它对于保持背部健康的重要性。

　　一旦有了学生的信息并知道活动内容,就可以通过设定你的目标开始制订计划了。对于每个工作单元都重要的是,你设定目标必须要考虑到课程体系的总体需要,并且不能集中在一点(常常是发展运动技能)。因此,在英国,目标应当包含所有五个主要阶段。首先通过设定工作单元的目标,有一个好的想法,即本单元结束时应达到什么样的结果,以及思考通过本工作单元这一时段你想要实现什么。这成为整个工作单元的进展基础。这样,首先通过计划目标而开始。

　　工作单元目标和预期学习结果的特指性是很重要的,因为它们为评估学习提供标准。因此,你在中短期(以及以后的长期)计划中,使用能够明确说明学习期望的语言是很重要的。例如,控制、精确或流畅这样的用语(如国家体育课程成绩目标中的用语,QCA,2007a),不一定非要提供一套足够清晰的标准来帮助推动学习。

因此,重要的是,结果要包括一个动词,以及情景和特性说明以概括所期望的目标成绩,反过来它又跟具体的课程要求相联系。所以,有效地运用语言是你需要发展的一项技能,并且这需要基于良好的学科知识(有关发展语言的更多信息见第5章)。

动词直接与主要阶段目标相关,如学生将能够:跑步(在发展身体活动技能中)、策划(在做决定和执行决定中)、描述(在评估和提高中)、选择(在关于健康和积极生活方式的选择中)、激发(在发展身体和智力能力中)。动词本身也可以被进一步分解,比如跑步可以是跳跃、单脚跳、蹦跳。把动词联系到具体主要阶段的能力能够帮助确认所有主要过程的结果,而不是集中在一个主要过程上(这经常会集中在培养身体活动的技能上,有时会不惜牺牲其他主要过程)。这将有助于解除 Ofsted(2002b:4)的担忧:"学生的观察和评价技能相对薄弱,因为他们在这些方面得到的发展机会较少。"

当明确了学习的情景时,每一个活动的独特情景以及贯穿不同活动的学习迁移性都应得到确认。有时,目标专属于一个活动,如学生将能够"对不同的基本节奏形态表现出一种节拍意识",在发展针对具体刺激的具体动作方面要考虑到舞蹈情景的独特性。另一方面,目标有时可运用于一系列活动或情景,贯穿不同的活动情景以提高连续性,比如学生将能够"设计一小段动作组合,它能够表现片刻的静态动作和某个固定姿态的流畅动作的变化"。这可运用于比如舞蹈、花样游泳、体操,并且因此也能在这三个项目中用来提高这方面的表演。

最后,具体的特性在学生的反应中得到确认。需要弄清如控制、准确及精确等词汇的含义。例如,一个情景(比如体操)中的控制是否等同于另一个情景(如游泳)中的控制?语言的模糊使用会导致对学生学习的评价缺乏一致性,因为一位教师所理解的准确程度很可能与另一位老师理解的不同。在不同活动情景中对学生的期望特性,需要得到更为具体的确认。例如,学生将能够"转移重心位置,以便在静止或运动时更好地保持平衡",这描绘了一个评估展示目标成绩运动水平4中所期望的控制能力的具体标准,同时并没有限制具体活动情景的结果。

表3.1是国家体育课程中7年级学生的工作单元目标的一个例子,用体操作为学习的情景并映射到范围和内容的不同层面。目标是从特定的工作方案中所确认的目的中选择出来,专门使该单元适合于特定学生组。因此,为了确认具体工作单元的目标,你需要参考所正在计划的工作单元中工作方案的目的。

一个工作单元计划包括以下信息:

■　工作单元的持续时间;
■　该单元教学中将要用到的设备和资源,如使用体育馆或需要录像及音乐资源;
■　你期望学生在本工作单元结束时要掌握的有关语言的具体方面;
■　参照国家体育课程(QCA,2007a)强调学习的广度。

如表3.2中所示。

表 3.2　工作单元计划模板(基于《英国国家体育课程》的相关要求)

工作单元		
目标范围和内容	选择活动	
主要阶段和年龄组	起始时间	
资源	教学语言	
优先学习	国家课程大图片链接	
预期学习结果	学习活动	教学及学习风格和策略
发展身体活动技能(SPA)		
制定和执行决策(MAD)		
发展身体和心理智能(PMC)		
评估和改进(EI)		
明智选择健康积极的生活方式(CHAL)		

现在完成任务 3.2。

任务 3.2　了解工作单元计划

　　用表 3.2 中的或由你的 PEI 提供的模板,为不久的将来你将要教的一组学生(或者假设一组学生)制订一份工作单元计划。注意在你的计划中要考虑到上面所确认的信息。与指导老师讨论你的工作单元计划,并适当修改。当你教本工作单元时,认真评估,并在你的职业发展档案中记录今后你将如何才能设计一个不同的单元。

课堂计划

　　设计工作单元是为了满足各学科工作方案中所确认的学生需求,反过来它们成为课堂计划以及计划周期中的下一个阶段的基础。工作单元计划可看作一个支撑课堂计划的大纲或框架,而不是预先决定的结果和每堂课的内容。课堂计划在每一周都会有详细的计划。课堂计划侧重于学生短期的学习需求。为了提高学生在体育教育中的学习质量,你需要根据评估结果认真思考一堂课的学习质量,来了解下一堂课的计划。如果取得真正的进步,这就要求你基于当前的进步评估学生的学习,了解你的下一个课堂计划。单元的进展,可能会导致工作单元和单个课堂的适当调整。

　　对学生的学习程度,本工作单元结束时你想让他们达到什么程度以及他们如何才能达到那些程度的概括对于在工作单元中设计课堂的连续性是一个重要的起始点。重要的是,在一堂课接一堂课的模式中,如果不考虑学生是否已经学过,或者是否已经取得先前的课堂的预期学习结果,就不要制定确认内容和教学目的的工作单元大纲,并接着将其运用于学生,继而转入工作单元中的下一个特定课堂。这样做意味着你试图不顾学生的反应而实施你的计划。然而,由于课堂顺序的进展,要用工作单元来反应你在目标上是否达到了对学生的初始期望或者根据学生当下的反应是否需要调整这些期望。有时你不得不偏离最初的工作单元计划。

表3.3是一个课堂教案大纲。尽管本章使用了这个模板,但这仅仅是书写课堂计划的一种方式。你的高等教育机构(HEI)也许提供一个不同的格式,这种情况下你应当使用它。无论你使用哪一种格式,都需要认真思考,并计划使用一系列与本章使用的计划中相类似的标题。

表3.3　课堂计划模板

课堂计划							
日期	年龄组/主要阶段	范围和内容/活动	单元课堂	时间	场地	人数 男/女	所需器材

来自对上次课全班学习情况评估的行动要点		来自对上次课学生学习样本评定的行动要点	
国家体育课程主要过程	本周预期学习结果的关键词——参考上周评估数据,提供给下次课的预期学习结果以及本计划中你的LPS	学生姓名	本堂课要求的区别——参考上周评估数据,提供给计划中区分的学习活动栏目

具体而可评的预期学习结果——根据你为本堂课选择的国家体育课程主要进程,把它们借鉴到你的单元预期学习结果、编号和注解中,并按照"动词、情景和特性"的方式描述

本堂课结束时,学生将能够:

编号	过程

时间	预期学习结果	全班学习活动	个人或能力组有区别的学习活动	学习要点——确保这些强调课堂预期学习结果所确认的过程	学生、器材、资源和空间的组织	教学风格与策略

续表

全班学习评估															
预期学习结果编号和主要过程															
来自本堂课预期学习结果和 LPS 的关键词															
用上面的关键词对全班学习的评估															
能力组	WT	ACH	WB	WT	ACH	WB	WT	ACH	WB	WT	ACH	WB	WT	ACH	WB
大约百分比(学生)															
下一堂课预期学习结果的关键词															

基于确认的学生样本的预期学习结果进行的学习评估						
学生姓名	ILO 1	ILO 2	ILO 3	ILO 4	ILO 5	用本堂课确认的关键词对学生学习的评估	下一堂课学习的行动要点,用于形成下一堂课的区别

你本人学习的评估

每一个课堂计划都是根据工作单元,尤其侧重于学习,为特定的学生群体而制订的。因此,课堂计划要求你首先完成相关的背景信息:

■ 年龄组和主要阶段;
■ 内容和活动;
■ 本单元连续性课堂的课堂次数;
■ 课堂时间;
■ 工作场地;
■ 课堂中的学生数量;
■ 必要的设备。

实用性的考虑在计划阶段非常重要,比如,如何确保你计划中的器材和设备是可以使用的。例如在一堂课中,要考虑小组学生的数量和可以使用的垫子的数量。

一旦计划好,你就可以决定将如何实现特定课堂的学习重点,以及围绕学习重点制订计划。在此阶段,如果你是首次教这个班级,重要的是你要考虑对整个班级学习以及从上节课学生学习样本或其他资源的评估中所确认的动作要点。这能保证你的课堂计划是基于上次课堂的结果和学习,同时运用学习计划和对学习的评估之间的重要联系(见第8章中的评估)。

正如工作单元要确认目标一样,课堂预期学习结果也需要具体化。一堂课所选定的预期学习结果应当联系到工作单元的目标。理想情况下,一个有效的工作单元计划在这些方面为你确定了重点和水平。课堂预期学习结果应能满足班级大部分学生的需求,从先前结果的评估中得以确认。因此,具体一节课的预期学习结果是基于上次课堂而建立的。至于工作单元的目标,这些结果是由动词、情景和特性(见上面)而得以清楚地表达,并能体现贯穿国家体育课程主要过程的学习,也为学生提供展示国家课程中宏观方面的学习机会(见第14章)。

下面是个范例,在一堂课中,用于制定和应用决策的预期学习结果是如何运用动词、情景和特性框架直接跟表3.1中提供的工作单元实例相联系。

■ 单元目标:设计一小段动作组合,能够表现片刻静态动作和以某个固定姿势开始到结束的流畅动作的变化。

■ 相关的课堂预期学习结果:运用翻滚动作创编一小段以倒立平衡动作开始到此动作结束的单独动作组合,来说明一个动作的结束是下一个动作的开始。

现在完成任务3.3。

任务3.3 设计课堂预期学习结果

观察一堂经验丰富的体育老师的体育课,记下你所认为是本堂课的预期学习结果,课后与这位老师讨论:

■ 这位老师计划中的预期学习结果是否与你认为的相一致;

■ 你们所认为的预期学习结果(你们如果不同,既包括你的也包括这位老师的)在本堂课内是否得以实现;

■ 本堂课的预期学习结果是如何关联到工作单元的整体目标的。

把它保存在你的职业发展档案中,并反思自己的预期学习结果。

请注意,你的课堂计划不要偏颇于预期学习结果的某一方面,否则为了发展技能的活动会因此而很少与国家课程中的其他主要过程联系起来。预期学习结果和活动应当服务于整个工作单元的所有主要过程。所有主要过程的预期学习结果不仅仅帮助你思考比发展技能更为广泛的东西;在你的预期学习结果和活动中,如果你没有计划那些关键方面,它们很可能没有被包含在一堂课中,因此学习的一些关键方面就被忽略了。有时会作一些假设,比如学生能够有效地评估和改进。这样,如果没有学习活动确保教给学生,如学习站在正确的位置观察、运用一套标准观察、运用这些标准分析反应、运用恰当的技术语言反馈以及通过确认特长和发展领域促

进反馈,那么评估和改进学生学习的预期学习结果很可能不能实现。学生需要学习如何评估和改进,这不是一蹴而就的事情。因此,你需要计划学生如何学习它。然而,如果不仔细注意它们,发展技能的预期学习结果和活动则是肤浅的。预期学习结果和活动应该明确你想在反应中看到什么,以及期望它如何得以证实;还应当促使你和学生思考为什么一个技能是以这样的方式完成的,以及可能在什么时候和什么地方最适合运用这个技能。例如,你应准确地表达,为什么在投的动作之后,身体侧展、放松手臂可以作为调整重心和力量变化的杠杆,而不是仅仅陈述你想看到身体侧转投掷器械。这样做,你还能让学生发展知识、技能和理解的迁移能力,以帮助他们通过活动建立联系。

在课堂计划中,首先设定预期学习结果,然后开始计划在本堂课结束时期望首先应实现的目标(正如首先设定工作单元目标,见上文)。重要的是紧跟课程并确保你和你的学生能明白每个任务的目的。设定了预期学习结果,下一步你需要看看如何开始实现它们。你从哪儿开始呢? 最恰当的方式是什么? 你想首先实现什么? 这些问题是你在这个阶段需要问自己的。接着,计划的第二个阶段是开始并设计课堂的具体内容,但你也许会倒着计划。例如,假设你有个预期学习结果,即让学生运用翻滚动作创编一小段以倒立平衡为开始和结束动作的单独动作组合,来说明一个动作的结束是下一个动作的开始,那么第一个问题可能是:他们可能把哪些较短的组合放在一起才能构成较长的组合? 下一个问题可能是,什么样的学习活动将有助于学生学习单个技能(平衡、翻滚、移动),一系列连接它们的方法,以及发展独立组合的创造能力。同样,假设你的预期学习结果是让学生能够在一场 5 对 5 的曲棍球比赛中智取对手,你也许会问:什么样的小游戏体验才有助于他们首先体验到智取呢? 例如在 2 对 2 的情况下智取对手。接下来问题可能是,他们需要掌握什么技术才能在 2 对 2 的情况有效行动? 如能左右两边传送和接球。最后一个问题也许是,我如何运用引导性的热身活动让学生准备好学习我即将教授的技能? 许多体育课堂都是分为三部分:导入和热身、主体部分、结束。

尽管课堂教学的第一部分是导入和热身,但课堂确确实实开始于上课铃打响的那一刻。因此,重要的是在开课之前要计划好突发事件。尤其在体育课中,课堂的开始和结束部分会浪费大量时间。你必须组织和管理学生使之易服,并尽快进入教学空间,以便迅速开始你的课堂。如果这节课是 35 分钟,你可以在 15~20 分钟内完成教学,所以尽可能少地浪费时间非常重要。为了最大化地增加学习机会,你要计划更衣室的时间以及什么时候学生先进入活动场所。通过计划应用那些可用于热身但又关联到主题任务的实践和发展,你能在课堂的第一部分节省很多时间。课堂导入和热身可根据课堂总时间压缩或延长(第 6 章详细阐述组织和管理)。

导入和热身

这一部分课堂可用简短的话语导入来开始。也许你会让学生重温上一堂课的内容,介绍本堂课的预期学习结果和主题,或者只是设定首要任务,以及确认本堂课中帮助学生学习的关键词语。你要把学生引入本堂课的主题上来。带着这个想法,课堂导入材料的选择会影响随后的内容,也许热身中也可以加入一些课中部分特定活动中会用到的动作模式。这不仅仅是强调所包括的内容,而且会帮助你给学生提供适当的准备和练习。无论怎样,这个阶段尽量少说,目的是让学生尽快进入活动,尤其在较冷的时候。热身的主要任务是根据有氧运动的要求增加心肺速率,让学生身体温暖。

主体部分

这部分课堂也许是最为重要的,因为它是主题的展开,并应有助于促进学生的理解。无论在时间还是内容上,它都是课堂的主体部分。通常而言,本部分将向学生介绍新技能,纠正和练习旧技能,或者给学生练习和改进整个活动的机会。依据课堂的重点,其结构可有不同的形式。例如,课堂可以侧重于在设计和运用决策或评估和改进活动。它可以包括与活动相连的特定练习,或练习整个活动(例如,为了理解技术和战术反应之间联系的整个比赛)。它可以是把一个舞蹈与学生发展和练习舞蹈拼接起来,在课堂结束时表演(这必须给定时间)。例如,它可以遵循完整—部分—完整的方法借以尝试整个活动,然后于再次练习整个活动之前把它分成几个部分。另外,课堂的重心、实际结构都有赖于课堂时间的长短(见下面的时间)。例如,假如你有一堂时间很短的体操课,也许只够你完成地板动作,因为没有时间做器械体操运动了。另外,你也许会在另一堂较短的课堂中一直在做器械体操,也有可能在一堂较长的课中既安排地板运动也包括器械体操运动。

结　束

这一环节在时间分布上只占课堂的很小一部分,也许只有几分钟,但它又是极其重要的一部分,并且需要纳入课堂计划。你必须在课堂的整体计划中为该部分留有位置,必须留有时间扼要重述课堂内容、学习的内容,如返回到学生学过的关键词语以巩固他们的学习,并留些时间以便沉着、有序、有目的地整理总结。另外,要确保按时下课,以使学生能按时上下一节课。

在三分结构的主体部分中,你的大部分课堂时间应当放在学习活动上。你要为课堂的每一个学习活动或部分活动安排时间。课堂的"教学时间"(即你实际花在场地和体育馆的时间)决定着整个结构和每一部分所占用的时间。

课堂计划的主体部分在表3.3的7栏中得以呈现,标题如下:

- 时间;
- 在课堂的该部分要达到的预期学习结果;

- 实现预期学习结果的全班学习活动；
- 实现预期学习结果的有区别的学习活动；
- 学习要点(有些 HEIs 用教学要点代替学习要点)；
- 学生、空间、设备和资源的组织；
- 学习和教学策略。

这 7 栏计划对于帮助你详细地考虑计划和准备是个很有用的方法。它侧重于课堂的方方面面，以便你能根据预期学习结果认真准备你自己。为了达到预期学习结果，它不仅让你关注学生的学习，而且确保你仔细筹划将要教的内容或材料、有关的学习要点，同时还有学习与教学策略，以及各种空间、设备和学生小组的组织。通读课堂计划的这 7 栏，你会发现课堂所有方面之间的逻辑联系。

在你课堂计划的每一个活动或部分活动的旁边记下分配时间，这可帮助你把握好时间限制，但你必须要留有余地和防备意外。如果必要，根据观察学生反应，通览本课时，可以重新分配每一项活动或部分活动的时间。思考以下建议，它也有助于节省时间，但仍要确保教学质量。你能：

- 简化比赛(例如，缩减人数、减少规则、简化准备活动)吗？
- 缩减动作组合(例如，减少必要的动作或技能)吗？
- 在同一时间展示半个班级而不是许多组(并注意观察)吗？
- 减少你的讲解(阐释简洁)(见第 5 章)吗？
- 保持你的教学进度(变得活跃并避免任何时间浪费)(见第 7 章)吗？

现在完成任务 3.4。

任务 3.4　控制课堂时间

观察经验丰富的体育教师的一堂课，记下他在每一个学习活动上所用的时间。然后根据你选择的活动和学生组，设计一堂 40 分钟的课。按照你认为的最合适的方式分配时间。如果有机会，就在某个班上尝试一下这个计划，并评估它在时间上的分配。把这个计划和评估保存在你的职业发展档案中，以供未来计划时适当参考。

所选的学习活动应能实现具体的预期学习结果，并能用于满足组内绝大部分学生的学习需求。如果预期学习结果反映的是贯穿国家体育课程主要过程的学习以及学习的广泛方面，那么学习活动也应当这样安排。因此，你应把课堂计划变成把所选的预期学习结果映射到学习活动的一个过程。例如，下面一堂课是用于评估和改进，以发展交际为主要技能的预期学习结果：

- 观察一个副主题，并使用关键词提供在水平和运用的路径上是怎样变化的相关反馈；首先确认紧随发展领域的反应优势。

这要求学生积极投入到至少一个学习活动之中，这样他们才有机会观察和分析表现。因此,为了完成这个学习活动,需要为学生提供具体的标准形式的关键词,以用于分析反应和理解如何构成反馈,同时促进他们的交往技能。当一个学生观察写在工作表或白板上的关键词时,这可能会涉及学生在两三个表现主题上的活动。

你还应当考虑如何才能让不同的体育活动满足不同学生组的需求,包括那些在组群中大部分人水平之上或之下的人。你可以采用许多不同的方式进行区别对待,例如:

- 增加或减少他们演练的动作组合的复杂性;
- 在某种方式上调整和改变活动的空间、设备或资源;
- 改变对学生分组的方式;
- 通过某种方式把你的语言调整为适合学生需要的方式,如从根本上改变你提问的技巧或用视觉刺激辅助口头语言。

区分的方法可通过设定任务(不同任务的设定)、结果(学生承担同样的任务,但预期不同水平的结果)、评估(学生承担同样的任务,但评估方式不同)、方法(有些学生对一些方法的反应较好,如当你要发展学生的独立能力时,采用说教的方法较好)来获得。

在确认和仔细选择了你的课堂预期学习结果、活动,分配好时间后,你应当为这些工作制订详细的计划。包括如何组织和管理学生、空间、设备和资源以充分利用有限的时间,以及从你与学生建立关系的那一刻起就要恰当地考虑安全因素。组织和管理计划应关注整堂课,但也要特别注意计划过渡阶段,即学生如何从一个任务转移到另一个任务(第6章阐述组织和管理,第9章阐述安全问题)。你还要制订学习和教学策略,另外还要参照预期学习结果和学习活动,以确保他们能达到预期学习结果(第10章阐述选择恰当的教学策略)。

一旦计划好了一个循序渐进的学习活动、恰当的教学策略以及如何组织它们以提高预期的学生成绩,就需要考虑和设计一套具体的标准来帮助你评估预期学习结果在课堂上或课后是否得以实现。学习要点(每一个主要过程的)能够使你观察、分析,并根据预期学习结果的实现在课程单元中提供初始性和总结性反馈。许多实习教师发现很容易确认应如何完成一个技能的学习要点,但总是不知道为什么、何地、何时完成。他们发现很难确认制定、执行决策、评估和改进的学习要点。因此,必须特别注意计划这些主要过程的学习要点。

任务3.5、3.6和3.7的目的在于帮助你通过与自己的课堂相联系的工作来理解课堂计划的各个方面。

评估你的课堂

当你确认教学目的、学习活动以及学习要点、学习的评估标准(见第8章)之后,就可以找机会在课堂中运用这些标准,如在一个小型的比赛中,花时间在场下观察和分析反应。该结果能让你根据课堂中学生的反应和进步,调整接下来的课堂内容。这要求你必须灵活,如果需要,可以偏离你原来的课堂计划。

同样,你可以用这个评估标准来评价你所教过的课。在考虑下一堂课的计划之前,你要用来自课堂评估的信息评价课堂在学习内容和质量方面的有效性。学习质量的评估可分为全体学生的和学生个体的评估。你可分析全体学生的反应质量,估计有多少学生达到了预期学习结果,多少学生仍在努力中,以及多少学生已超额完成。如果在某个预期学习结果上达到所期望成绩的学生比例很低,这就说明你在下周要重新考虑全体同学的预期学习结果。如果比例很高,你可以把这组学生转移到更有挑战性的学习方面。然而,你不得不既考虑这堂课的教学目的是否得以实现,又要首先思考预期成绩的定位是否合适,也就是说:

任务 3.5 课堂计划

选择一个课堂计划,并用以下这个检测表检查你关注的下列课堂计划中的想法。

与你的指导老师讨论,并确认你的计划中的优势领域和发展领域。把它保留在你的职业发展档案中,并在以后某个时候完成它,以帮助你了解如何开展你的计划。

活动和组别＿＿＿＿＿＿＿＿＿＿ 课堂所在单元＿＿＿＿＿＿ 日期＿＿＿＿＿＿

计划的各方面	注解
预期学习结果既是具体的又是可评估的。用来描述学生将学什么而不是你将做什么或者你将教什么,并且包括动词、情景和质量。	
预期学习结果与工作单元目标相关,它不仅包含发展身体活动技能,而且体现贯穿于所有国家体育课程的主要过程。	
关键词是从本堂课的预期学习结果中得到确认的,它们由先前课堂的评估结果形成。	
行动要点包含于学生样本中。	
学习活动是有所区别的——因个体或群体而不同。	
学习要点是加"着重号"的,与你的观察相联系。它们也能描述预期学习结果中所确认的所有国家体育课程的主要过程。	
充分考虑了学生、空间、器材和资源的组织和管理,包括过渡、安全因素等。	
未来课堂计划的注解和目标	

任务 3.6　构建课堂

为一堂较短的体操课（教学时间最多为 25 分钟）撰写两个不同而连续的课堂计划,其中一个必须包括器械体操（这本电子书中给出了器械体操的方案计划:www.routledge.com/textbooks/9780415561648）。与你的指导老师讨论这个计划,并评估每一个计划的可行性。把这个计划和评估保留在你的职业发展档案中,以便在以后的计划中参考。

任务 3.7　计划进度

为你计划要教的一堂课选择一个特定的教学目的,并思考能够帮助一个新学生构建这个结果的三阶段练习（进度）。你自己尝试这些练习,并让另一位实习教师观察。看看这个进度是否合乎逻辑,并且你要把这些练习的难易度调整到适合于不同能力的学生。在某个教学情境中尝试它们。把你的进度和调整记录在你的专业发展文件夹中,以便在撰写其他进度的计划时参考。

实际上,它们是否现实和适当,课堂计划纲要也能鼓励你选择组内学生样本（例如,一系列能力或性别）以评估预期学习结果。这能帮助你为本堂课或下一堂课的学习设计有区别的任务。这些任务应能满足个体或群体的需要,即这些个体是代表全体班级计划的一部分,并用于调整你的教学策略来满足全体的需要。因此,学生取得进步是很重要的。

对学生学习的评估也应该能促使你评估自己教学的有效性以及你从课堂教学中学到了什么。如果从整体意义看,教学评估必须基于对学生学习的评估,并且由学习者和教师共同影响反应质量。学习者反应的知识和理解能帮助你调整和改变教学的许多方面。因此,规划结构应该促使你评估学生的学习,并运用这个信息认真反思如何提高学生的学习以及教学方法。在任何评估中,所有的问题都要紧扣一个重要的因素,那就是"学生实现了什么?"

对一堂课评估的各个方面可归结为三个问题:

- 学生实现（学到）或者没有实现（学到）什么?
- 为什么他们实现（学到）或者没有实现（学到）? 换句话说,为什么这个学习发生了或者没有发生? 我的计划或教学的哪些方面是有效的或很少有效,如是太难吗,还是时间不够,等等?
- 我应该如何计划或教下一堂课来调整这些发现? 什么是我下次要继续做的,或者我需要做哪些改变以促进学习,如更多或更好地区分,提供更具体的反馈,等等?

本章中的课堂计划要求你在评估自己的教学之前对整个班级和学生个体的学习进行评估。如果你在这三个标题下构建你的评估:

■ 整个班级学习的评估;

■ 被确认的学生样本的学习评估;

■ 你的学习评估。

　　你就能够开始批判性地分析课堂(学生达到了什么目的,它是如何与预期学习结果相匹配的,以及课堂的有效性)。

　　另外,评估预期学习结果是否得以实现,你要关注课堂的许多方面。在你教学体验的开始阶段可侧重在你的组织与管理,你的声音,你是否为这么长时间的课堂准备了相应数量的器材,或者你如何应对学生的行为。当你有了经验,评估的重点应有所改变。在一堂课中你不能考虑太多的重点,你可以有选择地关注课堂某些方面的评估。你关注的方面有可能是先前的观察或评估的结果。在评估中,你还必须考虑如何才能解决问题和发展领域,并尝试在以后的课堂中付诸实践。课堂计划是通过确认下一堂课的行动要点形成的。

　　你将发现课后评估课堂并尽可能记下相关的评论是很有用的。这易于澄清你的想法,同时清晰地保留在你的脑海中,并让你反思在那个特定的课堂上发生了什么(尤其是当你不得不在另一天给另一个班级教同样课的时候)。

　　当完成了对学生学习和教学的评估时,你收集的信息可以给工作单元的评估提供原料。这个方法能帮助你为下一个工作单元做计划。这反映了计划—教学—评估这种周期性本质。任务 3.8 是为了帮助你评估课堂而设计的。

任务 3.8　评估课堂

　　选择一节课(也许是任务 3.5 中用到的那堂课),用下面这个监控表来评估这堂课。

　　与指导老师讨论,并确定你评估中的优势领域和发展领域,保存在你的职业发展档案中,以便在发展你的课堂评估能力时参考。

评估领域	内容
学生实现(学到)或没有实现(学到)了什么?	
为什么它们实现(学到)或没有实现(学到)?	
下次我将继续做什么,或我需要做哪些改变来促进学习?	
未来课堂计划的注解和目标	

小结与要点

在某种意义上,计划是成为专业人员的核心。认识到这一点是很重要的,即把握整个过程以及评估它并了解它如何影响学生的教学体验,这有助于促进学生的学习和你的教学。本章为你提供了一个让你通览体育教育中长期、中期和短期计划过程的计划模式。本章解决了工作单元和课堂计划的实例。紧扣学生需要的有效计划是评估预期学习结果的需要。本章强调,收集到的关于预期学习结果是如何实现的信息是怎样被用于下一阶段的学习计划之中,以及怎样评估教学方法的有效性。这个模式说明了这个循环过程是如何组织的。但是,本章的核心是促使你认真思考你的计划,而不能想当然地重复实践你的体验或者拷贝当前的实践。

看看本章中有哪些是你强调过的课程要求。

如何在体育课上观察学生 4

导 言

"观察孩子们,分析他们的动作,然后决定是否改变任务,给学生以提示,给他们一个挑战或者一个反馈,这些似乎很简单。"格雷厄姆报告称,他听到那些还未上过课的实习老师这样说道(Graham,2008)。但他,以及所有卓有成效的体育教师都知道这种观念的谬误性:观察肯定是不简单的。课堂观察不仅仅是看,还包括充分的准备和良好的运动知识;对学生个体的关注;小组观察和全班观察;记录和报告的策略以及自发运用这些信息以便认识将来教学。它是一项技能,一旦你明白你为什么要观察、观察什么和怎样观察,它便会随着时间和实践而提高。为了促进学生的学习,你必须努力成为具有洞察力的动作观察者。本章将为你提供一些帮助你培养观察技能的指导原则、策略和挑战性任务,这些技能是《国家体育课程》(*National Curriculum for Physical Education*, NCPE)或教育与技能部(Department for Education and Skills (DfES), QCA, 2007)所规定的,同时也涉及普通中等教育证书(General Certificate of Secondary Education (GCSE))和普通高等教育课程(General Certificate of Education Advanced (A) Level)中基于课堂的课程。(即英国高校入学考试课程——译者注)

目标

学完本章,你应该能够:

■ 明白你为什么要进行课堂观察;

■ 弄清良好的观察在教学的哪些方面非常重要;

■ 清楚进行观察所需要的知识基础,能有效地分析和思考人体动作;

■ 能够对具体侧重点选择合适的观察策略;

■ 将课堂观察作为你课堂行动研究的一部分。

简言之,你应该明白为什么要观察、观察什么和怎样观察。检查你的课程要求,看看哪些跟本章内容有关。

为什么观察技能对体育教师很重要？

　　教师之所以需要观察技巧,是因为它能促进课堂管理,随时确保学生的安全,并监督全班及个体的表现,以便能为其提供反馈,增进他们的学习。另外,通过观摩有经验教师的课堂,观察使你能够收集信息以促进你的教学效果和学习。培养观察技能还有助于促进学生发展观察能力,并为你提供一些完成学生记录和报告所必需的信息。

工作环境中的课堂管理和安全

　　组织和管理是你作为一名体育教师所必备的根本技能。你必须始终留意学生的活动,看他们是专心做任务还是心不在焉,并始终警惕所有的安全因素。课堂组织和管理,以及管理学生行为将在第 6 章讲述,而安全问题则会在第 9 章予以关注。敏锐的观察能使你及早发现各种潜在的麻烦,避免其发展成为较大的问题。这在安全方面尤其重要。作为一名教师,你始终都要对班级所有同学的人身安全负责。这意味着你不仅要关心学生的学习,还要关注他们的身心安全。在较宽敞或/和多变的教学环境下对你而言尤其具有挑战性,比如在户外课堂上,在恶劣的天气条件下,在学生胡乱疯跑的情况下,以及当你使用较容易产生危险的器材和设备时。仅仅这些因素应该促动你要变成一个敏锐的观察者了。图 4.1 描绘的情景应该是你不惜一切代价去避免的!

"新奇怪异的课堂! 观察训练? 垃圾! ……"

图 4.1　混乱的规则行得通吗

督促学习和提供反馈

学习是你关注的重心,所以去发现学生是否在学习的能力显然至关重要。如果你不能够观察和分析课堂进展的情况,就无法知道个别学生、一个组、一个班是否正达到预期学习结果(intended learning outcomes,简称 ILOs),还是根本没人达到预期学习结果;同样也无法评估一堂课是否太难或太简单,你或许也不能为学生改进动作或运动技巧提供建议。你必须要能够判别全班是否只是一直在"忙个不停,不亦乐乎,感觉不错"(Placek,1983),而没有投入到你所布置的任务中。有经验的教师总是不停地揣摩学生进行有意或无意交流的非言语信息,然后领会这些信息,当场调整他们的课堂教学。

观察是一项很有挑战性的技能,因为当你在教学时,你很难同时记住你所观察到的所有东西。很多体育教师发现粘贴式便笺非常有用。当他们看到什么东西时,就在便笺上做一些笔记,然后将其贴在墙上,课堂结束时,再取回这些纸条。便携式录像机的使用在教师刚开始教学时也很有帮助,因为体育和其他学科不同,课后,你没有任何学生作业本可以收集以便发现学生是否学懂所教内容和达到预期学习结果。一个动作一完成,它就立刻从眼前消失。如果你真的决定使用录像机,你必须弄清所在学校对其使用的规定。

通过观察为自己的教学提供反馈

观察对教学的一个重要贡献就是它能给你反馈信息:你的备课是否恰到好处,你的授课是否有效。对全班的观察能使你获得关于安排计划、选择材料和管理学生行为的信息。例如,你计划好了以特定的方式安排计划,使用某种器材或设备,当你看到学生表现得比较吃力时,你得问自己为什么。他们是否有足够的活动空间? 是设备的型号不对还是设备出了故障? 学生是否清楚如何使用设备,或者他们不敢使用? 设备是否足够? 是不是所有的学生都能听到你讲话? 他们是否感觉太热或太冷? 观察能够给你这些问题的答案。所有这些情况都有可能使学生感到沮丧,使他们逃避任务或进行破坏。

看着你所准备的材料,你可能需要问问自己:如果学生有困难,是因为任务设置得太简单或太难吗;是因为他们没有弄清任务吗;或者是因为他们不确定参与学习的方式(如同伴评价或解决问题)吗? 在学生行为管理方面,你可以通过观察发现你是否建立了合适的规则和常规,是否明确规定了行为准则以及学生是否遵守这些准则(参见第 6 章关于规则和常规的讨论)。

通过这些方式对全班进行"解读",你会发现,你的教学变得非常有效,当然,你还会发现你可以在课上做哪些事情以改善教学境况。但是,你得在你的课堂评价中将所观察到的记录下来(参见第3章和第8章),这至关重要。建设性的自我批评是进步的平台。课堂观察为你提供了促进这方面发展的信息。短期内,你的进步可能表现在你对下一堂课的准备上——你能确保同样的问题或困难不再次发生。你的课堂评价是观察生成书面信息的一种方式。

通过观摩向经验丰富的教师学习

更多地意识到教学本质和要素的一个途径就是观摩富有经验的教师上课(另见第17章)。不仅要观摩不同的教师,还要观摩体育教学的不同方面,这样会很有好处。当然,在任何情况下,你都需要征求教师允许你观摩他(她)的课堂。你观摩的教师很有可能会问你对他(她)教学中的哪个方面尤其感兴趣。例如,你可能想观摩课堂组织、学生行为管理、任务布置或如何应对学生的进步或问题。不管哪种情况,你都应该请求被观摩教师给你一份教案,这不仅有利于你观察该教师如何使学生达到预期学习结果,也便于你根据学生的反应,对教案作相应的调整。有很多的观摩手段可供你在教学观摩中使用,这些观摩手段在第17章中有讨论,你也可以在卡佩尔、布雷肯和奥尼尔著作中的活动4.3c(Capel,Brecko,and O'neill,2006)以及本书的网站(www. routledge. com/textbooks/9780415561648)中找到一些例子。课后你应该和你观摩的教师讨论你的观课结果,这将对你很有用(别忘了感谢该教师让你观摩其课堂)。任务4.1鼓励你观察有经验的教师如何管理课堂。

任务4.1　观摩经验丰富的教师的课

观摩三个有经验的教师的课,每次课都记录如下所列的被观摩教师教学中的一到两个方面。观摩之前先熟悉该教师的预期学习结果,然后观察该教师如何:

■　不断地检查周边环境的安全;

■　组织场地、分组、安排设备和器材;

■　首先检查学生是否成功掌握所教技能,然后继续新任务;

■　鼓励学生个体丰富动作语汇,提高运动技能;

■　始终保持一种轻松快乐、目标明确和信心十足的课堂氛围。

这项任务也可以用来观摩教学的其他方面。课后和被观摩教师讨论你的观摩结果,并将所作的笔记加入到你的职业发展档案(Professional Development Profile,或PDP)中。当你感觉已经准备好可以去上课时,请该教师以同样的方式观摩你的课堂。

在体育课上辅助学生进行观察和评价

当你已经掌握了观摩技巧,下一步就是帮助学生获得这项技能。英国的体育课程要求学生学会分析动作,并能够发现优缺点,从而提前计划如何改进动作。第8章是关于如何评价的论述。这项能力取决于学生发展良好的观察技能。学生要能够用观察来分析其他学生的运动表现,还要能通过使用录像来分析自己的动作。(关于如何在体育课上使用信息通信技术,参见第12章)当老师要求全体同学特别关注正在演示的动作的某一个方面时,通常是为学生介绍观察技巧,并作为示范的一部分。培养学生观察技能较直接的方法就是要求学生互相观察。需要记住的是,学生和你不同,他们对教学内容没有彻底的了解,因此需要指导他们观察哪些内容。刚开始时,你可以将学生两两组合,像交响乐指挥那样精心指导学生进行观察。例如,在学体操时,你可以让一个学生观察他(她)的同伴跨过跳箱后以多远的距离取得平衡位置。在学蛙泳时,可以要求学生观察同伴的手指是否并在一起。然后,每个学生要给同伴予以反馈。教师可以用墙贴或工作卡列出各种动作标准,以此来指导学生检查同伴的表现。这里可以用弹性框(Elastic Boxes)和卡尔的技能分析法(Carr's skill analysis)作为具体的指导(见下文)。对观察位置的指导也是必需的(见下文关于观察位置的论述,这对于你的观察和学生的观察同样适用)。你要记住,在这些情形中,教师的角色是辅助学生观察,而不是直接对动作进行评论。任务4.2要求你给初次尝试这种挑战的学生介绍这种同伴观察练习。

任务4.2　给全体同学介绍同伴观察练习

选择一个没有同伴观察体验的班级,选定一项将在课堂上教授的技能,制作一张墙贴,列出四项要点。让学生两两合作,分别轮流做动作和观察,并在你的指导下,让学生在观察同伴之后按墙贴上的每个要点给出反馈。教师要辅助学生,强化学生敏锐的观察力,并指导那些还没有掌握角色性质的学生。

第二次课还是教授和第一次一样的技能,同样制作一张墙贴,不过这一次让学生自己决定同伴需要练习哪个要点。

回顾反思该班级观察能力的发展情况,把相关笔记放入你的职业发展档案中,当你在另一个班进行同样的练习时,可参考这些笔记。

通过观察获得记录和报告学生进步情况所需的信息

虽然课堂评价记录了班级整体达到预期学习结果的程度,但课堂观察也很重要,因为通过课堂观察你可以用图表记录学生个体进步的情况。你应该知道学生的进步情况以及他们处于什么样的水平。体育部会统一在一个学习单元或教学计划结束时实施一系列正式的评估程序(参见第8章),其中包含对视频录像的分析,或有其他老师到你的课堂上进行观摩。然而,基于每一课堂你都需要记录学生的表现,且统一记录在系上分发的记录册上。而所要记录的数据就是你在课内对学生观察的成果,并随时更新这些记录,不仅仅是因为在向家长汇报学生表现情况和写学生报告时要参考这些数据。你要确保清楚所有学生的进展情况。在某一堂课上,你可以选定比如六个你不太了解其水平的学生进行观察,这样会对你有帮助。

观察一堂课的哪些方面?

在阅读本节前,先完成任务4.3。

任务4.3　思考体育课上有哪些东西需要观察

　　回顾本章已经讨论过的内容,列出一堂课中所有你认为重要的所要观察的方面。将你的清单与下文中所列的领域进行对比。

　　将你的清单存入你的职业发展档案里。

前一节中讨论的"为什么"要观察,直接决定了你需要观察"什么"。观察的内容可以分为三类:学习;组织和安全;学生的举止行为。

在你观察一个班时,你最关注的应该是学生的学习进展情况,即学生是否达到了预期学习结果。观察使你能判断该班级是否已明白所布置的任务,任务是否过难或太过简单,是否使学生觉得枯燥,能力较强或较弱的学生是否需要什么额外的帮助。根据观察结果,你可以决定下一步如何给全班提供反馈和引导。记住,预期学习结果不仅仅只是关注学生运动技能的发展,部分预期学习结果可能关注的是学生能否遵守比赛规则,或能否采用某些策略和技巧。其他的预期学习结果可能涉及创作一个动作组合或序列——你要观察的是一个任务的所有方面是否都涉及、中间的衔接过渡是否得当。另外,你的预期学习结果会包括那些更广泛的教育目标(参见第14章),如你可能需要观察学生的合作能力、交流技巧,或是独立能力或创新能力。如果你给学生布置了具有挑战性的观察和帮助同伴的任务,你就得观察学生是否做得准确。所以,你所观察的内容是多样的。为了达到最好的效果,你具体需要观察什么(比如学生对具体某项预期学习结果的实现程度和进展情况)需要提前计划好。

对于学习的观察非常关键,因为这可以为你提供所需信息,便于你给全班、小组或个别学生反馈;还告诉你在下一步的教学中你需要做什么。例如,它使你知道你是否需要修订你的预期学习结果;是否必须找一种不同的方法,以实现那些你没有计划到的预期学习结果。记住,这些指导原则不仅适用于教学,还适用于实际活动。

对组织和安全的方方面面保持警觉和监督是对学生学习进行观察的基础和前提。你必须特别关注场地的安全使用,以及器材和设备的安全使用。具体需要观察什么在第6章和第9章中分别都有涉及。

最后,你需要对学生的举止行为保持警觉。在你监管学生的学习和安全时,你还会遇到学生"开小差"的情况,以及不当行为。对于这些情况,你必须及时有效、恰当地进行处理。关于对学生举止行为的观察的具体内容,见第6章。

在培养你的观察技能的最初阶段,你很有必要详细地计划你在一堂课中要观察的内容。在很多的专门备课本中都有"观察要点"或"教学要点"一栏,认真填写这一栏,然后在教学中将注意力放在学生对这些关键点的反应上(参见第3章关于备课的内容)。

如何最有效地实施观察?

本节探讨有助于观察的教师站位、有效观察所需的知识和认识,以及运用运动原理、技能分析和卡尔的五步分析法作为观察的工具。

观察和站位

有效的观察通常需要你花点时间跟学生谈话,往后站一站观察全班的活动。这个时候,明显"什么都不做"对良好的观察至关重要。这个过程阶段,切不可仓促了事。要系统地观察学生如何完成一项技能,开始时,只关注这个技能的其中一小部分的提高,以免太多的视觉信息让你无从处理。同样有用的方法是,开始集中观察个别学生,然后再转移到小组上。对于全班整体的观察比较困难,但如果你只观察具体某个预期学习结果而不试图对所有发生的事都观察的话,将会容易一些。例如,在教游泳动作时,不要去观察整个动作姿势,而仅仅关注手臂和手的运用。又如在曲棍球比赛中,不去观察所有运动员如何充分发挥各自的角色,而去观察前锋对相互间的距离及相互配合。

通过观察收集信息,你在活动空间的站位非常关键。关于课堂管理,第6章中将讲到,但在这里有必要先提几个要点。从学生进入到活动场地的那一刻起,你的位置就变得很重要。刚开始你要给学生展现一种亲近友好的姿态,要去迎合全班的情绪氛围。通过仔细观察你便知道班级的情绪氛围。整堂课,你的观察策略很有可能要变化,如先是扫视全班,然后转而关注个别学生或小组。扫视对于班级安全,以及建立教师风范很有必要,它还能使教师对全班完成布置任务的情况有一个整体上的认识。为了能够取得良好的扫视效果,你需要找一个有利的位置,以便能一眼就看到班级的大部分同学。背对墙壁是体育教师最常用的方法,因为如果教师站在场地中央,会有至少一半的学生都看不到。如果整堂课都站在同一面墙体,那么全班后面的大部分同学都不会被注意到。因此,你要确保在场地的外围不断地移动,这样场地的"后面部分"最终也能变成"前面部分"。这些关于教师站位的建议不仅在教室有用,而且在实际的活动空间也同样适用。图4.2显示的就是当你很长时间不注意班级后面部分的同学时可能会发生的情景！

我跟你说过的，体操课很有意思！老师永远都看不到我们后面的学生！！

图4.2　玩得真开心，要是你也在这儿该多好！

为了能注意到个别学生或小组，你需要选择一个你能清晰地看到学生动作的位置。如果动作做得很快，那么你观察的有利位置要比动作慢时的位置远一些。Knudson 和 Morrison（2000）认为最佳的位置是在 5～10 米，在运动平面的直角位置。为了获得每一个动作的整体视角，你最好让学生重复该动作，站在各个不同的位置使你能够从多个角度（比如侧面、前面和后面）观察学生的动作。

站位对你和全班都比较重要的另一种情况是当你或者一个或多个学生在做示范的时候，必须要确保：示范要使全体学生能清晰地看到；观察者要站在能够看到动作关键部分的最佳位置。这是一个很重要的方面，在第5章中有详细的论述。

有效观察的必备知识和认识

在教学的早期体验中，你很可能会发现，观察你较熟悉的活动技能要容易一些。因为对于这些运动技能，你有着较多的观看和实践经验，较熟悉实施这些动作的技术语言。而观察自己不是很熟悉的活动技能，你也很可能不那么自信。这给了我们一个有益的启示：关键是你要熟悉所教授的内容。你可以从很多方面着手了解所需的基本知识。解决这个问题最直接的一种方法就是要明白：首先你需要掌握动作的基本要领；其次，所教技能的特点；第三，你所教运动的形式和流程。

动作要领通常指动作的原则，这些要领以及技能分析的普通原则在下一节中将谈到。但具体运动技能的细节,以及这些运动的最新细则、规定、流程和战术,可以在各种有关运动的教材中找到。本书没有提供这些信息,但这些信息是让你成为一名有效教师的不可或缺的部分,学习这些信息应该是你的首要任务。另一个很有用的知识就是基本了解一项动作技能从小孩一直到成人的一般发展过程(Gallahue and Cleland,2003;Haywood and Getchell,2009)。尤其当你所教授的对象是需要特殊教育的学生时很重要,因为他们的运动技能发展可能会滞后,所以你必须预先考虑到这个因素。通常对特殊教育有经验的老师能够给你一些建议,或者与这些学生有联系的理疗医师也能够为你提供一些信息和指导。

把运动原理作为观察的工具

为了观察学生的学习,你需要事先掌握并能够运用有关动作要领和动作技巧要素的知识和认识。加拉林和唐纳利(2003)把运动原理或概念称作是动作的特殊"语言"。这种语言使教师能够以更全面、更完整的方式观察动作和描述动作。这两位研究者将他们的体育发展程序建立在下列运动原理之上:

> 发展体育包含着一个动作体系,主要关注重要的动作概念(即身体能够怎样运动)和技能概念(即身体应该怎样运动)。这有助于学生成为更富技巧的、知识丰富的和善于表达的运动者。

(Gallahue and Donnelly,2003:386)

运动原理最先被鲁道夫·雷本(Davies,2001)描述为由四个要素组成:身体意识(身体能做什么);空间意识(身体能够在哪运动);动力意识(身体能够怎样运动);以及关系意识(身体能够和谁一起运动或用什么东西运动)。运动原理为体育教师观察、分析、评价和记录动作提供了一个非常简单而又清晰的框架,还可以运用这些运动原理来备课,为所有学生,包括有生理缺陷的学生准备一堂堂平衡协调的体育课(Sherborne,2001;Hill,2006;Marsden and Egerton,2007)。

图4.3 显示了一个简单的运动原理体系。一次运用一个"弹性框",通过圈出所标示的合适的动作词汇,来分析任何一个动作、动作技能或动作模式。每个"弹性框"中的词汇并没有限定,你可以根据需要自己添加词汇。例如,当你观察游泳时,你可以把"潜水"或"滚翻转身"加入到"身体动作"中的"身体框"一栏。这样,这个框架就具有了"弹性",可以随着你观察技能的增加而进行扩展。

弹性框	
身体	**空间**
动作：走、跳、旋转、滑动、跨、扭、转身、平衡、静止 **身体部位**：能带动、能支撑、能关联、能平衡移动或非平衡移动 **身体形状**：圆（如球）、扭曲（如螺丝）、变细（如针）、变宽（如墙）	**高度**：高、中、低 **方向**：左右、上下、前后 **空中和地面模式**：有角度的、直线、蜷缩、扭转
发力/动力	**各种关系**
速度：慢速、中速、快速 **力度**：大力、中等力、微力 **空间**：直线使力、曲线使力、灵活使力 **传递**：自由、有所控制、完全控制	**与他人关系**：独立一人、同伴、小组、大组、全班 **与器材关系**：地面/引力、小器材（长凳、垫子）、大型器材（跳箱、爬升套架、鞍马） **与设备关系**：小设备（各种球、呼啦圈等）、大设备（球门、秤砣等）

图 4.3　弹性框：观察运动的一个框架

　　把弹性框结构用作观察的工具可以打开你的视野，使你更好地观察学生对动作词汇和动作的掌握情况。这个工具可以帮助你判断学生是否已经掌了运动的原理，以及是如何掌握的。它还能使你知道各个学生在运动的哪个方面较缺乏信心，需要鼓励和指导。你能发现他们在哪些方面经验不足，然后你能够在随后备课时解决这个问题。例如，一个发育过快的青少年可能还没有掌握在生长突增期控制四肢的技能，导致的结果是，他在运动时会占去大量的空间，会因为过分强调四肢的动作而忽视躯体因此显得力量大、身体弯曲、速度快；在近距离接触的运动中，他会表现得笨拙和有点难以控制。把提高学生的躯干意识纳入下次课的备课内容中，这个较笨拙的学生就会充分意识到自己的躯干，从而感觉到躯干与上下肢的联系，而开始重新获得对其整个身体运动的控制能力。类似的，下次课堂计划通过操控发力/动力因素练习发力轻、直接使力和持续发力的运动，给学生创造机会来体验其不熟悉的运动，这样，他的运动词汇将得到增加。任务 4.4 要求你用弹性框作为观察的工具。不过，在使用这个工具时，没有正确与错误之分，它只是为你观察学生的学习提供一个框架体系。

任务 4.4　把弹性框作为观察的工具

■　在舞蹈或体操课上观察一个学生，描述该学生的空间意识和发力/动力意识。下次课你怎样才能满足该学生的需要？

■　在一堂竞技课或田径课上观察一组学生，分析并记录该组学生的身体意识和关系意识。你会给他们呈现哪些教学要点以提高他们的技能？你会不会改变所用的设备？

　　和你的指导教师讨论你的观察结果，并将你的笔记存入你的职业发展档案里。在随后的课堂中重新做这项任务，回顾哪些途径使你成了一个更好的观察者。

把技能分析法作为观察的工具

在有老师和教练指导的学习过程中,你可能已经体验过基于完整技能观察的教学了。这些老师和教练通过比较自己对一个技能的正确或最佳完成方式的认识和学生的表现来提高学生的技能。要观察一个学生的动作,你必须对一个技能的所有发展阶段有一个清晰的认识。为此,你可以研究一下教材、视频片段或网站中对该动作的图像演示,如海伍德和格彻尔的教材(Haywood and Getchell,2009)。很多关于观察的教材都是专为提高动作技能而编写的。为了呈现教学要点和给出反馈,以便进一步提高技能,什么才是观察运动技能的最佳方法呢?关于这个问题,长久以来已有很多的争论。尽管观察的方法有很多,但下列这个基于卡尔五步法(Carr,1997)的程序,作为一个普遍意义的指南,在系统地观察和分析动作技能时,被证明是行之有效的。

卡尔五步分析法

这个技能分析方法强调的是某个特定的机械技能的提高。为了说明卡尔的论点,这里用过肩投掷动作为例。在你开始观察分析前,先确保你站在一个合适的位置(见前文),并做好在必要时移动站位的准备;同时,确保动作者已经充分热身,并确保其运动环境的安全(其他参与者的安全也同样非常重要)。

第一步:选择最适当的位置,观察整个动作过程。例如,在过肩投掷动作中,确保你能观察到:助跑、两脚前后分开准备发力并向着投掷的方向、收回投掷的手、脚部力量通过臀部最后转送到肩膀、投掷的手臂用力挥动、另一只手保持身体平衡、脱球点(以离肩为水平线45°时投得最远),以及完成投掷后的弧形动作。你脑海中要对其中的每一步有一个清晰的图像。如果可以的话,多重复几次这种观察。观察中注意其中最重要的三个技能要素,且仅注意这三个方面,否则你刚开始就会感觉在这项任务上力不从心。

第二步:观察动作的准备、执行和复原,注意关键特征。例如,在过肩投掷动作中,准备就是动作者做好远投的最佳姿势,即快速助跑、两脚分开准备发力、同时投掷的手臂尽量往后缩、打开双肩使身体向一侧倾斜,身体重心落在后一只脚上。执行动作是整个动作的主体部分,即力量在身体内的实际转送,从后一只脚开始,经过臀部,一直送到肩部,挥送手臂,最后以最佳角度将球送出。复原是动作的最后一部分,即身体重新获得平衡和稳定。在过肩投掷动作中,复原一般包括顺势向前缓冲力量,同时后一只脚向前"抓住"动力,防止身体向前跌倒,一般上肢也向前弯曲以缓冲投掷手臂的力量。

第三步:用你的已有知识评价动作完成的质量和效果。在过肩投掷动作中,就是从两脚的稳定性开始评价,一直到实例中所描述的各个阶段的动作。如果觉得有帮助,你可以观看你所观察的动作在录像或 DVD 中的“完美”完成过程,以便使你真正清楚整个动作的每一个步骤。

第四步:找出完成动作过程中的两个主要的错误。

第五步:一个错误一个错误地纠正,针对每个错误,给学生提出改进要点,并给学生时间练习,当学生做得到位时,记得给予表扬。

上述的五步分析法是从单个学生的角度进行描述的,但它同样适用于观察小组或全班。

任务 4.5 要求你用这一分析方法分别观察单个学生、一个组,然后一个班。

任务 4.5　观察动作技能

■ 观察一个学生完成一项你所熟悉的动作技能,这项动作要包含准备、执行和复原几个连续的阶段,且该学生完成得基本成功。使用上述的卡尔五步分析法,进行仔细的技能分析。你在哪个阶段发现了关键性的错误? 准备两个教学要点,帮助该学生纠正错误,并给予指导,一次给出一个教学要点。

■ 花点时间熟悉一项对你来说较新的技能,这项动作要包含准备、执行和复原几个连续的阶段。观察一组学生完成这项动作技能,使用上述的卡尔五步分析法,进行仔细的技能分析,特别关注上述三个阶段。你能否发现该组所有或大部分学生都存在的错误? 准备两个教学要点,帮助该组学生纠正错误,并给予指导,一次给出一个教学要点。

■ 观察另一个教师教的一个班的学生,该教师是第一次教给学生一项你较熟悉的技能。使用上述的卡尔五步分析法,进行仔细的技能分析,特别关注准备、执行和复原几个阶段。你能否发现该班所有或大部分学生都存在的错误? 想出两个帮助学生纠正错误的教学要点。

和你的指导教师讨论你的观察结果,并将你的笔记存入你的职业发展档案中关于你所观察的教学活动部分。

为了进一步提高你的观察技能,一个非常有效的办法就是将一个学生或一个班学生的动作用录像录下来,然后反复多次播放动作完成的过程,直到你能够区别越来越多关键特征为止。观察技能和其他任何一项技能一样,都是随着你的练习而提高的。帮助你做这种练习的一个很好的资源是名为(《学习者动作观察和分析》 *Observing and Analysing Learners' Movement*)的 CD 光盘,该光盘呈现了大量的用于分析的动作技能(www. observinglearnersmoving. co. uk)。这个互动的资源一个镜头一个镜头地呈现技能的慢动作,有助于从不同的角度观察动作技能。

所教的关于任何一项运动规则和规定的知识都是必不可少的,因为这些会使你的教学具有权威性。例如,你要知道田径运动过程中,什么样的动作称得上是跳或投掷,哪些又不是;在游泳运动中,转身动作的完成规则;在板球运动中,哪些是可以接受的投球动作。你必须充分把握所教的所有竞技比赛目前的规则。在你的口袋里放一本最新的规则手册将成为你的一笔财富,能避免队员之间的冲突。另外,有些活动,比如越野跑和越野识途比赛(orienteering,靠地图和罗盘徒步寻找目的地的游戏——译者注),有相应的安全条例,对此你同样必须很清楚(参见第 9 章中关于安全的讲述,以及 afPE,2009)。

将观察作为行动研究的一部分

在你随后的职业生涯中,你会参与到一个名为行动研究(Action Research,参见第 17 章)的过程中,其中你要详细地研究学生的学习或教学中的某一特定方面。行动研究在教学环境中进行,它在很大程度上依赖于观察的技能。图 4.4 显示的是观察的循环周期,这个循环实际上是所有教学观察的基础。在日常教学中,你从该循环的顶部开始备课,以便实现预期教学结果;然后朝着顺时针方向进行教学;你一边教学一边进行观察,并按照本章上文所述的方式,对学生的反应和自己的教学进行评估与评价。接着,选择恰当的方式记录你的观察结果,并思考实现预期学习结果的程度,以及你教学的哪些方面效果好,哪些方面不好。通过反思,在下一个课堂计划中重新评估你的预期学习结果和教学;然后,开始第二次循环。在行动研究中,你给自己设定一个挑战,比如找出最好的方法,使你能在一堂课中协调各种能力,或者能提高你自己对某一项技能(比如非语言交流)的运用能力。开始行动研究之前,广泛阅读以充分了解各种理论以及前人在你所感兴趣的研究领域的成果。建立在这种阅读的基础上,并从你所教班级的实际情况出发,你开始计划你将采用的策略。在这种情况下,通常会有观摩者来到你课堂,并记录该堂课的关键信息。很多时候,你要给观摩者提供观摩表格,让其填写。这些记录的数据成了你反思总结时一个非常重要的依据,并对你提高下一堂课有很大的帮助(更多关于行动研究的内容,参见第 17 章)。

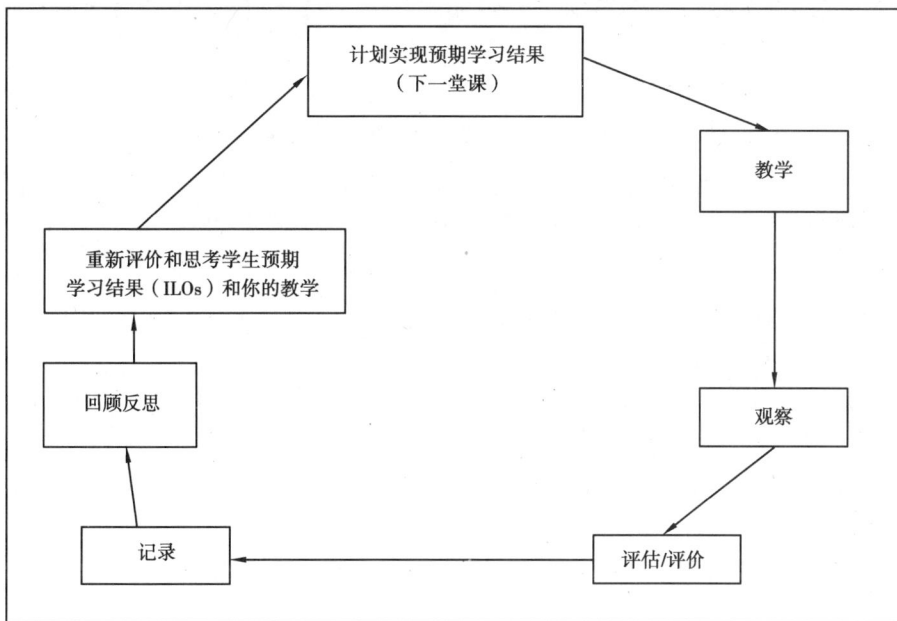

图 4.4　观察循环周期(Observation Cycle)

任务 4.6 要求你与指导教师讨论这一建议(即以观察带动行动研究——译者注)。

任务 4.6　观察循环周期与所有体育课之间的联系

和你的指导教师讨论观察循环周期,思考它与你的日常教学观察有什么关系。将讨论的笔记放入你的职业发展档案里。

小结与要点

观察人体的运动是一项复杂的技能,它需要数年的实践。刚开始时,这项工作似乎让人无从下手,因为大量的视觉刺激很难进行处理,而且动作是一种转瞬即逝的现象。然而,观察运动技能又是你作为一名体育教师应该掌握的最重要的技能之一,正如观察循环周期所显示的那样,缺少了观察技能,你永远都不知道你的学生是否已经达到了预期学习结果,也不知道你该如何计划下一步的教学。观察需要有动作原理和执行动作技能方面的知识基础。教师如果把握好观察时的最佳位置,知道什么时候扫视全班,什么时候集中观察个别学生,那么观察的过程就会变得较容易。能够观察与调整教学环境和任务,且无论学生表现出什么情绪都能够进行应对,这也是很重要的。辅助观察的工具有:弹性框所示的图表,以及卡尔的动作技能分析方法。当你决定将课堂观察作为行动研究的一部分时,你可以仔细考虑一节课所要观察的内容,制定出观察的时间表,并选择记录的方法。渐渐地,你会发现自己已经能够很自然地对动作进行观察,实际上它已经成了你受用终身的一门技能。

检测一下,通过本章的学习,你已经达到了哪些课程要求。

现在,完成任务 4.7、4.8 和 4.9,并将你的记录放入你的职业发展档案中,以作为你硕士水平研究的证据。

任务 4.7　影响观察的因素

认真思考"观察者的知识和期望对于其观察的结果有很大的影响(Knudson and Morrison,2002:96)"这一论断,写一篇 2 000 字左右的批评性文章。

任务4.8　增加观察的客观性

　　和另一个实习教师讨论这一问题:体育教师在观察运动时,会受其自身价值观念、能力和经验的影响,如果是这样,教师应该做哪些考虑,以便能进行客观的观察?

任务4.9　包含课堂观察的研究项目

　　计划一个涉及小组观察的小型研究项目,选择与培养学生的交流技能有关的一堂课进行观察。你如何确保研究的可信性和效度?

体育课堂交流 5

导　言

　　本章讨论的是体育课中的有效交流。无疑,交流对于所有教学都是至关重要的。没有交流,教学就无法进行。沟通不良也会使得传达出的信息令人困惑、失真、不完整,最终导致学习效果不理想。

　　每门课程都有其特殊的沟通要求。体育教师得适应多种教学环境(教室、健身房、体育馆、游泳池、运动场),同时还必须认识到该课程的内在实践属性。虽然良好的口头表达很重要,但过多讲解是不应该的,因为它会浪费学生宝贵的活动时间。解释和指导都应当简明扼要。你一定有过这样的经历:老师唠唠叨叨讲个不停,而你真正想做的是开始体育活动。在体育课上,学生交谈也可有效地深化和拓展学习,但是,再次注意,在实践环节你的主要目标是让学生动起来,切不可让谈话变成了主导。

　　同其他学科一样,体育教育也有其专业词汇。成为某一学科专家的乐趣之一便是,熟悉该学科的专门词语和说法并使用它们同其他专家交谈。然而,大多学生并非专家,切不可让你的教学语言把学生弄糊涂了。当然,如果你教的是普通中等教育课程(GCSE)或普通教育课程(GCE),学习普通高级中学教育课程(A level)或准高级中学教育课程(AS level)的学生会期望听到一些学科术语。而对于七年级的学生,你必须用适合他们理解层次的语言讲话。如果你要使用专业术语的话,必须对术语进行详细的解释或者其意义在语境中显而易见。

目标

　　学完本章,你应该能够:

- ■　认识到交流在所有教学中的核心作用;
- ■　对自己声音的音质以及如何灵活地运用声音有一个清晰的了解;
- ■　认识到教师语言在体育教学和学习中的作用;
- ■　认识到提问在体育课中的关键作用;

- 认识到教师反馈对于促进学生学习的重要性；
- 认识到学生讲话在体育课中的作用；
- 增加对传达信息的交流模式的认识；
- 研究如何使用示范进行有效交流，从而促进学生学习。

  查阅你的课程要求中与本章有关的内容。

体育教师的声音

作为一名体育教师，你需要有一副好的嗓音，以适应各种教学环境，有些环境比较困难，且对声音要求很高。最好是用口述录音机或者磁带录音机将自己的声音录下来，听听它是什么样的。任务 5.1 要求你听听自己的声音。

任务 5.1　评估你的声音

录下你自然读出的一段文章或者是同朋友平常的谈话，如果你从没听过自己的录音，你可能会大吃一惊：你的声音听起来可能和自己想象的大不相同。但你要记住，虽然你平时听到的自己的声音是从自己口腔"从后往前（coming 'back' from your mouth）"进入你的耳朵里的，但大多数人听到的你的声音是"从前往后（coming 'forward'）"进入他们的耳朵里的。

认真听自己的声音，发现你的优势。音调悦耳吗？你的声音高低是否富于变化，更加吸引人？你的声音听起来是否亲切？

在不同的教学场地进行录音。你的声音在教室听起来怎么样？健身房呢？体育馆呢？游泳池或者室外呢？

把你认为自己声音的优势和劣势都记录下来，同指导教师讨论这些看法，随后将其记录在你的职业发展档案（PDP）中。

当你习惯于自己的声音并且自我感觉良好时，思考能让你的声音富于变化的方法。你可以用以下副语言因素进行试验：

- 音高；
- 语速；
- 停顿；
- 重音；
- 音量；
- 发音。

下面完成任务 5.2。

任务 5.2　声音变化

　　声音变化是有必要进行练习的。用磁带录音机录下你的音高和语速变化。朗读书中的某段文字，使用停顿以增强效果。重读以强调特定的词或短语。你可能感觉这样做很可笑，但事实上这种练习极其重要。据说，善于讲故事的人能成为好老师。这种说法可能有些夸张，但不可否认，富于表达、灵活多变的声音在教学中是一种巨大的财富。

　　你也应当利用真正的课堂练习声音。最好是有无线麦克风，不过你也可以请指导教师听几次课，关注你的声音并给你一些反馈。你需要肯定的评价，也需要一些改进的建议。

　　把指导教师的评价放在你的职业发展档案中，在以后的学习中重复该任务是很有用的，到时你可以回顾这些评论。

　　所有这些声音变化都会对学生产生相应影响。高亢的声音令学生兴奋；低沉的声音则使人平静，适合班级训练时采用。你正常讲话时声音的音高也可以有很大变化，但不会令听众感到不适。在室内通常用稍低的讲话声音更合适，而在室外提高音量通常效果会更好。

　　提高音速可以加快课堂节奏，放慢讲话则会产生相反的效果。如果体操课上你在狭小的空间内给一个大班学生讲授器械使用，可放慢讲话速度以营造一种安全、谨慎的氛围。如果体育馆内只有一小组人的话，你需要提高讲话速度才能激发学生的热情，唤起他们的积极反应。

　　停顿可以作为一种有效的教学策略。通常，为了避免讲课一时的中断，教师会使用"哦""嗯"这样的声音补白。体育教师都喜欢说的一个补白词是"对"字，因为它具有目的性和强调性。适当使用声音补白没有错，但过多使用可能产生不良影响。学生可能会把注意力放在你说了多少次"对"上，而忽视了你讲的一些知识要点。把停顿作为一种不严厉的训诫也很有用。如果你正讲课，某个学生没注意听，停顿一下，有针对性地看一眼，便可使违纪的学生老实听讲。

　　重读是强调重要信息的一种有效手段。但也要有节制地使用，若是听一个人不停地重读字词，会让人感觉很累。在说明和讲解安全和技能要领时可重读，这样能使它们明显区别于一般的、较轻松的内容。你声音的"底线（baseline）"应该是清晰、悦耳和自然的。

　　教师要说话清晰，这显然非常重要，而讲话的清晰度有时与音量有关。体育教师要应对教学空间大以及在户外上课风和交通噪声干扰严重的问题。为了使学生听得到，你要大声说话或者叫喊，这种结论太过简单化。如有必要，尽可能提高音量当然有用，但清晰度是基于多种因素的。如果你要对学生讲的内容很多，那应该让他们靠近你而不能太分散。你要确保自己一直是面对所有学生。说话人背对着你，是很难听到其讲话的。一般来说，如果站在别人背后听其讲话，清晰度会降低75%。

　　有时，甚至学生都围在面前，你仍要大声喊"请安静！"以让他们静下来。

　　班级安静下来以后，一条非常重要的原则就是，不要再对他们大声嚷喊。适度放低声音，自然地讲话。你一定不会想成为那种老是嗓门响亮，甚至社交场合也无所顾忌的体育老师。

发音对体育教师也很重要。你应当吐字清晰,以便学生能轻易听到你讲话。在日常交谈中一般不必太过注意发音,但如果在大的场地中对着一群分散的学生讲课,就很有必要注意了。此外,班上有些学生可能是把英语作为额外语言来学习(EAL),还有些学生可能有特殊教育需求(SEN),如轻度听力损失,因此你必须保证每句话都能听清,不然会把他们搞糊涂或者所讲内容令其无法理解。(更多关于如何帮助把英语作为额外语言学习的学生的信息,见教育与技能部(DfES,2002a)和体育教师职前培训与教育(PEITTE)网站。(http://www.peitte.net/)

如果你不得不对着散开的学生讲话,首先,必须保证他们安静、注意力集中,然后,正确运气发声,让离自己最远的学生也可以听到。运气发声,既包括吐字清晰还要注意发声时底气要足,让它传到最远处的学生。这听起来有些困难,但正确运气发声成为习惯以后,即使细小的声音也能很容易地传到远处。

要意识到如何用声音强调你的言外之意,这点很重要。学生往往更关注讲话方式而不是讲话内容。假如平淡而没有热情地对某个学生提出表扬,那个学生会认为你不是真的在表扬他(她)。同样的,训斥学生的时候,你的声音应表现出对其错误行为的严厉或不满。为了使你的声音更有效果,你需要把各种副语言因素和非语言交流像精心调制乐器一样恰当地结合起来。(参见 Unit 3.1 in Capel, Leask and Turner, 2009; Roberston,1996)

体育教育技术语言

同所有学科一样,体育教育也有其专门用语。这些专门用语非常重要,因为它可以帮助体育教育专家彼此间简洁地进行交流。任何学科的部分发展都是学科专业术语的积累。

体育教师对他们教学科目词汇和惯用语都非常熟悉,然而学生可能没见过这些词汇或对各种各样的术语仅有一个模糊的认识。教师需要把这些术语逐步地向学生介绍和解释,或者在实地场景向学生示范。如果将单手上篮示范给学生,并告诉他们该动作就叫做上篮,学生很容易就记住这个短语及其意思了。当然,很多学生需要通过提问和重复巩固学习。完成任务5.3,分析体育教育中某项运动技术术语。

任务5.3 技术语言

选择一项你教的体育运动(如板球或体操),把该运动的相关专门术语都列出来。

别忘了,你是一名"专家"。在你看来意义似乎显而易见的术语对于七年级的学生来说,其意义很可能不那么明显(如直线抽球或头手倒立)。这两项运动的术语应该都非常多,完成列图表以后,思考一下你将如何向学生解释其中的一些关键术语。通过语言描述?演示?还是利用示意图、图表或者录像片段来讲解?在你的体育课上教授该运动时试一次。

反思一下,当你在一堂课上特别留意你的教学用语时,有什么样的效果,将总结的笔记存入你的职业发展档案中。

体育教学中的特殊语言形式

该部分提醒你,声音的使用要受到教学地点和教学内容的双重制约。提问和反馈也被看做体育课中一种特殊形式的语言使用。

体育包含了在多种教学环境进行的一系列运动项目,任何特定项目和教学环境的结合都会影响你的语言使用。最简单的一对反差就是室内和室外。如果冬天寒冷的早上在户外上体操课,你的指令和讲解都应简明扼要,这样学生才能尽快运动起来以抵御寒冷。在更衣室就预先想好上课中自己讲的部分有多少,这可能是同样有利的。

体育课中的有些运动项目(如游泳)以技能为基础,且具有一定的潜在危险。游泳池,从声学上讲也是一个不利的教学环境。这些情况下,语言在语气和措辞上可能都是命令式的,并且伴有强烈的激发性因素——对获取技能的表扬。

相比而言,舞蹈是一种创造性的运动,在组织有序的课堂中其风险因素很小。但这并不意味着,作为老师你就可以长篇大论,啰唆不止。相反,你的语言要尽可能地多用比喻,使其更具有表现力,可以用一些激励性的描述,并提出开放式问题,使学生对布置的任务进行积极多样的反应。

提问是各科教师普遍采用的方法。它也有助于学生掌握体育专业术语,提升他们的聆听和思考的能力,同时监督他们对主要概念、技巧和步骤的理解掌握。研究(Brown and Edmonson,1984)表明,教师近30%的时间是花费在提问上,他们每天提问的问题约有400个。大多数问题是对知识的巩固检查。例如:

- ■ 一支排球队中有多少名队员?
- ■ 网球运动中,球未着地就用球拍击球称为什么?

在体育课上,对下面这类问题的回答可能会伴随着学生的某些动作或示范。例如:

- ■ 你传球时用脚的哪个部位?
- ■ 在哪一点将铁饼掷出?

上面举例的问题都是封闭式问题,正确答案只有一个,之前应该给学生讲过。不应该就学生不了解的话题提问封闭式问题。

你也可以问一些需要学生深入思考的问题,这样的问题通常是开放式问题(open questions)。如果你问的都是些追根究底的问题就不太合理了,因为这样做的话学生需要花费时间准备和回答,教学进度会很慢。不过在一对一提问的时候,由于学生体育学习都取得了一定进步,你就要鼓励他们多思考,成为反思型的学习者。你不妨问一些评价性的问题,例如:

■ 在足球中,你认为哪种战术更有效:横切之后回传给前锋,还是将球挑起向前传给前锋? 或者是理解方面的问题,例如:

■ 为什么用脚侧而不是脚尖传球?

■ 为什么将球送出后腿部要有一个随挥动作?

任务5.4要求你分析自己的课堂话语和提问。

任务5.4 分析你的课堂话语和提问

请指导教师或其他实习教师听你讲一节课,并用秒表记下你上课讲话的时间。这种计时可能看似比较粗略,但它能让你对自己讲了多久以及是否要尝试缩短讲话时间有个大致了解。当然,其中有些话是针对上课不活跃的学生讲的(例如,给予指导),有些话则是针对积极的学生讲的(例如,在他们进行任务时给予反馈)。你可能要对此加以区分。

另找机会请听课人把你在课堂上问的所有问题都记录下来。这不太容易,有些问题还可能会被遗漏掉。不过没关系,因为记录下的问题仍可让你对自己的提问方式管窥一斑。检查自己问了多少问题,都是些什么类型的问题。谁回答了这些问题? 你自己? 没人回答? 一些学生? 还是只有一两个学生? 每节课过后都要同听课人讨论这些发现。找出你的课堂话语中需要提高的方面。把这些都记在你的职业发展档案中,在以后的学习中还要重复这样的实践。

对提问的有效使用是个复杂的过程。表5.1依据布鲁姆(Bloom,1956)的教育目标分类学(taxonomy of educational objectives)阐释了如何使用不同类型的提问培养学生的高等思维能力。

表5.1 结合布鲁姆(Bloom, 1956)的分类学培养高级思维能力

认知目标	学生任务	通过提问培养高级思维能力
识记	定义、回忆、描述、命名、鉴别、匹配	帮助学生预先将已有知识或相关信息同任务联系起来
领会	阐述、复述、示例、归纳、扩展	帮助学生对已有知识进行加工
应用	应用于新的情境、论证、预测、运用、解决、采用	帮助学生运用他们的知识解决新的问题或将其应用于新情境中
分析	分析、推断、关联、证实、分解、区分、探究	帮助学生运用探究程序分解他们的知识并将其重组
综合	设计、创造、组成、改组、整合	帮助学生整合、选择现有知识应对陌生情况

续表

认知目标	学生任务	通过提问培养高级思维能力
评估	评价、估计、评论、辩护、说理	在学生形成并反思自己的观点时,帮助他们从不同角度比较和对比获得的知识

来源:改编自 DfES, 2004a, Unit 7: Questioning: 13-14.

布莱克和威廉(Black and Wiliam, 2002)就布鲁姆分类学在提问方面的运用提出了新的见解,雷格和布朗(Wragg and Brown, 2001)对涉及具体学科学习的问题提问按内容分为以下三类:经验性问题、概念性问题和评价性问题。你可能乐意参考这些文献以了解更多信息。

你可以在学习期间培养有效提问的能力,并在今后的教学生涯中不断提高。提问要明确、切题,并适当停顿,使学生回答前有时间进行思考。缪伊斯和雷诺(Muijs and Reynolds, 2005)指出,此类停顿的时间控制在三秒钟或略长一点较合理,尽管一些开放式的、高难度的问题可能需要长达 15 秒的停顿。提问的问题可以是封闭式的,也可以是开放式的,或者根据当前任务的特点,将二者结合起来问一系列的问题。提出一系列问题是一种有效的方法,它能拓展学生的知识和帮助学生理解先前介绍过的话题或某个特定任务。

如果学生难以回答,你应当变换不同的方式提出该问题。缪伊斯和雷诺(Muijs and Reynolds, 2005)提出了三种可以达到该目的的提示语:

■ 口头提示——暗示、提醒、指示,提及上节课内容或不把话说完,让学生来补充。
■ 手势提示——用手指某物或模仿某种行为。
■ 身体提示——通过教师的动作技巧来引导学生。

单独使用一种提示或结合使用都是帮助学生理解、回答问题的有效手段。后两种非语言提示是提问的重要因素,必须与你说的话直接相关。通过在教学中运用一系列的提示和激励,可以让视觉型、听觉型和/或动觉/触觉型的学生都能更容易理解你提出的问题。回答问题的规则需要明确下来并实施。有些教师喜欢点名提问,如果被点到的学生没有回答出来再叫其他同学起来回答。另一种方法是让举手的学生回答问题。这种方法的弊端在于,有些学生从不举手,可能是由于害怕回答错误会遭到批评或者被教师或其他同学嘲笑。而嘲笑他的同学其实也不知道答案,他们这样做是想让别人觉得自己机智或有学识。学生也会问你问题。有时候简要回答一下就可以。某些情况下,你可以把问题交给全班学生,让他们思考一下答案可能是什么。偶尔,学生提出的问题会挑战你的权威,这时你必须使用某些策略,如幽默或巧妙地转移话题。

在课堂中,利用提问来回顾先前指导过的练习,并通过提问全班同学的方式来结束整堂课,这种提问提供了你和学生彼此交流互动的机会。这种互动应当精心组织,以便营造一种积极、融洽、合作的氛围。你所采用的提问技巧应当多样化,以适应不同的学习或教学策略,并满足所有学生的学习需要。

贝利(Bailey,2002)对"提问作为体育教学的一种教学策略(questioning as a teaching strategy in PE)"提出了进一步的见解,斯帕克曼(Spackman,2002)从"评估学习(assessment for learning)"方面讨论了体育课中提问的重要性。

任务 5.5　反思你对提问的运用

写一篇 2 000 字左右的文章,详细分析学生要达到表 5.1 中所列目标需要完成的认知过程。选一个你教的班级,仔细思考:

■　你现在是如何通过提问;

■　你可以怎样通过提问。

培养学生的高级思维能力。思考这些分析给你今后的教学提高带来的启示。将文章放在你的职业发展档案中作为硕士阶段研究的证明。

教师反馈

教师反馈是教学过程中的重要组成部分,也是促进学生学习的关键因素。反馈对于学习至关重要,是因为你的反馈能指导学生关注特定的预期学习成果,并使他们了解自己在动作、技能、动作组编或比赛等方面的进步,哪些方面还需要注意、提高。因此反馈必须强调提高学习而不是其他方面。例如,如果你正致力于提高学生的编舞技能,却把反馈集中在个别舞姿动作上的话,学生很有可能无法实现预期学习结果。反过来,如果你想让学生练就优美流畅的舞姿,却把反馈集中在编舞技能上,也同样偏离了主题。(参见第 10 章中有关如何使反馈符合预期学习结果的详细讨论)

你可以在多种课堂情境中给予反馈。例如,你可以集合全班学生后再给予反馈,也可以让他们站在原地静听,或者是学生正在练习的时候给予反馈。另外,反馈可以是针对单个学生的,也可以是给予一组学生的。但只要是提供反馈,无论时间、方式、对象,一定要保证它的清楚、明确。这就意味着你必须熟知并理解学生需要掌握的内容。对这些内容的清晰认识使你能够有效观察、使用合适的术语并给出富有成效的反馈。这点很重要,因为如果教师反馈出的信息是不正确的,这样不仅不能促进学习,反而会起阻碍作用。

研究发现,根据技能和学生的特点,有几种反馈比其他类型更有效。马维尔(Mawer,1995:183-191)对反馈的研究很有价值,其中对反馈的类型作了大量的讨论。他认为,笼统的反馈,如"好",难以加强学习,因为学生不知道"好"指的是任务哪方面完成得好。他建议,给予积极性反馈也要指明哪方面做得好——例如,"做得好,皮特,你要记住前滚翻时把背部弯下去"。作为一名体育教师,你应当避免负面的、挑剔性的评论,因为这样会使学生在众目睽睽之下很丢脸。学生遇到困难时,应当给予鼓励的、建设性的、有帮助的指导性反馈——例如，"做得不错，克莱尔，练习蛙泳手臂动作时要记得手指合并在一起"。大体而言，最好是通过讲解或示范让学生注意"该做什么"而不是"不该做什么"，注意"什么是正确的或适当的"而不是"什么是不正确的或不当的"。一个不完全专注的学生可能会错过初步评论，而效仿错误范例。

最有效的反馈是提出改进的建议——如果你能和学生待在一起并查看他们是否按建议行动和改进。随后，你可以给予个别学生完全正面的反馈。这是提高积极性的一种极好方法。如果是大班，就难以给每个学生都提出建设性反馈，你可能想要让学生互相反馈。这种方法属于"交互式教学（Reciprocal Teaching Style）"（Mosston and Ashworth，2002）。这种方法需要给学生做大量指导，如果你想尝试这种方法，记住，学生可能不知道如何直接评论搭档的表现。由于同伴反馈需要具备一定的观察、言语表达和交际能力，需要一步一步地把这种方法介绍给学生。交互式教学产生与预期目标相反效果的情况并非罕见。例如，缺乏给予反馈经验的学生可能会表现得消极、挑剔、不屑一顾。

莫斯顿和阿什沃思（Mosston and Ashworth，2002）指出了四种反馈类型，与马维尔（Mawer）所讨论的类似。分别是评价性反馈、纠正性反馈、描述性反馈和模糊性反馈。他们讨论了这四种反馈类型的优势和缺陷。例如，纠正性反馈是促进学习的关键因素，而模糊性反馈则会使学生感到困惑，不能起到帮助作用。

学者（Cole and Chan，1994）对使用不同类型反馈的时间和方式也做了研究。他们认为，自信心不足的学生需要较多的鼓励性、指导性反馈。与之相反，自信的学生较少需要反馈，如果给予的话，应当能促使学生进行自我评价。

评价改革小组（ARG）（1999）经过研究发现，反馈是促进学习评估的一个关键因素。该研究背后的隐含信息是，所有的评价，包括给学生的反馈，都应当是形成性（格式化的？）的。换言之，评价应当为学生指明完成和提高学习的方法。这种观点颇有争议，但无疑它是有效的。仅仅告诉学生获得了什么或没获得什么很难促进他们进一步的学习。（参见第 8 章对评估学习的进一步讨论）

最有用的反馈是给予单个学生的，集鼓励性、具体性、知识性、建设性于一体，并且能够引导学生进一步学习的反馈。给予全班学生的反馈并不是没有用，只是效果稍差，因为这种反馈必定是不具体的且很少与每个学生直接相关。

任务 5.6 是一项硕士阶段研究任务，你应当于课程结束前完成。

任务 5.6　使用不同类型反馈的目的

如第 12 单元"评估学习"（DfES，2004b：12）所指出的，使用不同反馈类型的主要目的是：

■　肯定学生所学知识，鼓励他们思考并进一步拓展学习；

■　认识到学生需要时间对学习进行反思；

■　鼓励学生进一步提出问题以阐明并培养自己或彼此的思维能力；

■　鼓励学生深入进一步学习。

严格评估这些目的是如何体现在你的教学中的。指出反馈中你想进一步改善的方面并计划合适的时机以达到这些目标。

把这些思考记录在你的职业发展档案中，作为你硕士阶段研究的证据。

体育教学中的书面语言

由于体育课常被视为一门实践性的科目,课堂中学生和老师都要进行大量的运动,口头语言可能会被看成教学的唯一媒介。那就太遗憾了,因为很多时候使用书面语也合适、有用,且能够有助于提高学生阅读技能。使用适当的、能被目标读者阅读并理解的书面语言很重要。如果健身房或体育馆内有写字板或投影仪,你可以将关键术语、教学要点和练习的基本原则给学生写出来。你可以提前制作幻灯片并存档,以供个人或体育部参考。如果你在课上写东西,要写得清楚。可以画图或用准备好的图画进行展示,也可以借助高射投影仪(OHP)或可视工具展示可活动的"小人"以演示身体姿势。

当然,备考课(examination classes)更强调书写。你必须形成良好的板书风格——清晰、整洁、平整,字体要足够大,使班里最后面的学生或视力较差的学生也能看到。避免拼写错误,如果你不确定某个单词的拼写,课前查一查,也应当鼓励学生书写准确、清楚。

许多体育教师使用练习卡,它们可以成为很有用的资源。练习卡界面美观,用户友好、妥善叠放保存,这些都很重要。你应当检查自己的拼写和语法。书面材料,包括讲义,也可在雨天上课时使用,对缺课或者长期休学的学生也很有用。再次注意,养成将书面材料归档的习惯以便作为以后查找和使用的资源。

作为体育教师,你的另一项书写任务是写通知和海报。再次注意,书写清楚、正确、美观都非常重要,因为这些交流方式时时将非口头信息传递给学生、同事和学校来访人员(如教育标准署(Ofsted)检察员)。你也要确认书写的信息都是你想要传递的信息。

墙壁展示和贴在布告牌上的海报应当生动、多彩、贴近时事、定期更新。众多体育运动中学生喜爱的体育明星不尽胜数。这些明星肖像可以反映出学生不同的体育兴趣爱好,同时可以鼓舞激励学生形成积极健康的生活方式,提升个人对体能挑战的追求。

信息通信技术(ICT)非常重要,它能够极大地提高文字与图表资料制作。参见第 14 章关于体育教学中运用信息通信技术的更多信息。任务 5.7 要求你特别注意自己的书写以有效传达信息。

任务 5.7   使用书面语言

下次上室内课的时候,看看自己能否用书写板或投影仪阐释和加强/辅助教学。你可能需要将课堂内容分块列出,适当地给出新术语,强调本次课的教学重点或列出一些学生的想法。

请你的指导教师或其他实习教师观察并评论该策略的效用情况。你对书写感到轻松吗? 你的板书是否清楚? 学生反应好吗? 有人随后会检查你书写的内容吗? 它是否占用了大量活动时间? 你以后将怎样改进对写字板或投影仪的使用? 将这些评论放在你的职业发展档案中,下次利用它们提高自己使用这些资源的技巧。

体育课中学生的话语

在任何课上学生都不可避免地要说话,这是他们交际过程的一部分。老师一不注意,他们就会扰乱课堂,不过,如能将说话的需要引入一个建设性的渠道显然会较好。保持课堂安静当然也很重要,学生应当安静地观察演示,在老师给予指导或讲解的时候不应说话。你应当等所有学生都安静下来专心听讲的时候再开始讲课。

体育课中的有些活动会使学生之间谈话很难。学生在游泳池中往往彼此不说话,因为环境不利。他们跳入冷水中时可能会高声尖叫或因兴奋而大喊。足球或曲棍球等剧烈的运动也会令学生难以交谈。只有在要球或提醒同伴有对手靠近时才说话。事实上,如果你发现有很多学生都在讨论与活动无关的内容时,你可能需要用某些方式适当调整比赛以集中学生的注意力,并提高他们的参与度。

然而学生说话也是体育课中非常有用的一点。说话可以通过多种方式促进学习、加深理解、辨明误解,还可以给学生表达观点提供机会。

学生学习的一种显著方法就是向老师问问题,但他们普遍不愿意这样做。问问题会令学生觉得"愚蠢",而且可能被伙伴们视作"讨厌"的行为。回答问题能帮助学习,尤其是如果能给予学生时间思考或能对学生给出的最初答案进一步探讨以示鼓励时,更能促进学生的学习。这个过程最好是在个体或小组层面完成,但会耗费大量时间。应该鼓励这种方法并使所有学生时不时通过这种集中注意的方式获益。但是保持警惕是体育课和大空间教学所必备的要求,这种现实条件决定了这种方法一节课最多能用一到两次。

讨论是促进学习的最有效的学生谈话形式。学生讨论有利于多种活动——体操中设计团体成组动作;户外教学中解决问题性练习;伴随音乐主题发展设计三人舞。所有这些必然需要学生的相互作用,说出各自的想法;也许要实地尝试;而后通过进一步的讨论进行改善和发展。作为体育老师,你在这些情况中要处理的问题是把握学生讨论和体育活动的平衡,并确保讨论以任务为导向而不仅仅是交际。

分组很重要,关系好的学生能够良好合作并有效讨论,但他们也可能禁不住想同伙伴儿闲谈。不同能力的学生混编在一起的小组能有效协作,但也有可能导致能力强的学生受到抑制或能力弱的学生被忽视。没有什么方案可以确保获得显著效果。你必须监督各组进展过程并适当进行混合重编。但仍要注意,分组一段时间之后,学生很可能明显不愿重新分组。分组对于有些情况可能是适合的,如把运动教育模式(Sport Education)(Siedentop,1994)作为特定体育项目的教学方式,但在其他情况中可能不适合。如果你希望采用灵活的分组形式,告诉学生你会使分组多样化,并通过定期改变分组确立该原则。

布置任务的清晰度,以及任务的特点也是营造较好的讨论环境的重要因素。指定任务不明确会导致讨论混乱、缺乏明确目的。这并不意味着所有的任务都应当是封闭式的。体育教育中很多情况都需要开放式任务,尤其是对于年龄稍大或有经验的学生,如设计一组体操团队动作或讨论普通高级中学教育课程社会学方面问题。即便开放式任务也可以用明确、容易理解的话语表述出来,如舞蹈课上教师可以说:"这首曲子叫作'集市(*The Market Place*)'",仔细聆听,然后同你的组员讨论集市上可能发生了什么。根据你对音乐基调和节奏的诠释,充分利用想象创作出一小段舞蹈。

任务 5.8 要求你在课堂上注意观察学生谈话。

任务5.8　小组讨论

计划下次上课安排小组任务。你的特定观察任务是检查各组的讨论模式。小组中是否有主导者? 有不起作用的学生吗? 讨论是否聚焦于任务? 有足够的体育活动吗? 你有考虑下次重新调整小组以提高讨论质量吗? 你以后将如何提高小组讨论质量? 同指导教师讨论这些问题并尽量将作出的调整运用于实践。将这些记录放在职业发展档案中。

在体育教育中,谈话对于验证假设、提出策略、研究体育积极性的影响都能发挥重要的作用。想象力也是体育活动进展成功的一个重要因素,虽然技能学习是根本性的,也应当鼓励学生使用想象力、提出建议,可能的话在实践中验证他们的想法。

互惠学习可有效用于体育课堂。学生两人一组进行练习,其中一人充当老师,另外一人充当学生。简单告诉"老师"需要提高某项技能的哪些方面。通常要给出关键教学点,最好的方法可能是在墙上贴海报或使用练习卡。在这一过程中学生必然要谈话,其中,"老师"给予指导,提供反馈并表扬学生的努力和良好表现。你和该组学生的互动是要加强"老师"这一角色的作用。参见第 10 章更多关于教学策略的内容。

在学生进行小组任务、对他们下一步的行动展开建设性讨论时,教师应发挥监督作用。很有必要在开始时给小组一定的时间将其想法付诸实施。过早干涉小组活动可能不仅起不到帮助作用,反而会妨碍学生。你的作用是在小组遭遇困难或失败时介入,通过提问题或给建议予以帮助。

交流及其与观察相关的范例:以示范促进学生学习

正如人们常说的"一张图胜过千言万语",我们的大量信息是通过眼睛获得的。对于像体育这样的实践性科目,示范可作为重要的教学辅助。示范能起到很多作用,如解释、鼓励、强化、评价。从下面这些示例可以看出为何教师使用示范作为一种教学辅助促进学生学习,原因在于其:

- 有助于设定任务。示范能比冗长的口头解释更有效且更节省时间。一个很好的策略是:所有学生都在练习时,先教会其中一组学生一项活动,然后让所有学生停下来观看该组学生的示范。
- 有助于教新的技能、活动。此处示范可以聚焦于具体的教学和动作注意点,如体操中头手倒立时手的位置或曲棍球中在哪一点将球推传出。
- 有助于强调一个特殊方面、帮助学生理解。例如,通过示范展示速度、方向、灵活度或力量的变化。
- 有助于提高质量、树立标准。使用示范可以集中学生注意力,这样你就可以向他们展示预期目标并训练学生更加仔细地观察某项技能的各个要素,以便出色地完成动作。例如,体操中跳马所需的身体张力、舞蹈中动作之间流畅的衔接转换或篮球运球时手指的放置和使用。
- 有助于展现不同风采,尤其是展现创造力。示范可以让学生看到其他同学对各种运动中给定任务的反应,如体操、舞蹈和竞赛中创造空间的策略。
- 有助于表扬进步、出色表现。那些表现可能并不出众,但总是尽自己最大能力的学生或一组学生是值得肯定的,请这些学生做示范有非常重要的意义。
- 有助于刺激、激励学生。示范可以展示学生的资质与个性,激发所有学生的积极性并激励能力较强的学生树立个人目标,如努力学会网球中的反手削球或掌握背跃式跳高技巧。
- 有助于展示成果。练习将近告一段落时,示范是单个学生、两人组、小组和以半个班为单位的大组进行展示的机会,同时也是对他们的一种奖励。学生知道自己可能被叫起来做示范,便通常会努力提高形体动作的质量。

进行示范时有很多因素需要考虑。

你要决定让谁做示范,并思考这样做的原因(图5.1)。一般来说,学生做示范对班级更有激励性,但如果没有足够熟练的学生或要演示新的或难度大的技巧时,教师示范更合适。思考你可以叫哪些学生做示范。不要每次都叫同样的学生。也不要总让能力最强的学生做示范,这样可能令其他学生沮丧。时不时让中等程度的学生做示范是很重要的。小组示范可以展示他们专业技能,要节约时间的话可以让半个班进行示范。直观教具,如标准体操动作海报、竞赛策略练习卡和游泳技术录像片段也可以作为向学生展示正确姿势和动作的有效工具。

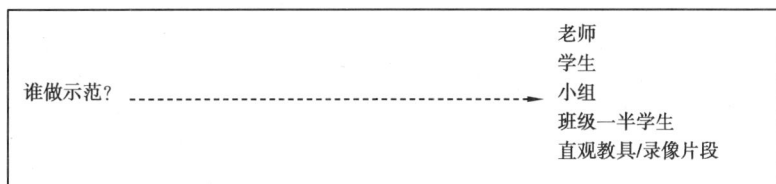

图 5.1 谁做示范?

让学生在班级做示范前,你要思考以下问题:

■ 你问过学生介意在整个班级面前做示范吗?
■ 学生知道他们的预期目标是什么吗?你已经简要指点他们了吗?他们练习过示范吗?他们对做示范有信心吗?
■ 学生在示范中要扮演什么角色?比如,学生在练习中是否扮饲养员的角色,你需要了解学生,发现他们的长处。
■ 周围状况和环境安全吗?
■ 如果学生做错了,给他们机会再试一次,不允许自己和其他学生因错误而发笑。
■ 随时记得要表扬示范者和事后感谢他们。

学生如何充分利用示范?

在以上所列使用示范的原因示例中,"展示"一词多次出现,这表明,观察是示范的一个重要组成部分(见第 4 章如何在体育课中观察学生)。学生"观看"示范时,不仅要看到而且要看懂。使用下面的方法训练学生有效地进行观察很重要:

■ 引导他们将注意力集中在示范的具体方面;
■ 合理设计关于示范方面的问题,并提问学生;
■ 使他们把注意力集中在所示范活动的质量上;
■ 帮助他们发现所示范活动的相似点和不同点。

图 5.2 举例说明了学生观察示范时你要注意的重要因素。最重要的是安全(第 9 章指出了体育课中的安全问题)。还必须考虑学生观看示范的最佳位置。许多问

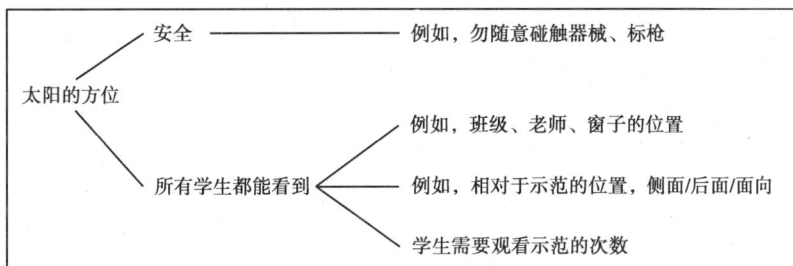

图 5.2 观察示范

题都要考虑在内,如示范者惯用左手还是右手,如果在户外的话,太阳的位置(你应当面朝/迎着太阳,学生背对太阳,这样他们就能看清示范),或者是否有分散注意力的事物(学生不应当面朝着分散注意力的事物,因此应使他们背对另外一组或教室)。你也应当考虑示范的速度(慢速),此外,有些学生需要观看多次示范。

　　准备示范前考虑环境因素,尤其是那些会影响学生听清示范解说的因素(图5.3)。风刮得很大吗? 如果是,让学生离你近些,这样他们才能听清解说。进行示范时要用清楚、简洁的话语表述出最重要的教学要点。记得示范之后要有一个问答环节,而且对于学生示范要给予积极、建设性的反馈。

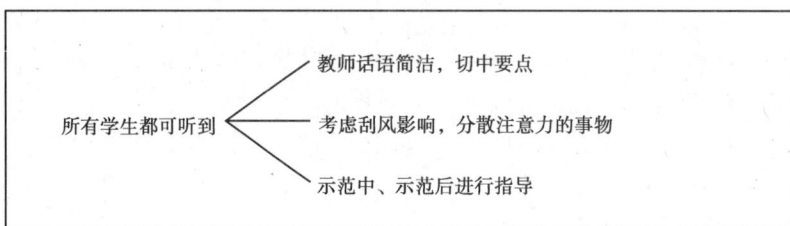

图5.3　听清示范解说

　　你必须把学生的注意力集中在示范的一个具体方面以确保学生知道自己要关注什么。明确之后,学生应当在注意观察示范的同时仔细倾听解说。随后进行问答环节以确保学生集中注意力了并理解了教学要点。这对提高学生评价能力极其重要(图5.4)。

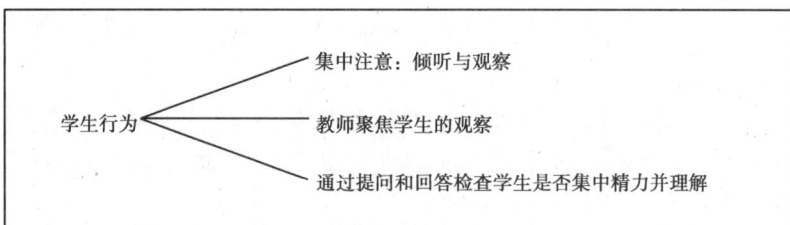

图5.4　将学生的注意力集中于示范

下面完成任务5.9。

任务5.9　观察示范

　　设计一张针对示范使用的观察图表。利用上面给出的信息找出你想列入和(或)进一步提高示范的重要方面。请指导教师使用该图表监督示范在课堂上的使用。课后同指导教师讨论观察练习的结果。并将这些观察放入你的职业发展档案中。以后上课尽力将体验中学到的东西运用于实践。另外,以后设计观察图表时尽量结合本次反馈信息以进一步帮助你在观察教学和学习中使用示范。

　　作为教师,学识和良好进行示范的能力都很重要,因为学生仿效好的做法是为了变得更加熟练。有时,该过程也被称为"模仿"。还要记得,"练习"造就"习惯",所以示范应当做到"完美"。下面完成任务5.10,弄清使用示范要考虑的因素。

任务 5.10　明确使用示范要考虑的因素

设计一节课,其中要包含示范环节。通过以下问题弄清你准备示范要考虑的关键因素:

■　示范的基本特征是什么?

■　示范如何促进学生学习?

■　课堂中什么时间进行示范最有效?

■　在哪种教学场所进行示范?

■　谁来做示范?

■　我为什么要使用示范?

同指导教师或其他实习教师讨论你对每个问题的答案。通过这些问题明确你在以后的体育课中如何使用示范。将记录放在你的职业发展档案中,以备以后参考。

特别提醒:不可示范内容和不当示范时间!

强烈建议你不要示范不正确动作。有时,学生会误解,认为他们所看到的就是应该做的! 另外,有些时候不适合使用示范,如天气很冷的时候,上课一开始学生要尽快活动起来,而此时让他们静站着观看示范也是不合适的。

小结与要点

本章讨论了体育课堂交流的语言技能,强调了声音清晰度以及在不同状况和环境中适度改变声音的重要性。你对专门术语的掌握和使用也是本章强调的重点。本章对提问的运用作了详细讨论,要求你学会用不同形式的问题,通过各种方式来提问学生。还突出强调了反馈是交流的重要方面,它对学生学习有重要影响。本章对确保所有书面材料的高品质且能为学生树立良好榜样的必要性也进行了讨论,同时还指出,学生谈话也是一个需要考虑的因素。通过提升这方面的语言技能,逐渐加强你的交流能力。

本章还探讨了示范,并认为示范是通过实践来实现交流的一种示例。你现在应当领会到如何使用有效、有目的的示范能够快速下达任务并帮助学生更好地理解任务。本章也概述了示范在学习过程的作用。

正如本章导言部分所指出,交流是教学的核心。教师,总的来说,是一个交流者。语言是教师工作中最重要的工具之一。交流是教师向学生传授知识的媒介。没有有效的交流是无法取得预期的学习结果,理想学习效果也不可能实现。很多其他的教学方面也依赖于有效的交流,如反馈、组织、班级管理。综合探讨交流中所有重要的问题,完成任务 5.11。

检测一下,通过本章的学习,你已经达到了哪些课程要求。

任务 5.11　交流在教学中的地位

　　根据下面主题写一篇 2 000 字左右的文章："有人认为,交流是教师促进学生学习的最有效工具,批判性地思考这一观点。"

　　把你的文章放在职业发展档案中。

课堂组织与管理 **6**

导　言

威尔逊和卡梅伦(Wilson and Cameron，1996：190)指出："成功的教学环境能让学生安定下来并投入任务"，使他们专注于学习。因此，课堂上对学生的组织和管理是确保有效学习的一个关键因素。对体育课而言，有效教学体现为学生积极地"投入任务"，即学生全身心参与到与课堂主题相关的运动以及其他相关的活动中，以取得良好的成绩，并使该堂课的预期学习结果(ILOs)更容易实现。

研究(Richardson and Fallona，2001；Wilson and Cameron，1996)表明，组织与管理技能需要经历相当长的时间才能有所提升。因此，教学中这些方面的能力可能在你的整个教学生涯中都需要不断提高，并且值得你不断进行着重反思。不过，它们很可能是你一开始进入中学教课时便要考虑的重要问题之一。何时、何地能将组织和管理的技能有效运用于教学环境以促进学生学习，本章旨在给你提供一些指导。

目标

学完本章，你应该能够：

■ 在课前、课中、课后对人员、场地、设备和时间进行合理安排。

■ 设立有效的规则和例程。

■ 知道如何增加学生在课堂中投入任务时间。

■ 管理学生的行为，维持纪律和掌控。

查阅你的课程要求中与本章有关的内容。

学习环境的组织与管理

学习环境的组织是设计教学和展开教学的重要方面。它不仅包括计划如何实现预期学习结果(ILOs),还包括做好应对课前、课中、课后可能出现的意外情况的准备。一个进行良好筹备的教师比没有充分准备的教师能更好地应对课堂中的意外情况。你的组织重点应该放在人员(你和学生)、场地、设备和对时间的充分利用上。关键组织点有三个:上课前、上课中和课堂结束后。表6.1归纳了你在组织中要考虑的重点内容。

表6.1 一些需要在课前、课中和课后完成的组织任务

课前	课中	课后
■ 上课准备——人员、场地、设备和时间	■ 监督出勤	■ 评估教学
■ 批改作业	■ 督促更换衣服、收好贵重物品、签到	■ 准备下一次课(见第3章)
■ 检查场地	■ 安排场地	
■ 检查上课资料	■ 安排设备	
■ 检查设备	■ 设定教学任务/活动	
■ 为缺课学生安排任务	■ 教学指导	
	■ 安排分组	
	■ 按部就班地进行活动/任务	
	■ 监视早退	

课前组织

课前对一节课的准备和规划是非常重要的。同指导教师讨论你的课堂安排以找出潜在重点并请教指导教师自己该如何准备和应对可能出现的问题,你会发现这会有帮助。你对这些材料越自信,越相信自己能组织好课堂和教学,便越能够良好应对课堂中出现的任何意外情况。

准备过程中,你应当确定教学场地,充分了解所有隐患(有关安全的问题在第9章进行讨论)。任何时候,你都有必要同其他教师协调你将使用的教学场地。不要认为因为你计划好了使用该场地,别人就可能不会再打算使用了。你应该弄清楚考试或其他活动(如校园话剧)举行的时间,弄清楚这些活动和你的教学在场地使用上是否有冲突。知道雨天该准备什么内容也很重要。虽然大多时候上课不用考虑

天气情况,但要注意,如果天气太差的时候你可能需要将学生聚在室内。如果你没能有效组织课堂的话,学生很快就会凑在一起,这可能会扰乱课堂秩序。如果体育场地不确定的话,同时准备好室内和室外课总是必要的。

任何教学场所都有很多你可以用于教学的东西,如墙壁、场地线、标志、网格和器材。

你在准备和组织中需要考虑如何充分利用它们(你首次参观该校时就应当收集这些信息——见第1章)。学校有场地管理员,多数管理室就设在场地上,对管理员适当说明,他们或许能提供额外的标志器材。你应当计划好如何在一堂课中恰当地使用教学场地——例如,利用网格进行练习或在场地中放置体操器材。如果是在封闭空间内使用器材/设备,组织要格外仔细准备以保证:

■ 教学环境始终安全;
■ 器材不能靠墙太紧;
■ 知道球/羽毛球如果放置不当可能会跑到哪里去;
■ 场地可容纳大群的人进行活动(如羽毛球);
■ 场地内备有设备/器材并能够使用;
■ 你能将场地充分有效地用于活动和学生学习。

课堂中,做好过渡到下一项活动的准备是必不可少的。例如;你需要领取设备以便安排下一项活动吗?或者,教学场地能用于不同活动吗?前一项任务尚未完成前能开始设置下一项活动吗?你能让学生自己设置练习活动吗?在准备中,还应当考虑到所教班级的特点,包括学生人数、积极性、性别以及他们的合作情况。你还需要考虑有多少设备/器材能用于特定活动(如橄榄球、田径或曲棍球),因为这将决定你如何组织任务/练习/比赛。

因此,你的准备要把学生人数同课堂所需要的可用资源和设备联系起来。在准备中需要考虑课前设备领取和/或课中设备发放、设备的放置和使用以及课后如何将设备收起。还要进一步考虑设备的摆放以及不用的设备放在哪里。通过对资源和设备的组织,你会自始至终都会给学生一种组织充分、完备有序的感觉。

下面是一张体育教师用于核对课前组织的一览表。你应当已经:

■ 进行了上课准备和备课。每次上课前做好完善的准备是非常重要的,这样你才能清楚地认识到自己每节课要达到什么目标(见第3章)。
■ 检查过教学场地。场地是不是能用并且安全?一早就对教学场地进行检查以便你能顺利地开始上课,这点很重要。例如,前一天晚上可能有人在这里上课,设备(如羽毛球网柱/网)还没有收起。
■ 检查并清点过所有的设备。它们随时可用并且摆放整齐吗?可以把这项任务交给学生去做,但重点是确保设备都已准备好(例如,篮球都充足气)。考虑安排时间每周检查一次。

■　准备好队员名单、护颈、视觉教具、练习卡和备用口哨。准备队员名单以备课堂比赛环节之用，视觉教具以加深学生印象，练习卡能帮助学生完成任务，备用口哨以使学生可以在你的课上担当裁判的角色和责任，这些都应当属于你准备的一部分，都可能有利于你的课堂教学，能使得各个教学环节过渡顺畅，减少时间的浪费。

■　给那些因伤、病或其他原因没有实地参与课堂活动的学生布置任务。查阅学校对这些学生的相关规定和程序会对你有所帮助。理想情况下，这些学生在课堂上发挥建设性的作用而不是"袖手旁观"。例如，他们可以给参与的学生提供有用的反馈，也可以担任裁判或记分。有时，你可以让这些学生做些课堂记录。但如果天气很冷的话他们就不适合上户外课，这种情况下让这些"不实践"的学生根据课上所教活动在室内做些理论性功课较合适［另见第 12 章关于利用信息通信技术（ICT）使不能正常参与课堂的学生融入体育课堂］。给这些学生布置的任务能体现出第 14 章中所讲的体育课更宽泛的教育目标。

■　批改作业。按时完成批改，重要的是对学生的作业给予适当的反馈，并返还给他们。这对提高学生积极性也很重要（见第 7 章）。

设计任务 6.1 是为了让你了解教师上课准备的方法。

任务 6.1　教师课前准备

　　跟着你实习学校的某位有经验的体育教师观察一上午，并记录他在学生到来前准备每节课的方式。将这些观察记录在你的职业发展档案中。当你上课需要负责更多方面内容时再次查阅上面所列的表。

课堂中的组织与管理

　　课堂中的组织与管理包括从学生进入更衣室开始上课到离开体育课教学场地这段时间。这段时间内你要应对许多情况，包括有准备的和没准备的。一种改善课堂组织和管理的方法是确立一套你和学生都熟悉的固定程序。首先，学生要知道他们在行为、尝试和任务完成方面该做什么。因此，建立一套例行程序对成功的课堂起着极其重要的作用。以规则和例行程序的形式规定学生应当遵守的条例，学生的行为就有一个依据框架。应当明确使用合适的处罚措施以加强规范不当行为。如果你需要实施处罚，要确保它们始终一致、合适并且是可实施的。现在的大多数学校都有学校和家庭之间签订的协议，其中明确了教师、家长和学生各自应当履行的职责。如果你在校内看到了各种教师和学生须遵守的行为准则，不要觉得诧异。对学生行为的管理将在本章的最后进行更详细的讨论。任务 6.2 和任务 6.3 要求你查看一些可能对你有用的规则和章程。

任务 6.2 规则与体育教学

阅读实习学校和体育部的相关规定,然后同指导教师进行讨论。问一问关于你所教的特定体育项目是否有额外的规定。把你的发现放在职业发展档案中。当你在课堂中履行这些规则时补充档案记录。

任务 6.3 体育课程序

体育课的例行程序很有用且很重要。体育课中例行程序较为有用的地方有:进入更衣室、更换衣服、签到、进入教学场地、给予指导、领取设备、开始上课、集中注意、完成任务、参与不同的小组、从一项任务/活动进入下一项、收起设备、离开教学区/场地、离开更衣室。

你能想到更多吗? 如果能,将其添加到上面列表中。

观摩体育系两名不同实习教师在实习学校的课堂教学,特别注意他们执行规则的方式和对多次进行的任务和行为的实施程序。他们各自的程序有什么不同? 有什么相同之处? 你能解释为什么会这样吗? 你能将这些运用于你的课堂? 把观察记录放在你的专业发展档案中。

规则、例行程序和步骤常常要根据特定的活动环境具体制定,如游泳、田径运动和户外探险运动。表6.2列出了一些特定活动的规则、程序和步骤,任务6.4要求你给出更多的例子。

表6.2 规则、例行程序和步骤的一些示例

活动	规则/例行程序/步骤
体操	任何大型器械未经教师进行安全检查不得使用。
	器械摆放好或卸下之后禁止随意跑动。
游泳	未经允许,任何人不得入池。禁止在游泳池边跑动。不准在游泳池内尖叫。
曲棍球	听到短促尖锐哨声:立定,面向教师听讲。
标枪	拿着标枪一直走,尖头朝下。
	未经老师允许,不可将标枪掷出。

任务 6.4 特定活动的规则和程序

表6.2列出了一些特定活动的规则、程序和步骤。将你在学校实习所教的三项活动的规则、程序和步骤列入该表。
- 活动一
- 活动二
- 活动三

和指导教师探讨你的方案,并将记录放入职业发展档案中。

普遍组织情况:更衣室

如不例外,一节课的成功是始于学生刚到课堂时是如何作上课准备的。此时,如果你没有进行适当组织的话,会浪费大量时间。你提前到场,等学生一到,便让他们进入更衣室,这点很重要。关于学生刚到课堂时需要做什么,不同的学校有不同的规定。任务6.1已经提醒你所在实习学校采取的方法。

学生在更衣室换衣服时你如果在场,可以营造一下课堂气氛,防止出现不当行为,并督促学生尽快更换衣服。有时候还能有机会让学生签到,这样就不用单独进行该项活动。在更衣室让你能够有机会概述本节课的重点、布置学生要完成的第一项任务或安排课堂的一些重要内容——例如,在课堂的开始环节学生分组的大小,或让哪些学生负责拿出设备。不过,很重要的一点是,注意你不应当进入异性更衣室。如果你教的是男女混合班,必须要采用其他方法。同指导教师一起检查你的实习学校所采用的步骤。

要清楚何时、如何审批学生的请假条以及怎样将这些学生融入课堂中。思考如何处理学生迟到或忘带合适运动装备的情况。体育部对这些情况的处理也应当规定了可遵照的步骤。

下面是一个步骤核对表,你可能想用于课堂更衣室环节:

■　制订学生进入更衣室规则。应有序进入,并保持安静。不同学校/老师有各自的程序(见任务6.2和任务6.3)。

■　建立这类活动的例行程序,如保管学生贵重物品、请假条和分发运动装给忘带了的学生。这能防止上课开始时的时间浪费。

■　签到。学生在更衣室签到不浪费太多时间,但有时在教学场地签到更好一些,如男女混合班。

■　设立安排搬出设备的程序。有很多不同的办法(见下面)。

■　根据前一次课的学习给学生布置一项任务,使他们能快速进入状态。例如,曲棍球学习中,你可以要求学生"回忆我们上周课上所教的打败对手的练习,你们到球场后就可以开始练习这些内容了"。这样学生准备好之后就可以尽快开始。

■　检查确认所有的学生都离开更衣室,然后锁好门。大多数更衣室都要锁门以确保安全。你要负责检查确认所有的学生都换好衣服并离开更衣室。

人员组织与管理:学生和你自己

学　生

前面已经指出,上课之初,你在更衣室便开始了对学生的组织管理。不过,在课堂中你组织学生是为了进行活动和/或变换活动、领取或放回设备、将学生分组或分队。将学生进行特定分组的原因有很多,如:

- 能力混合组:具备不同特长的学生在一起进行合作。这类分组有利于培养领导能力与合作技能。
- 能力相似组:适用于特定活动,如游泳。
- 能力差异组:这种情况下,你可以考虑利用能力较强学生的强项,去积极地促进其他学生的表现和行为。
- 友好社交组:适用于年龄较大的学生,因为它可以提高学生积极性。

你要负责设计学生的分组方法并核查每个学生都有自己的组,因为假如那些沉默寡言、害羞的学生没有找到分组可能也不会对你说。你的分组方法应尽量少占用时间。通常要尽量避免让学生自己选组,这样可能会浪费大量时间并伤害到一些学生的自尊心。

虽然在整节课中保持分组不变更为有效,但也有时候,如需要区别对待不同学生时,改变分组结构就显得重要了。这种改变是课堂上的重大调整,你需要课前就计划好。如果要在课堂上改变分组,你需要计划怎样能够迅速地完成。可能的话,试着将现有分组合并成下一分组,如单人组合并成两人组或三人组;两人组合并成四人组或六人组;或者三人组合并成六人组,这样课堂过渡顺畅并能保持连贯性。如果在寒冷的天气上户外课,这点尤其重要。一些你可以用的分组方法为:

- 根据更衣室签到的名单计算出勤的学生总数,或者在学生热身时清点人数,这样你就知道班上有多少人,并且可以考虑是否要对你之前计划的分组作出调整。
- 把身高相似的同学两两组合,布置热身任务。
- 学生慢跑,在跑的过程中老师给学生编号,如 2,3,5 或 7。然后学生迅速集合,最后,被喊到编号的学生先组成第一个练习组、器械组或比赛组。
- 如果你了解该班,可以在课前制定合适的分组/组长/团队名单。
- 两两学生一组,编为 1 号和 2 号,2 号去拿一个球。把球都放在活动区域中央的指定位置。

■ 将上面的练习换成四人一组,还用一个球。加入其他的两人组,将其中一个球快速放回(教师可以把学生编成 1 至 4 号,然后让其中一位学生将不用的球放回)。

■ 混合组——28 个学生分成 7 人一队——每人找一个搭档(构成两人组),同另外一个两人组结合成四人组——四个人从 1 到 4 报数,所有的 1 号合在一起、2 号合在一起、3 号合在一起等,就分成了 7 人一队。

不同活动之间的分组变化应当尽可能简化(见图 6.1,该图展示了在排球练习中如何扩大分组和使用活动场地)。这种扩大分组的原理也可以用于其他活动。

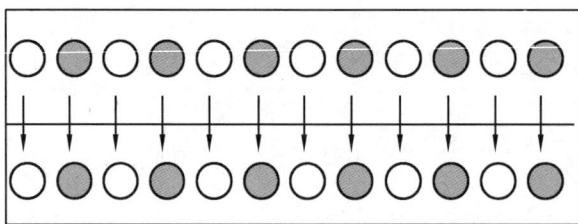

1对1热身活动——沿场中线过网对击

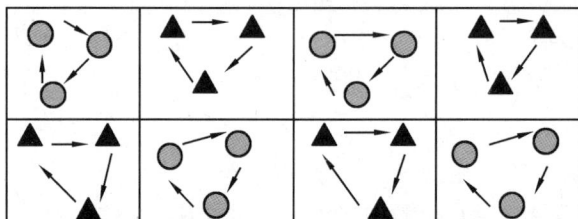

组成三人组——平分练习场地。进行连续凌空传球练习、垫球等

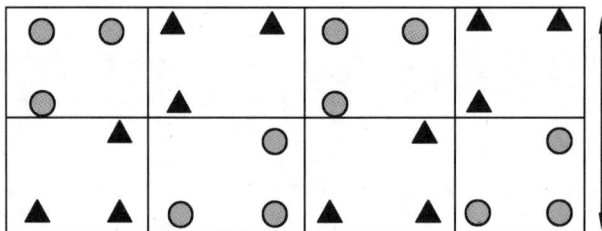

3对3——设立有规则限制的游戏——发球、接球、托球、扣球等

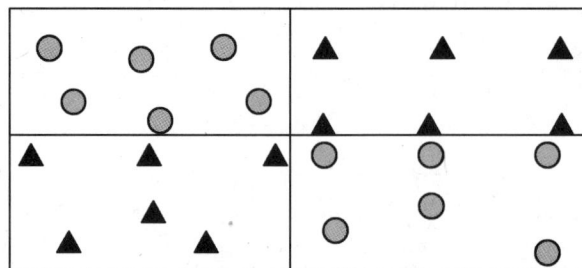

6对6——同其他三人组结合并制订游戏规则

图6.1　排球练习中扩大分组与使用活动场地

(改编自 National Coaching Foundation,1994)

你自己

　　大多数教师都是在有固定座位的教室里上课,他们要为眼下的任务安排最有效的座位。但作为体育教师,你上课的场地,学生通常是没有固定位置或座位的。教师有利的站位与灵活的移动对于维持学生学习、纪律和确保安全至关重要。你所处的位置要使自己的声音能被听到,同时音量适合特定环境,如游泳池、刮风天在曲棍球场、音效不好的体育馆。你必须时刻注意整个班级,避免自己背对学生、站在一群学生中间或有学生站在你身后。良好的站位能让你有效进行观察,从而可以监督学生的进步与行为,并给个体、小组或全班提供反馈(见第 4 章如何在体育课上观察学生)。当你在教室内教体育课理论内容时,该原则同样适用,尽量不要总是站在一个位置在学生中间来回走动并监督他们的学习,从他们旁边经过时给予反馈。

　　在实际环境中,你的位置要根据教学场所和任务目的不断变化(如进行练习或示范)。你需要注意你相对于班级的位置,还要注意班级相对于你、其他班级、太阳和另外一些重要因素的位置。例如,如果是晴天,你应当面朝太阳站着,这样学生就可以清楚地看到你。下面是一些你在体育教学中会遇到的多种不同情况的实例,在这些情况下有效的站位对于你的课堂组织和管理很重要:

- 取出设备/器械后,确立安放程序并对全班予以清晰地指示,然后让学生来负责安置,此时,你要往后站到可以看到所有人的位置并观察整个过程,且只在必要时提供帮助。
- 进行示范(见第 5 章)。
- 布置班级任务时你需要能看到每一个人并且确保所有学生都能看到你并且听到你说话。这在较小的室内场所要比在室外场所容易实践得多。在你的户外课中,规定学生的活动范围,如指定以球场上的场地线为界,这样学生就一直处于你的管控范围内。
- 监督你的班级。最好是在周边进行监督,如室内场所的一角、网球或羽毛球场的后侧。通过观察你能判断出是否整个班级都明白了任务。如果大多数学生都没做对某件事或者任务过于简单或过于困难,你需要让全班都停下来,并给予进一步指导或讲清楚指示。
- 帮助个体或小组。这里是指,在体操课中你可能要帮助个别学生,或者在几个 4 对 4 的小场足球赛同时进行时,你需要分配你的注意力。在指导个别学生或多个学生时,你必须始终能看到班上的其他学生,而最有效的方式就是在场地的四周观察和监督全班同学。
- 安排课堂竞赛时,在赛前要站好位,确保你用余光可以看到所有学生,并能看到谁在比赛中获胜。
- 离淘气的学生近些。靠近麻烦区或在其间来回走动是很重要的。了解你的学生并记住他们的名字能帮助你控制潜在捣乱行为(见第 7 章)。设法记住学生的名字,这样无论你在上课场地的任何位置都可以同学生建立联系(更多信息参见第 7 章任务 7.4 记住学生的名字）。

■　了解任何有特殊教育需求（SEN）的学生以及他们特殊需求的类型很重要,如有些学生听力或视力不佳,这样你就可以在课堂上把他们安排在有利的位置（见第 11 章）。

在任务 6.5 中,请你的指导教师或另外一名实习教师对你的若干不同课堂进行观摩,并记录你的站位效果。

任务 6.5　教师站位

请你的指导教师或另外一名实习教师观摩你教三种不同活动的课堂并记录下你的站位效果。这些活动可以是体操、游泳和户外运动。保管好这些记录。观摩结束时你应当能够列出教师站位会以哪些方式影响学生学习和行为。你也应当知道体育课中不同的活动对教师站位有哪些不同要求。试着利用这些知识改善你以后上课中的站位。将这些信息放在你的职业发展档案中。

场地的组织安排

作为一名体育老师,你的上课场地有很多（例如,健身房、运动场、游泳池、教室）。在教师职前教育课程（ITE）中,你了解了关于各种场地的安全健康要求和进行适当的风险评估的需要（见第 9 章）,务必记住这些。大量的场地安排工作在上课前就要进行（在本章前部分已经讨论过）,并且要体现在你的教学准备中。同时,能够对上课活动区域进行有效的组织管理,最大限度地提高场地的安全性、学生参与度和积极性也是很重要的。

划定上课活动范围的方法有很多,在运动厅或运动场中可以用场地标线,也可以用锥形警示标志（cones）,但用哪种锥形警示标志要考虑到其风险管理和安全性。如果可能,在练习开始前就把锥形警示标志放置好。学生观看过实地示范之后,也可以让他们自己选定练习场地。

图 6.2 给出了两个如何利用现有场地的例子,虽然这两个例子是针对无挡板篮球赛（netball）的,但其使用场地的方法也可以用于其他活动。任务 6.6 要求你特别注意体育课上场地的具体安排。

任务 6.6　教学场地安排

为你所教的年级组设计一套适合班级规模为 30 人的室内体操动作,计划用这套动作来实现特定的预期学习结果（ILOs）。你在计划中要对安全、学生层次和成绩记录方法进行思考,完成这些任务之后开始上课。在评估中,你要弄清楚,场地安排在多大程度上能够使你实现预期学习结果。注意哪些地方需要进一步提高,并利用这些信息设计更多的体操动作。把这些信息记录放入你的职业发展档案中。

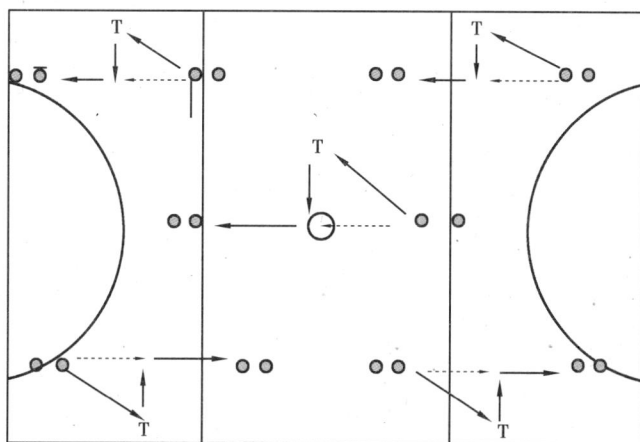

无挡板篮球场安排：5个组，每组5个队员

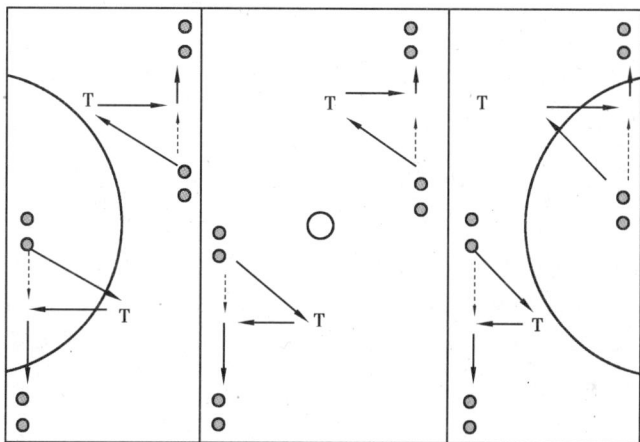

无挡板篮球场安排：6个组，每组5个队员

图6.2　无挡板篮球场的组织安排(adapted from Crouch,1984:123)

设备安排与管理

　　设备的使用是体育教学的中心环节,也是课堂组织的重要部分。你需要决定使用什么设备以使学生达到预期学习成果(ILOs),同时还要确保这些设备是可用的。正如导言中所指出的,学生投入任务时,学习的效率最高。为了最大化地提高学生积极性和促进学习,如果可能并合适的话,应该保证学生人手一套器材(例如,在足球课和篮球课中训练个人技能时)。这样能增多学生的练习机会,促进他们技能的提高。此外,在学生协作进行练习时,分组的大小也要与器材数量相当,以使他们能积极地参与活动。小组练习能够减少时间浪费,这样每个学生真正练习的时间就增多了。同样,进行小组对抗赛也能提供给学生更多机会,使他们通过练习获得的技能在更大一点的比赛场合得到发挥。所有这些策略能让学生积极参与活动,增加学习机会,降低不良行为发生的概率。

课程安排要有序,以免出现收起设备后又要重新发放的情况。通常需要考虑的方面包括:设备存放地点、最好或者最恰当的取、放器材方法。下面是一些你可以利用的方法:

■　最先作好准备的学生负责将设备取出——记得每次都要点清数量。
■　学生以个人或以组为单位在器材室外排队,然后根据指示领取设备。
■　设备由固定小组负责取出,其他的固定小组负责归还。
■　改变分组时,为安全起见,将暂时不用的设备收起。活动场地旁准备好设备放置箱,并确定谁/如何将设备放入箱内。
■　课后你要确保再次清点设备,组织收好,并/或安排学生完成这些任务。

这些是组织安排设备的总体原则,还需注意,每项活动的设备安排都需要有具体的规则和例程。例如,在体操中,学生两两一组在手推车旁排队领取体操垫,第一张垫子放在体育馆的另一头,其余依次排开。让学生负责看护设备,并始终遵守安全例行程序。

在教室内上课时,这些方法同样适用,因为对课本和其他一些教学资源也需要进行合理的组织安排。教室内上课的安排组织同样是很重要的,如果安排不妥,会影响课堂教学效果。例如,如果在上课时教材不能使用或是骨骼样本(samples of bones)找不到,就无法达到一定的预期学习结果(ILOs)。

课后安排

一节课结束后,你需要及时进行评估。最初,可以同听课教师进行讨论,但这也需要记录下来,以便你能回顾这些自我评价,并思考自己从中学到了什么。你的评价要以学生学习和你想达到的教学目标为重点(例如,听课关注的教学标准或你自己关注的教学标准)。此外,思考你的组织管理能否进行改善,尤其是能不能节省出更多学习时间,这点也很重要。这种评估能为你下节课的准备提供思路,第 3 章对教学准备和评估作了深入的讨论。在卡佩尔、布雷肯和奥尼尔的著作中(Capel, Breckon and O'Neill, 2006),活动 9.1 是一项很有用的练习,它有助于你复习本章到目前为止所讨论过的内容。

时间安排

到目前为止,本章一直不断讨论严谨周密、有效的教学组织如何能最有效利用时间、促进教学、避免学生脱离学习任务。实际上,时间的安排本身就是教学的一个关键要素,它包括安排学生的时间和你自己的时间(see also Unit 1.3 in Capel, Leask and Turner, 2009)。

理想情况下,体育课中,大部分时间学生都是积极活跃的,然而由于学科特点,总有些课堂环节学生不是那么积极。学生不积极的情况如:

- 上课前或下课后更换衣服时;
- 签到时;
- 听讲解,观看示范和教师讲授教学要点时;
- 等待使用器械时;
- 观察搭档练习时;
- 阅读指导练习的练习卡和学习要求时;
- 思考如何解决问题时;
- 在小组中一起制订计划时。

当然,有时,在课堂中学生很遵守纪律,却没有全身心地积极投入课堂,然而仍算作参与"完成任务"。在以上所列重点例子中,第三条和最后一条便是这样的情况。不管怎样,需要注意,应确保学生在大部分时间尽可能地积极主动。实际上,有效安排时间的艺术就是,确保在学生不活跃的课堂方面花费最少的时间(包括组织安排)。在不活跃的方面花费过长时间可能会让学生注意力分散,产生不良行为,如果因此再多花费时间去处理就更得不偿失了。至此,本章给出的指导应该能够帮助你最有效地利用时间。

课时长度可能是 35 分钟到 70 分钟或更长。有些学校把学生去往外部教学场所所花的时间也算在课时内,你可以有效利用这段时间让学生作好准备,一到场地就开始上课(比如,你可以简要概括上节课知识,并/或讲些本节课要练习的新内容)。课堂的进度要确保过渡自然流畅,不要总是唠叨某项任务。如果你经验不足,有时会很难判断学生完成任务所需的时间,而这最终取决于学生对材料的反应。作为老师,你必须要认识到,学生完成任务的速度是不同的。监督学生的反应是很重要的,这样可以检查他们的练习是否令人满意,或者他们是否清楚自己要做什么,如果答案是否定的,可能是因为没解释清楚或者任务难度太大。该过程有时也被称为"阅读"学生,"读懂"了学生的反应之后,你需要采取适当措施。有时也不须做什么,有时需要重新解释一下任务,或者调整一下任务,或者给全部或部分学生反馈一些信息。课上你还要管理学生的走动和行为,避免喧哗。

课堂时间的分配应当允许:

- 学生完成任务并听取教师反馈。
- 学生使用器械并有时间收好。在体操课中,学生如果没有足够的时间安全、从容地将器材放回,分发器材就没有意义了。
- 学生练习技能/小型对抗比赛以后有时间进行比赛。学生需要时间进行比赛,以体验自己对学习的运用状况,这也可以让你了解学生对既定任务的掌握情况。

■ 学生完成体操动作(circuit)并登记分数。

■ 你对课堂作出反馈。结束课堂时,强调你希望学生达到的学习效果是很重要的(例如,通过问答环节)。

■ 你和学生自然、顺畅地结束课堂。

■ 学生下课后冲澡、穿衣。

■ 你能保证学生下节课不迟到。

设计任务 6.7 是为了让你了解学生在课堂中如何利用时间。

任务 6.7   监督学生如何利用时间

观摩其他实习教师的一堂课,并在课堂始终注意观察某个学生的表现。无论该生表现积极或不积极,或者活动效果好与不好,都做下记录。课后同该实习老师交流你的观察发现,并探讨如何能够增加学生活跃时间。请该实习老师在你上课时也这样做,利用讨论的结果来改善学生今后课堂上的时间利用。把这些记录都放入你的职业发展档案中,用于今后在课堂上增加学生参与效果好的活动的时间。

体育教学有效时间描述分析系统(ALT-PE)

考虑到学生积极学习时间的重要性,在教学的这方面投入的大量的研究并不意外。其中一项研究被称作"体育教学有效时间描述分析系统"(ALP-PE, Siedentop et al., 1982),该研究将课堂活动时间分为:

■ 学生积极参与到课堂相关的运动以及其他相关的活动的时间。他们积极参与,以取得良好的成绩,并使该堂课的预期学习结果(ILOs)能够实现,这也被称为"投入任务"时间(或"起作用"时间)(Metzler,1989),这也常被视为有效体育课教学的决定因素。

■ 学生虽然参与了运动任务,却没有真正投入其中的时间。例如,任务太难或太简单,或者学生没有努力进行学习(例如,羽毛球课上学生将球击过网,但没有按要求实现特定的预期学习结果,如特定的击法或特定的技巧)。

西登托普和坦尼希尔(Siedentop and Tannehill,2000)的研究报告表明,这两项时间平均占全部课堂时间的 25% ~ 30%,但学生真正投入任务的时间可能只占整堂课的 10% ~ 20%（Metzler，1989）。西登托普还发现了教不同的活动时学生在课堂上投入任务时间的不同：体操和团队比赛中学生投入任务的时间最少，个人活动中学生投入任务时间增多，舞蹈和健身活动投入时间最多。最近在希腊进行的研究（Derri et al.，2007）表明，体育教学中，把重点放在增加体育教学有效时间上，可以强化技能记忆，而提高学习效果的成功取决于对组织和管理策略的有效利用。

任务 6.8 对任务 6.7 进行了改进，要求你请人听一节课，并让听课者特别注意学生在课堂中的行为。

任务6.8　学生在不同课堂活动中花费的时间

请你的指导老师或其他实习教师听一堂你的课，并记录下学生：

1. 积极参与运动任务的时间（如练习技能、做游戏）。

2. 积极参与非运动学习任务的时间（例如，和搭档编舞、观看正在学习的某项技能的视频，或旨在达到更宽泛的体育教育目标而进行的活动）。

3. 在学习运动项目中帮助其他同学的时间（如扶好器材、帮助搭档）。

4. 任务（活动）过渡时间。

5. 等待时间。

6. 获得信息时间。

7. 参与其他组织性任务的时间。

8. 参与其他与本节课预期学习成果无关的任务或活动的时间。

［登录该书（Siedentop et al.，1982）网站可下载体育教学有效时间描述分析系统观察表，网址：www. routledge. com/textbooks/9780415561648］

完成这八种类型中的各项任务（活动），(a)单独完成每项需要多长时间？(b)按照 1—3 和 4—8 的顺序完成，需要多长时间？学生为了达到预期学习成果完成任务(1—3)和其他与预期学习结果无直接关系的任务(4—8)所用时间的相对比例是多少？你认为该比例适中吗？同听课的指导教师或实习教师探讨这些问题，酌情调整你的课堂时间安排。今后在你的教师职前教育（ITE）课程中重复该任务，检查学生完成不同任务（活动）的时间是否改变。把这些观察和记录都放入你的职业发展档案中。

任务 6.8 应该已经表明了课堂各部分的相互关系——例如，你花了较多时间进行组织，那么学生用来完成任务的时间就会减少。因此，没有有效的课堂组织，学生用于完成任务的时间就难以增加。任务 6.8 应该也使你关注课堂上的管理问题和行为问题，它们都会影响学生投入任务的时间。任务 6.9 是不同课堂上的用于完成任务的时间对比。

任务 6.9　收集学生在不同课堂中投入任务时间的信息

请你的指导教师或其他实习教师观察你教不同活动的两节课,并完成体育教学有效时间描述分析系统的观察表[登录该书(Siedentop et al., 1982)的网站可下载此表,网址:www. routledge. com/textbooks/9780415561648],查看在教不同活动的课堂中用于不同任务的时间是否有差别。

每堂课后要对结果进行反思并同听课人讨论你的思考,以便你能更好地进行课堂评价并弄清楚如何增加学生投入任务时间。努力改进课堂,增加学生投入任务的时间,之后再次请听课人重复这样的观察。观察完之后,比较不同课堂、不同活动中学生完成任务的时间。记录下这些信息,并将其放入你的职业发展档案中。

时间安排在体育教学中至关重要,没有有效的安排,不大可能实现预期学习结果。进一步,学生脱离学习任务,出现不良行为。下面,简要谈谈学生行为管理。

学生行为管理

人们都期望教师是出色的班级管理者。学校行政人员通常认为,控制力强的教师才是最优秀的教师,而家长和社会则希望教师能够教会孩子们自我管理。同样,学生也希望由老师进行管控,并营造出积极的学习环境。

(Cruickshank et al., 1995:393)

前面已经讨论了许多关于组织和管理以及它们对学生行为的影响的内容,现在有必要集中谈谈学生课堂行为的管理。卡佩尔、利斯克和特纳(Capel, Leask and Turner,2009)在书中 3.3 概述了班级行为的管理(采取积极的方法进行班级管理,以学习行为管理为重)。你的同事、学校管理部门、学生家长和社会都期望你能有效管理学生。当然,对学生进行管理的方法要依据你所在学校的行为管理政策而实施。如果你听说了其他实习教师在其实习学校所遇到的困难,可能会在刚开始实习时担心自己的管理技巧。在你有了明确的工作地点之后,最好熟悉一下实习学校的学生行为管理政策。在教学中满足这些期望,依照各种处罚方式,你就能够遵循该学校所通用的例行程序。刚开始教学时,学生可能会考验你,但如果你知道应该做什么,他们很快就会明白,你能够控制局面,不是一个"软柿子"。帕里(Parry,2007)制作的 DVD 描述了你需要完成的管理,对你有帮助。

在体育课上维持纪律和控制局面都相当具有挑战性,一是因为安全是个关键问题,再者,在相对没有什么限制的场地(如比赛场或体育馆)学生出现不当行为的机会较大。管理学生行为的一种方法是从积极的角度出发,因此要以鼓励良好行为为重点。你的目标是要保持学生投入任务,而不是老想着避免出问题。投入任务的学生不大可能出现不当行为,同时更有可能实现预期学习结果(ILOs)。保持学生投入任务需要多种教学技能,其中许多在上文和其他章节都已提到。戴维森(Davi-son,2001)认为,教师运用的教学技能直接影响班级行为,他认为学生出现不当行为主要有三个原因:

- 厌倦;
- 学生没有能力完成规定任务;
- 需要付出很大努力才能完成任务。

因此,在课堂准备中就要考虑这些因素,本章不断提到,组织、管理是准备过程必不可少的一部分。学生通常比较期待上体育课,因为他们很喜欢这门课,这样一来,因学生不感兴趣而导致的问题似乎可能就会比较少了。其实,学生对于课堂的兴趣在某种程度上取决于你给他们准备的任务(活动)。任务过于容易或苛求学生花费很大气力才能完成,都可能会降低学生兴趣。或者,你的组织准备没有经过详细考虑,课堂中长时间处于尴尬乏味的状态,缺乏建设性任务,学生的注意力也会分散。

除了细心的准备之外,注意观察,当学生偏离既定任务或行为不当时及时作出反应也是有效管理学生行为的关键因素。教师的站位要保证学生处于你的视线范围之内,这在本章前面也进行了简要讨论,遵循这些指导方针是很重要的。图6.3详细给出了观察和回应的一种模式(后面的数字就是图表里的对应数字)。

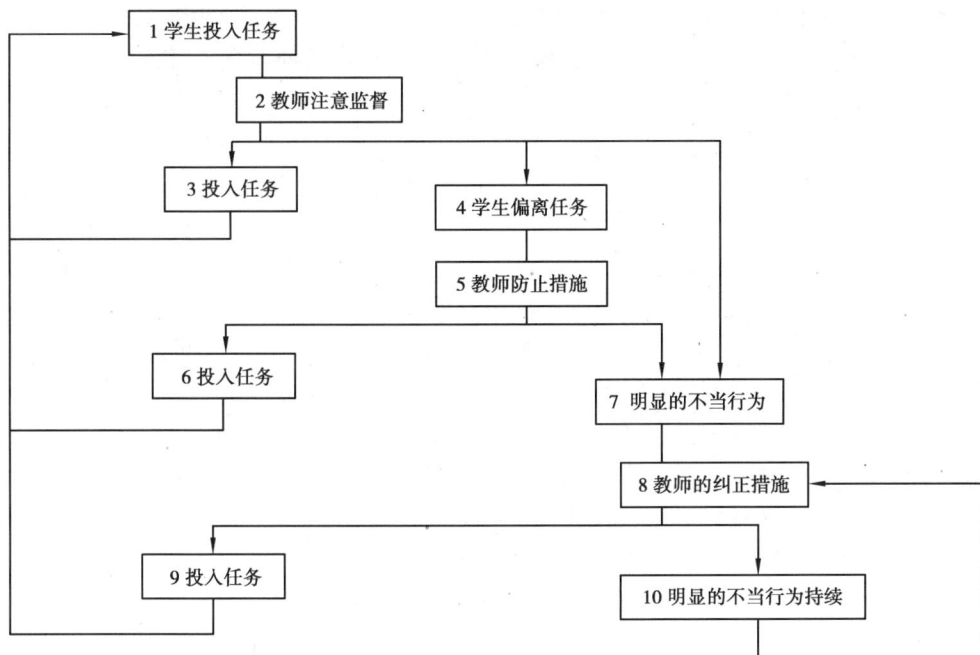

图6.3 学生行为管理范例(adapted from Morrison and Mclntyre,1973)

在(1)中看似所有学生都已投入任务,你需要在活动场地四处走动,监督进展情况(2)。所有学生都在进行任务时(3),你开始(转入)讲授教学要点以促进学生学习,并给予鼓励。不过,如果你发现有学生偏离任务(4),需立即作出反应,采取防止措施(5)。有时,你只需走近偏离任务的学生就行,或者是私下或公开提醒一下其应当完成的任务。此外,你也可提问偏离任务的学生或者花点时间帮助他们的进展。但是,如果监督(2)时发现有很多学生都偏离了任务,就需要采取其他措施。也许是任务太简单或太困难;也许是学生想要更换任务,或者需要老师对他们的进展给予一些反馈。在这种情况下,防止措施(5)就是让全班都停下来,重新布置任务,理想情况下,学生随之投入任务(6)。如果你没发现全班的共性问题,那么偏离任务的消极行为很有可能演变为一些学生明显的不当行为(7)。同样,迅速反应是避免问题扩大到全班的关键。记住这一点很有用:调皮的学生使你了解其他学生出于礼貌而未直言的问题,这种说法是有一定道理的。所以,可能(但不一定)会有两种问题,但一个是学生个人的问题,另一个是整个班级任务设置的问题。你可能需要像上面所做的一样,对全班采取防止措施(5),不过,首先你要采取一些特定的纠正措施(8)。这可能类似于你发现某个学生有潜在不当行为时采取的措施,但此时采取措施要更加果断。学生行为出现不当因素/特点/性质时,你要始终能迅速察觉,但不针对学生,尽可能避免与其发生公开冲突。绝不能动手干涉。你可能需要立即将学生叫到一边,或者在课后与其单独谈话。另一种方法是,警告学生,如果不重新投入任务(9)就要采取某种处罚措施。采取的处罚措施要符合学校的相关处罚办法,但不管是什么措施,警告之后如仍有学生不停止其不当行为(10),要坚决执行。在整个过程中,不管你何时作出反应,无论采取什么措施,重要的是要保持冷静。你要拿出权威的架势,站姿平稳,语调慎重,给学生一种令他们服从的印象。

随着对教学越来越熟悉,你能够预料到何时可能会出现不当行为,并作好相应准备;你的自信不断增强,这些不当行为的几率就会下降。在卡佩尔、布雷肯和奥尼尔的书中(Capel, Breckon and O' Neill, 2006),活动9.4关注的就是学生的不当行为。任务6.1要求你阅读"有效体育教学时间描述分析系统",然后在教学中运用该原则。

任务6.10　体育课中学生有效体育教学时间描述分析系统(ALP-PE)的运用

德里等人(Derri et al., 2007)针对有效体育教学时间和运动技能提高之间的关系作了一项小规模的调查研究。研究结果表明,虽然学生在技能表现和保持方面有明显的提高,但更加显著的是所观察的课堂中学生有效学习时间很有限。研究者发现,关于课堂组织和管理技能的有效利用的结论(课堂组织管理技能利用越是有效,学生的课堂有效学习时间越多;反之亦然——译者注)也许可以解释这一现象。这些发现突出了教师对教学中所采用策略进行反思的必要性。

读完德里等人的这篇文章后,对你自己的教学进行一个小型的研究,研究的重点是增加学生的有效学习时间。指出你所采用的策略,并反思你在教学中有哪些变化,在总结研究发现时,思考这些变化对学生的学习产生了怎样的影响。将这些记录放入你的职业发展档案,并利用你的研究成果增加学生投入任务的时间。

小结与要点

　　所有教师都必须组织和管理课堂,但由于学生在限定时间内、在较大的场地使用各种器材,教师在体育课的组织管理上需要进行具体考虑。所有教师都得给出清楚、具体的指令和解释,而且教师还要考虑怎样给学生指令和解释,因为上体育课的学生不是一排排整齐地坐在课桌后,而是在宽阔的场地上来回跑动,且常常离教师的位置比较远。作为一名体育教师,有效地组织和管理课堂特别重要,因为这与上课宽敞的场地和活动所隐含的安全问题有关。

　　对于一堂有效的课堂来说,要尽量减少课堂组织和管理的时间。尽管有效的课堂组织和管理明显很重要,甚至可能是一堂课成功的关键,但仅有组织和管理是不够的。有效的组织管理能创造学习时间,营造利于有效学习的环境,但你还需要有效运用这些时间来学习。在有效课堂里,学生能最大限度地将时间都用在进行任务上。教师要全面地计划好教什么、怎样教,以及怎样组织和管理课堂(预测课堂上会发生什么问题,并认真计划如何避免其发生;想好一旦问题发生该怎样应付)。你必须注意,不要过分地将重心放在有效的课堂组织管理上(尤其是教学生涯的早期阶段),而要把它们看做是提供有效教学时机的条件。

　　组织和管理你的课堂的方式是一个个人偏好的问题。这些技能的基础是要建立你对自己和你所教学生的明确的规则和期望。马兰(Marland,1993:8)说道:"课堂组织得井然有序、对学生严格要求,能为开展各种活动和营造亲切友好的氛围创造条件;但如果学生稍有困惑、教师犹豫退让,则会引起混乱,最终只会导致教师心情烦躁,说些气话,学生乐趣大减,学习效果降低。"

　　本章旨在概括培养组织管理技能的方法。对于许多实习教师来说,培养这些技能是一项首要的任务。然而这些技能的培养需要时间和练习。即使是最有经验的老师也仍在不断学习怎样面对不断变化的课堂情况。花时间反思你的教学,找出在哪些情境下用不同的方法可能会更合适。在你的准备工作和计划中要做到协调一致。对每堂课都要充分把握所教内容。最重要的是要弄清楚你的期望是什么。学生了解这些后,就能建立积极关系,最后提高学习效果。

　　检测一下,通过本章的学习你达到了哪些课程要求。

发展和保持有效的学习环境 **7**

引　言

　　本章介绍教师创建和保持有效的学习环境以辅助其他方面的教学的问题,包括:教师向(中小)学生传达的是什么样的信息? 是否表明了体育和学习是富有乐趣的? 学生能否达到课堂预期学习成果(ILOs)? 是否关心学生和他们的学习? 是否把学生视为"人"? 是否向学生传达了某些隐性信息? 言语交际和非言语交际表达的信息是否一致? 是否有教学热情? 这份热情是否传达给了(中小)学生? 教师的互动大多是积极的还是消极的? 这些互动是否具有持续性? 教师能否激发学生?

　　创建和保持一个积极的、有益的学习环境并不是偶然发生的,教师需要针对所有学生进行规划。国家体育课程标准(NCPE)[资格与课程署 Qualifications and Curriculum Authority (QCA), 2007a]中的法定列入声明指出了四点期望:设定适当的学习难度;满足学生的不同需求;克服学习中的潜在困难;制订适合学生个人和集体的评估方法。第11章详细讨论了列入声明。阅读下文前先完成任务7.1。

任务7.1　体育老师传达了什么信息?

　　阅读以下情景并指出教师传达了什么不该传达的信息。与其他师范生讨论你的答案。

■ 教师在课堂上穿着前一晚橄榄球训练的运动服。

■ 在一月中旬寒冷、潮湿的一天,操场因泡水不能使用。于是教师叫学生进行越野跑训练,结束后便回到更衣室喝咖啡。

■ 天气寒冷但干燥,教师决定带学生进行户外投球训练。教师不允许学生穿运动服长裤和戴手套,但自己却穿着运动服和厚厚的滑雪夹克。

■ 一个有30名学生的班级使用两张蹦床上了60分钟的蹦床课。学生在蹦床上定时一分钟,轮流上下。课堂结束时,每个学生进行最多4分钟身体活动。

■ 在跳高课上,学生轮流跃过横杆。每一轮结束后横杆的高度都会升高。没能完成前一轮高度的学生就不能进行下一轮的跳跃,而只能坐在一旁观看,直到其他学生跳完。

■ 午休后上课铃响了。为了准备一场重要比赛,教师在午饭时间一直在训练体操队,所以没有吃午饭。于是他去教工休息室吃午饭,而同时学生去更衣室换衣服并等待教师来上课。

　　将你的答案记录在职业发展档案中以便在本章结束后进行回顾。

像这样的情形已经发生在体育课上。这样的情况并不能帮助创建激励学生学习的学习环境,相反还会导致消极的课堂风气,同样也可能产生安全问题(见第9章)。

积极的课堂风气能提供最有效的学习环境。影响建立积极课堂风气的因素有很多,包括教师的自我展示和课堂空间的展现、课堂的目的性、师生关系以及学生之间的人际关系、学生的学习动机和自尊心。本章将会对这些教学方面进行讨论。在讨论问题时会用到本书其他章节中提到的技能,特别是第6章中讨论的课堂组织和管理技能。因此,在必要时应参考其他章节。

目标

本章结束时,你应该能:

- 理解创建积极课堂风气和有效学习环境的重要性;
- 领会体育教师自我展示的重要性;
- 领会课堂空间如何帮助创建课堂风气;
- 理解课堂目的性的重要性;
- 熟悉影响课堂风气的个人因素和人际因素,包括教师的特点、人际关系、动机和自尊心。

检查自己课程中与本章内容相关的要求。

营造积极的课堂风气

一个有效学习环境的课堂都有积极的风气。什么是课堂风气?积极的风气指什么?为什么重要?我们所讨论的课堂风气就是指课堂上的主要氛围。学生及他们的学习应是备课和授课的中心。轻松的课堂目标明确,学生能明确理解预期学习结果。一个有热心和教学热情的教师应该帮助学生学习和执行任务(见第6章)。教师采取积极的教学方式、确定并提供适当的工作反馈,积极的强化激发学生学习并增强其自尊心(见 Chapter 10 and Units 3.2 and 4.2 in Capel, Leask and Turner, 2009)。因此,课堂上的大部分互动都是积极的,从而建立积极有效的人际关系。然而,如果没有学习发生,即使做到了以上所有方面也不能称做是积极的课堂风气。你肯定体验过氛围良好、学生"很好、很忙、很快乐"(Placek,1983)却没有学习发生的课堂。任务7.2用来帮助你思考与学生沟通的积极和消极方面。

任务7.2 积极和消极的言语沟通

录下自己的一节课。最好使用话筒以确保记录下所有的言语沟通。你对学生说了什么、为什么说、怎样说以及何时说对于课堂氛围的建立和学生的学习有直接的影响(关于如何运用自己声音的更多指导见第5章)。

课后播放课堂录音。听录音后回答以下问题。你的沟通大多是积极的还是消极的?

是否存在正面和负面的沟通模式,如教师提供反馈时沟通是否积极;是否只提供关于学习而非行为的反馈;是否只对有能力的学生提供反馈而对能力稍逊的学生则没有;是否只对男生提供反馈而忽视女生;学生如何回应教师的沟通行为;教师是否对大多数学生提供反馈?与导师讨论自己的言语沟通模式、学生的反应以及对教学的启示。找出如何能适当增加积极沟通量。将讨论结果记录在职业发展档案中,并尝试将其运用于下一次的教学实践中。

教师的自我展示:你在学生面前树立了怎样的形象?

任务7.3 讨论什么是高效的体育老师。

任务7.3   高效的体育老师

写下12~15个你可能用来描述一个高效体育老师的形容词或短语,如"有耐心的""有条理的"。在用来描绘自己的那些词语下画线,并将你所列的词语与另一名师范生作比较。

将信息记录在职业发展档案中以作为完成任务7.5的参考。

教师的自我展示与个体的个性有关。然而,令人吃惊的是用以描述高效体育教师的形容词或短语与另一位实习教师截然不同。这就是体育这门学科的特质,即要成为一名成功的教师你需要突出主要特点。这些特点会使得你能够获得学生的尊重、激发学生学习并促进每一位学生的学习。

一位富有热情和尽心尽力的教师会充分计划和准备每一节课,为学生制定合适的和可实现的预期学习结果,并根据学生个体的不同需要区分学习任务;会提前到达课堂;课堂步骤紧凑,不允许轻微中断打扰课堂。教师要有积极的方法和教学方式、经常微笑、表扬学生的努力或表现、随时给予详细积极的反馈并鼓励学生实现具有挑战性的、合适的、可完成的预期学习结果,从而建立积极的课堂风气。另外,教师还要在着装和活动上体现出自己对体育活动的热情并参与其中。同时,还有一个好处,即教师熟练展示运动技能时积极的示范能激发学生的热情。教师有效的自我展示包括三个基本方面,下文将一一阐述。

首先,体育教师需要自信、有威信并能明确地掌控局势。这些自我展示的特质是必要的,因为体育教师经常在较大的空间范围内工作、教师站位与很多学生有些距离且课堂环境可能会有安全隐患(见第9章)。为了保持自己的威信,教师必须清楚地传达自信的、最有效的自我展示。凯瑞阿库(Kyriacou,2009:103)指出有助于教师建立威信的因素包括"学科知识、对学科的兴趣和热情以及建立有效学习体验的能力"。得体和巧妙的着装也同样重要(见第5章)。教师扮演的是组织者和安全管理者的角色,所以教师的自我展示必须强化这些角色。

其次,体育老师需要充满活力和热情。任何教师都必须参与到学生中并激起学生的学习兴趣,而且还要能激发学生付出相当大的努力以从课堂中获得最大成果。一个无精打采的教师不可能有一个动态的目标明确的课堂。体育教师在做每一件事时都必须机警、活泼并能鼓舞人心。你是否向学生传达了你对学科内容的热情、是否关心学生和他们的学习以及学生付出的努力和良好的行为表现? 你如何做到这些?

虽然很难准确定义该如何表现热情,因为每个人的表现方式都不一样,但对于一个富有热情和尽心尽力的体育教育者来说,向学生传达自己的热情从而激励学生热情参与体育活动是很重要的。值得一提的是,富有热情的教师会灵活调节他们的声音、手势和表情;会在教学空间内走动;会与学生进行高层次的互动并保持课堂紧凑(见第 5 章)。

最后,体育教师并不仅仅只是有权威又善于运动的人。通常作为课堂重点的运动技能是由学生来表演完成给所有人看的,并且由于学生本身及他们的身体是观察和评估的主体,因而会存在自我意识的危机。因此,体育工作是一项非常个人化的工作,并且体育教师需要有能体现理解力和灵敏度的自我展示技能。此外,教师还要让学生觉得老师是平易近人,具有同情心和爱心的。教师在言语和非言语上都应该体现出对学生及他们各自努力的关注,即课堂的重心。例如,如果教师能快速地记住学生的名字,就向学生传达了教师将他们作为独立的个体并很关心他们及其学习的信息。然而,要在体育课上记住学生的名字并不容易,因为他们并非坐在课桌旁。作为学校新入职的教师,你需要作出特别的努力去记住学生的名字。很多学校都会制作一个班上所有学生的名单并配上照片。如果教师在与学生见面前就记住了所有学生的名字,将会令学生印象非常深刻! 教师可以通过课前和课后与学生聊天或考勤来记住学生的名字。教师往往会采用一些技巧,如在交谈时要求学生说出自己的名字;设定目标,如在与学生 50% 的互动中都要用到他们的名字;设定学习目标,如每堂课记六个名字。然而,有些情况下,如在游泳池或当学生分散在一个较大空间时,很难听清谈话内容,因此教师要根据不同情景采取不同技巧。不管采用何种技巧,对于作为实习教师的你来说记住学生的名字都很重要。任务 7.4 要求你尝试不同的技巧去记住学生的名字。

任务 7.4　记住学生的名字

尽快拿到班级学生名单。向有经验的体育教师请教他们采用什么技巧来记名字。努力尽快记住学生的名字。如果一种技巧没有奏效,就换另一种技巧,直到找到适合自己的技巧为止。将某种具体技巧有效或无效的原因记录在职业发展档案中。

关怀既体现在教师与学生的互动中,也体现在学生与学生的互动中。关怀教学法(Noddings,1992,cited in Siedentop and Tannehill,2000)囊括了学生个人和社会成长及成就以便“创造体育教育学习目标和社会目标的共协”(Siedentop and Tannehill,2000:106)。基于一种信念,即如果学生感到被教师和自己的同学所尊重和接受,他们会更愿意去学习。因此,教师要关心学生的学习和进步。关怀教学法包括:

- 助人、可靠、负责、合作、值得信任和被授权的学生被班级所认同，并致力于公平和关怀。
- 不同的学习社团能长期享有共同的目标、看重合作实践、有各自的社团符号和仪式，并以公平和关怀为原则。
- 维持公平和关怀的策略，如协力制订课堂秩序和纪律守则、解决问题和制订班级规范的主题班会、强调尊重的具有挑战性的学习活动、了解彼此的机会和处理课程价值观的意愿。
- 对学生发展的投资和能维护学生权益的长期环境。
- 被学生视为关怀的教师实践行为，如帮助和重视学生、尊重学生，对学生要宽容，鼓励、支持学生。
- 能计划有挑战和有意义的活动并帮助学生取得重要成果。
- 具备能解决有关教学和教学内容各种问题的技能和知识。

（摘自 Siedentop and Tannehill，2000：115）

在卡佩尔、利斯克和特纳（Capel，Leask and Turner，2009）所著的教材中，单元3.1讨论了如何传达自信、热情和所涉及的敏感度，而单元1.2谈论了学校对实习教师的期望与自我展示密切相关。该单元还讨论了专业素质的问题。实习教师在进行自我展示时应该时刻体现自己的专业素质和对每个学生真正的关心。任务7.5强调自我展示。

任务7.5　有效的自我展示

　　将上文提出的三个关键点（自信、有威信、明确地掌控局势；充满活力和热情；有理解力和敏锐）与在任务7.3中列出的清单及自己下画线的那些词汇相比较。与另一名师范生讨论自己对以上三点重要性的看法。给自己设定挑战目标，在下一周的教学中体现这三种特质。要求指导老师给出对自己各项掌握程度的反馈意见。将记录保存在职业发展档案中。

　　值得花时间检查自己的自我展示，如在课堂上使用的声调、衣着、自信心、非言语沟通和动作姿势（尤见任务5.1和5.6）。你也许会想检查自我展示的其他方面，如在上课时是否有诸如撩头发的习惯动作或过度使用"好"等，这些都会妨碍你和学生进行有效的沟通。你会发现学生会在上课时数你撩了几次头发或说了几次"好"而不是听你讲课。任务7.6着重你的特殊动作和习惯。

任务7.6　习惯性动作和不良习惯性动作

　　刚开始教学时，请另一名实习教师或指导教师帮你录下上课的视频。课堂结束后，观看视频并找出会影响课堂并妨碍有效沟通的动作和习惯。努力改掉或至少减少这样的动作或习惯。当你努力改掉这些习惯性动作和不良习惯性动作后，请上次帮你录影的人录下你的另一堂课，比较这两次的课堂有何不同。在职业发展档案中记录自己是如何减少/改掉那些习惯或不良习惯性动作。

卡佩尔、布雷肯和奥尼尔（Capel，Breckon and O'Neil，2006）书中的活动 9.5 着重于促进积极的课堂环境。

体育设施创建的印象？

教学场地的整体外观也是营造有效学习环境的重要因素之一。教师要保持上课场地干净整洁，并体现出对学生及其学习的关注和关心。

如果很多团体和教师都使用同一场地，或是某场地被用作多功能设施，如学校大厅在舞蹈课或体操课结束后立即作为提供午餐的场所，在这种情况下要保持场地的干净整洁显然是很困难的。大部分情况下，在上舞蹈和体操课时都会要求学生光脚并经常会在地板上活动。因此，出于健康和安全的考虑，整洁和干净极其重要。此外，还要注意室外教学场地的安全隐患，如学生在操场上吃过午饭后可能会将饮料罐和碎玻璃扔在跳远的沙坑里。如果场地会租借给外部人员使用的话情形会更复杂。如果到达上课地点后发现场地不干净或是不整洁，那就有必要在课堂开始前将其打扫或整理干净。同时要记得向指导老师或系主任反映以便他们采取措施以防止类似情况的再次发生。

每次使用某场地时都要确保场地安全（见第 9 章）。这就要求要保养和管理好教学器材。课堂结束后就不应该再有器材留在场地上。同样，在上课过程中也要保证安全收好备用器材而不是散落在四周。同时，课堂结束后也要收好器材以保证其整洁以便下次使用；场地和更衣室也应该收拾妥当以便下一个班级使用。

教师可利用整洁良好、编排合理的视觉体现，如海报和告示，来强化教学场地。教师可通过多种方式尽量保证海报和告示是增长见识的，如满足所有学生的即时的、有意义的信息，分季度更换主题：田径锦标赛、冬季运动会、残奥会或温布尔登网球公开赛；以不同文化背景的男女榜样为主；并选择适合所有学生阅读的文本字体（为有诵读障碍症的学生采用漫画体）。体育馆或运动场馆可用海报来展示技能。当介绍双人传球练习或运动技巧时，动作和平衡示范也特别有用。在制作海报时对与活动或课堂重点有关的关键词的选取也能培养读写能力。同样，也要随着课堂重点和活动的改变而定期更换海报。有很多书籍和网站都会提供关于如何制作良好的视觉展示的建议。这些都应该有助于创建学生对课堂和学习环境的积极情感，并促进他们的学习。任务 7.7 要求教师关注体育教学场地。

任务 7.7　体育教学场地

你实习所在学校的体育设施是否有吸引力？是否干净整洁？课后是否得到很好的管理和保养？它们是否让人有参与感？能否应用你所学到的？如何在自己学校创造一个具有吸引力、能激发体育学习热情的环境？你可能会提出制作一张关于某项活动或赛事的海报。将相关信息记录在职业发展档案中，以便日后走上岗位后可进行参考。

课堂的目的性

在目的明确的课堂上,学生会期待运动和学习并取得成功。要创造目的性,教师必须创造尽量多的学习时间(见第 6 章关于时间的任务)并且不允许浪费时间。这可以通过良好的组织和管理技能(见第 6 章)以及建立良好的课堂节奏来实现。在设计课堂时很重要的一点即寻找节约时间的方法。例如,教师可以在学生换运动服时进行考勤,这样就可以避免上课前在更衣室中花费过多的时间。同时也要保证尽快进入课堂教学并保证课堂组织能使任务或课堂顺利、有效地进行,包括任务或课堂间的衔接和转换。教师还要在课堂中创造一种紧迫感,鼓励学生快速地行动而不磨蹭,如学生应该快速跑向户外上课场地而不是和朋友一边聊天一边慢慢地走过去。并且学生一到达上课场地后就应该被分配任务开始上课。此外,不允许减慢课堂节奏,如花过多时间向学生解释接下来要做什么或处理小问题;诸如到办公室接电话等不必要的打扰(教师不应该离开课堂去接电话);花过多时间在某一项活动或某一个课堂阶段致使学生觉得无聊,这些都可能会造成课堂的中断。同样,教师不可以花过多时间来组织学生。例如,在培训技能或进行小型训练活动时,对学生分组可采用诸如 2-4-8 或 1-3-6 的逻辑数列(见第 6 章)。如果将学生从 3 人一组拆成两人一组会花更多时间,并且拆散有感情的小组会引发一些问题。任务 7.8 关注课堂的目的性。

任务7.8　课堂的目的性

观察两到三节有经验教师的课堂,关注其课堂的目的性,如课前学生花了多少时间换衣服;教师采用了什么技巧和说了什么话来保持课堂良好的节奏;教师如何处理不必要的打扰;学生每项任务或课堂阶段要花费多少时间;从一项任务转向另一项任务要花多少时间以及教师如何将任务转换的时间控制在最低。

将这些与你自己的课堂相比情况如何?请另一位实习教师或指导老师观察你自己课堂上的相应情况。你是否需要做某些改变以创建更具目的性的课堂或为此作更详尽的计划?是否有可借鉴的良好实践以供课堂采用?明确自己需要做什么并在自己的课堂上进行尝试。将有经验教师和自己的技巧记录在职业发展档案中,以作为日后课堂计划的参考。

人际关系

在气氛积极的课堂上,学生及其学习会得到教师的关心和帮助(见上文)。你需要亲自去认识学生以此和学生建立关系。你和你的学生必须相互尊重、相互接受并重视彼此的看法。体现教师对学生的重视对教学的各个方面都很重要,诸如提问技巧等方面。提出开放性问题和发展学生的高阶思维能力是重视学生贡献的有效技巧。例如,你也许会问诸如"你如何跃过箱子而不是将脚踩在箱子上"的问题。如果你只想接受一个可能的答案"跃过",而学生给出了一个你不想要的答案,那么你就可能会忽视这个答案。因此,这个学生的答案就没有得到重视,也没有给予学生创建有效课堂的机会。尽量不要完全否定学生的不正确答案,而是促使其重新思考并指导他们给出正确的答案。然而,你也要考虑问题的措词是否合适。

人际关系对于被称为人本主义的教与学很重要。人本主义强调:

■ "完整的人"(思维、身体和情感的整合);
■ 个人成长(向更高层次的健康、创造力和自我实现发展的趋向);
■ 个人意识(个人对自己和世界的主观看法);
■ 个人能动性(选择的权利和责任心)。

(Kyriacou,2009:111)

虽然你想要和学生建立良好的关系,但也不可以和学生太过亲密。有的实习教师在自己最初的实习学校与学生相处时过于友好以至于无法建立威信。你必须保持自己教师的身份以保证自己的威信不被削弱,从而学生也不会对你有失尊重。如果教师能和学生建立良好的关系,就能在需要时运用自己的威信。西登托普(Siedentop,1991:132)列出了以下构成良好关系的要素:

■ 了解你的学生;
■ 欣赏你的学生;
■ 肯定学生的努力;
■ 做一个仔细的倾听者;
■ 作决策时要考虑学生;
■ 在适当时作出一些让步;
■ 始终尊重学生;
■ 要表现得正直和真诚;
■ 培养集体感和班级归属感。

在注意教学的所有其他方面的同时,教师需要调节自己和学生的关系。你可以通过观察学生对你和课堂的反应来做到这一点。如果学生提前到达课堂、迅速地换衣服、富有热情、做事情很积极也很迅速、向你提问以加强自己的学习、遵守既定的规范、尊重你和其他学生、主动互相帮助、积极认同班级身份,这就表明你已经或正在和学生建立积极的人际关系。

轻松愉快地教学

在气氛积极的课堂上,你可能会感到轻松自在。如果你很放松,那么学生也会如此。学生在放松时会更自信,能专注于学习任务,行为举止也会更得体。当你放松时便会微笑,显示出自己很自信并很享受和学生一起工作。有效地使用幽默可有助于放松。

使用幽默

和其他教学技能一样,幽默必须要适当使用。在学会教学的早期阶段,你也许会思考在何时、该如何使用幽默。然而,当成为一名教师后,你应该变得更加自信。当你说了错话或是做了什么愚蠢的事情时,幽默可以用来自嘲;可以用来安慰紧张的学生;用来缓和存在潜在矛盾的形势;对很有趣的事和学生一起开怀大笑(只要符合教师的身份),如一个曲棍球分成了两半,学生们打趣该用哪一半。这些情景都展示了你本质中更易接近和更具人性的一面。

虽然使用幽默很有效,但不恰当的幽默也可以使课堂变得很糟糕。教师不可以通过损害学生来制造幽默,如通过讽刺来羞辱他们。如果过度使用幽默会让学生觉得你试图成为他们的朋友从而与学生过度亲密(见上文),同时也可能会让课堂和学生的学习显得不重要。因此,有效地使用幽默可以帮助教师建立温馨、积极的课堂气氛;然而如果教师不能有效地使用幽默,就会破坏教师和学生的工作关系且损害教师的威信。所以,要小心地使用幽默并像对待其他技能一样将其作为一项教学技能来发展。任务 7.9 关注的是课堂气氛。

任务 7.9　课堂气氛

观察不同教师的两三节课堂。注意教师是如何建立并保持积极的课堂气氛。既要记录言语行为也要记录非言语行为(见第 5 章),同时记录学生对该行为的反应。将好的实例记录在职业发展档案中,以便在适当时可以将其应用于自己的教学中。

法兰德斯互动分析系统(FIAS,Flanders,1960)是关注课堂上教师及学生间的互动来测量课堂气氛的观察工具。切福斯修正法兰德斯互动分析系统(CAFIAS,Cheffers,Amidon and Rogers,1974)是对法兰德斯互动分析系统的修正以使其适用于体育课堂。该系统被广泛地用于研究描述体育馆的气氛。如果对教学的这方面感兴趣,你可能想持有一份切福斯修正法兰德斯互动分析系统(CAFIAS)来收集信息,并以此作为课程作业的基础。

激 励

作为一名教师,你必须尽力激励学生去学习。卡佩尔、利斯克和特纳(Capel,Leask and Turner,2009)著书中的 3.2 单元包含了有关激励的细节信息。参考该单元以获得更多信息。

激励学生并不总是一项容易的任务。理解什么能够激励学生对你会有所帮助。学生会被那些令人感兴趣、令人愉快的且对他们有意义的活动和任务所激励。学生在体育课上的内在动机可能是学习或发展某项技能、达成某些有难度的目标、发展自尊心或是玩耍。他们的外在动机则可能是一些奖励或认可,如地位、赞许、同学或教师的认可。也有一些学生可能想要通过增强自己的技能成为职业体育人(如足球运动员)以此获得大量回报(然而,他们对自己实现目标的可能性的现实认识也很重要)。因此你为学生设定的适当的、可实现的同时又具有挑战性的预期学习结果要依据学生的不同需求而有所区分,从而对每个学生都有意义。

认识学生如何学习对于帮助教师激励学生也很重要。学生的学习受多种因素影响,包括他们对某项活动已有的认识和体验、与教师的关系、教师所组织的学习情境、社会环境以及他们学习的动机。掌握学习理论,如皮亚杰(Piaget,1962)、维果茨基(Vygotsky,1962)和布鲁纳(Bruner,1960),能帮助教师发展适应学生学习需求、使他们积极参与自己的学习并激励他们的教学任务。例如,皮亚杰的理论(Piaget,1962),特别是准备状态的概念(即只有当学生的教育经历和现阶段的学习水平相吻合时,他们才能高效地学习)能帮助教师意识到识别某项任务对学生智力和身体要求的必要性,从而使其与学生的表现相称。参考卡佩尔、利斯克和特纳(Capel,Leask and Turner,2009)著书中的单元 5.1"学生学习的方式"和单元 5.2"积极的学习",并试着将其信息应用于体育教学中。

或许最重要的是要记住最好的激励是成功。如果教师了解自己的学生,就能设置让学生取得成功的、适当的预期学习成果(第 10、11 章介绍了区别)。教师应采用能使学生积极参与自己的学习并帮助他们实现具体预期学习成果的教学策略(参见第 10 章)。如果预期学习成果和任务太难或是太简单都会减少学生实现它们的动机。在体育课中,设置能实现的、适当的并具有挑战性的预期学习成果特别重要。因为学生的表现是通过表演来实现的,因而体育课上的失败特别明显。学生在完成任务时的身体动作及其成功或失败会立刻被班上的其他学生、教师和能观课的任何人看见。例如,有学生不能完成前空翻,或是在比赛模式中,一个学生没能接住球而致使对方取得了控球权。在全班同学面前失败是特别令人沮丧的,因为它很容易伤害自尊心。

有时情况会更糟,如坐在教室的学生观看曲棍球的球场或在"公共"场所进行的课堂。如果学生在课堂上觉得自己很显眼就会对这门课失去兴趣,如女生觉得自已在体育课上穿的套件很尴尬,那么她们会花更多的时间来关心自己的套件而不是完成任务。

　　课堂的重点也可能会让学生有失败感。例如,在网球课上教师都会倾向于关注技能和技巧,即如何在技术上正确地完成一个击球动作,而不关心学生能否击球过网以获得成就感。很多学生都发现如果使用全尺寸的场地和球拍,或是球速太快,要坚持一个回合很难。因此,学生就不能发展通过战术、战略来以智取胜对手的能力。虽然技巧很重要,但同样重要的是教师要变换情景使学生能从自己可以执行的运动开始。对此,体育教师有不同的看法,特别是技能发展和运动知识的平衡。有多少重心应该放在提升技术上,又有多少重心应该放在保持技能与运动的协调上?如果学生每次都不能正确击球,那他们在闲暇时间能享受网球的乐趣吗?与你的指导老师讨论此类问题。有大量文献是关于教师想要教授的某些特别技能的教学点的,并且教师在备课时都会将这些包括在内。然而,也有文献鼓励教师通过采用不同的方式进行教学活动来取得成功,诸如关于"领会教学法"(Thorpe,Bunker and Almond,1986)或"运动教育"(Siedentop,1994)的文献。关于将健康作为体育核心的文献也为体育教学提供了新的方法(见 Biddle,Cavill and Sallis,1998;Harris,2000;Harris and Penney,1997;Piotrowski,2000)。他们将与健康有关的运动作为体育课堂中所有身体活动的核心,并视其为生活和优秀表现的基础。深入阅读相关文献并与指导老师讨论。2007 年国家体育课程标准将课堂关注点放在关键理念和过程上。教师还需要考虑更广泛的目标。

　　所以教师需要了解什么能激励学生,并以此安排课堂来激励学生去学习和取得成功。能"读出"课堂上正在发生什么(这要求具有观察技能,见第 4 章)的能力和能适应不断改变的环境的灵活性对于保持激励很重要。要能发现学生动机层次和参与水平的改变,这就要求教师要不断修正教学策略、教学内容、教学材料或学生学习的方式。

　　要保证在体育课上,所有学生都能被激励并享受积极的学习体验,教师需要参考埃姆斯(Ames,1992)列出的 TARGET 模型。该模型旨在创造精熟气氛(而不是结果气氛,见 Capel,Leask and Turner,2009 单元 3.2):

T = task(任务):使任务具有挑战性且多样化。
A = authority(权力):让学生作出选择和扮演领导者角色。
R = recognition(认可):以个体进步为基础对学生的个人认可。
G = grouping(分组):推动同学间的合作、学习和互动。
E = evaluation(评估):对任务精熟度和个人进步进行评估。
T = timing(计时):根据个体能力调整计时要求。

任务 7.10 关注如何激励学生。

任务 7.10　激励学生

参照以上章节,找出自己所教学生中没有被高度激发的班级或班级中的小组(如果存在这种情况),考虑如何在一堂课中增强该班学生的动机。与指导老师进行讨论如何在下一堂课中激励该班学生作详尽的计划和准备。在上课时执行自己的计划,并评估自己的方法是否成功。将信息记录在职业发展档案中,作为自己在该领域发展的证明。

表　扬

怀特(White,1992:5)指出,大部分教师都认为积极、诚实和公平对待学生是良好课堂的基础。如果教师仔细思考如何通过表扬来激励学生,就应该接受学生的积极反应。作为教师,本身就是一个刺激物,而表扬是用来鼓励、奖励、制造成就感、满足感、愉悦感以及建立和强化积极的课堂行为。人们很容易忽视表扬的机会,而对于指责的反应却更快。每堂课上教师都应该试着表扬各种极为平常却值得赞扬的事情:一个精彩的回答、一个优美的措词、一个有帮助的行为。(Marland,1993:23)

大多数学生都更愿意被表扬而不是被批评。表扬能提供积极的强化,使学生感觉更好,觉得自己有价值从而可能在课堂上更努力去取得更多的成果。当学生表现良好、努力学习、坚持不懈和行为得体时,教师都应该进行表扬。要记住表扬努力和表扬成果一样重要。有效的表扬是积极的、鼓励的、有益的和有价值的。布罗菲(Brophy,1981)指出了以下关于进行有效表扬的指导方针。

有效的表扬:

- 是立即传送,同时又不干扰相关任务的行为;
- 能指出出色行为的具体方面;
- 能提供关于该行为为何重要的信息;
- 与需要强化的行为搭配良好;
- 与标准或之前的行为相关,而不是同其他学生比较;
- 强调成功是努力和能力的共同结果;
- 包含对后续成功和进步的期望;
- 体现多样性、真诚和热情。

(Brophy,1981,cited in Siedentop and Tannehill,2000:87)

表扬也涉及一些问题,如有的学生得到了所有的表扬。有些学生是否从来就不值得表扬? 表扬一个学生是否意味着另一个学生得不到表扬?

表扬学生时记住以下几点:

■　不要过度表扬,致使表扬毫无意义;

■　确保表扬是应得的;

■　如果不是真心的就不要进行表扬;

■　如果是真心的,就要听起来和看起来都是真心的:"说你所要表达的并且表达你要说的。"

任务 7.11 涉及表扬的运用。

任务7.11　表扬的运用

教师的表扬会极大地影响学生的动机。请指导老师观察自己的一堂课,并指出你在课堂上对表扬的运用。指出诸如对个人、小组和班级表扬间的平衡,谁获得了表扬及其频率,表扬和指责之间的平衡是什么等方面的问题。和指导老师讨论你对表扬的运用是否有效以及如何能在下一堂课中提高表扬的有效性。将信息记录在职业发展档案中以作为提高表扬运用水平的参考。

不能低估表扬对学生的重要性[关于表扬和动机的深入阅读参见卡佩尔、利斯克和特纳(Capel,Leask and Turener,2009)著书的单元3.2]。

激励学生继续参与体育活动

在学校的体育课堂上激励学生参与体育活动是一回事,而在课外或在学生离开学校后仍继续参与体育活动又是另外一回事。人们只有在自我激励时才会继续参与体育活动,他们很享受体育、在体育上很成功、在体育活动中很自信并有积极感,或是有目的地进行体育活动,如为了健康。不幸的是,体育教师经常让学生感到很失败,因而使学生对自己的能力缺乏信心。你肯定认识很多人,他们在离开学校后就再也没有进行过任何体育活动。你知道原因吗? 询问你的朋友关于不参加体育活动的原因。他们对学校体育课的体验是否是造成这种状况的主要原因之一? 他们是否觉得自己在体育上不成功? 如果如此,原因是什么? 连续的失败会损害学生的自信心和自尊心,并会降低他们在离开学校后继续参加体育活动的可能性。要想鼓励学生在离开学校后继续参加体育活动,教师需要运用教学策略以帮助发展积极的课堂气氛(见第 10 章),从而使学生能取得成功、感到自信并享受体育活动,进而增强自我激励和自尊心。促使人们在生活中建立对体育活动的积极态度的理念是体能素养概念的核心(见第 2 章)。

自　尊

　　动机和自尊是紧密相连的。劳伦斯(Lawrence,1988)将自尊定义为一个人对其自我形象和理想自我之间的差异的评价。自尊的重要因素就是一个人对这个差异的在意程度。体育教师不能伤害学生的自尊。而作为一名教师的目标应该是增强学生的自尊。能针对学生完成某项任务的表现给出具体反馈以及以鼓励,助人的方式指导学生进一步取得成功的积极气氛和良好的人际关系更有可能激励学生并增强他们的自尊。学生取得成功后,自尊心就会增强。而如果通过与某学生之前的表现相比来衡量进步(自比)而不是以一直表现得很好的学生的表现为标准(常模参照),该学生更有可能取得成功(见第 8 章及 Whitehead,2010 第 7 章)。

　　莫尔(Mawer,1995:122)指出,追求提升学生自尊心的高效教师会努力用以下方式和学生进行交流:

- 他们会表现得很热情、放松、乐于助人和鼓舞人心;
- 他们通过表扬和积极、具体的反馈来体现他们很重视、尊重和认可学生的努力;
- 他们的非言语行为,如身体姿势和身体接近、目光交流、说话声调,以及诸如微笑、点头等其他姿态的使用能体现出热情和助人的、关怀的性格。

　　同时,学生的自尊也会增强,当教师:

- 非常了解学生并分享学生的兴趣和感受(这同学生亲密不一样);
- 随时准备好"给学生时间",做一个很好的"倾听者";
- 接受学生的意见、想法和对课堂的贡献,为学生提供给课堂作贡献的机会,并尝试和学生共同决策、强调学生的现时表现而不是停留在过去的表现上;
- 对学生抱有积极的期望。

期望理论

　　要增强学生的自尊心,教师需要将学生作为独立的个体来了解和对待。期望理论(Rogers,1982)认为教师对学生的期望是以对学生的印象和与学生的早期交往经历为基础的,有些甚至基于其他教师的报告。教师与学生的互动就是基于教师对学生的期望,进而影响学生回应的方式,而学生的回应倾向于与教师的期望相符。因此,教师的期望就实现了。期望是自我实现的预言,因为教师会通过言语和非言语交流将期望传达给学生,并引导学生达到期望。如果教师对学生期望很高,且这些期望是可实现的,那学生就会表现得很好;反之,如果期望很低,学生就会表现不佳(期望同样与良好和不良行为有关)。有时,教师的期望会基于观念或成见,诸如女孩不能做某些活动,如橄榄球;男孩不应该跳舞;或是体重过重或肢体伤残的学生不能在比赛中作出有效贡献。期望有时也会基于教师教导过的来自于同一个家庭的学生的先前经历。考虑到某些特定类型学生的观念或成见也可能会影响你对班级学生的期望,因此你就能想办法避免期望理论造成影响。关于与体育有关的期望理论的更多信息参考马蒂内克(Martinek,1991)的"体育教师期望模型"和"有何作用"复杂模型(cited in Mawer,1995:109-10)。

以防期望影响学生的表现,教师应该:

■　对所有学生都抱有较高同时又现实的期望,并为他们设置适当的、可实现的、有挑战性的预期学习成果和任务;

■　关注学生完成某项活动或任务的现时表现而不是以往表现;

■　避免将某一学生的表现与其他学生进行比较;

■　采用总—分—总的教学方式,即首先向学生展示教学目标的整体画面,然后将活动分为几个部分,使得学生在尝试整个活动之前分次实践和掌握某个部分;

■　尽力激励所有学生;

■　提供积极的、有建设性的反馈,帮助学生改进和提高标准;

■　在课堂上平等地对待每个学生,采用具有包容性的方法以避免只关注表现好的学生(见第 11 章)。

更多关于教师期望的信息参见卡佩尔、利斯克和特纳(Capel,Leask and Turner,2009)著书中的单元 3.2。

任务 7.12 关注的是培养自尊或避免教师期望。

任务 7.12　增强学生的自尊

在接下来的某一课上你将会设计教写增强自尊的预期学习成果以及关于内容知识、技能和理解的预期学习成果。设计教学策略以增强自尊(见第 10 章),保证所有学生都能达到设定的预期学习成果并区分活动以满足学生的不同需求。请指导老师观察你的课堂,指出你是如何增强自尊的,以及你是否做了什么损害自尊的行为。课后与指导老师就该堂课进行讨论,在以后的课堂中采用能增强自尊的适当策略并避免损害自尊的策略。

写一份教学反馈报告以及你在教学中需要改进的地方以在体育课上增强学生的自尊。运用理论和读物以帮助自己思考。将此作为硕士水平的工作实例记录在职业发展档案中。

小结与要点

　　课堂中的积极气氛会帮助创造学生学习的环境,从而支持教学的其他方面。积极气氛的创造需要教师考虑自我展示以及工作场所的展示。教师还需要考虑课堂的目的性。在气氛积极的课堂上,学生会积极参与到学习中,会被适当的、可实现的和有挑战性的预期学习目标所激励,从而体验成功并增强自尊。适当的表扬、反馈和指导会为加强进一步学习提供信息和支持。这就要求教师区分活动以满足不同学生个体的需求(见第 11 章),并且对待学生的方式要能体现教师对学生作为个体的兴趣和关心,以及对他们进步的关注。这样的课堂对于教师和学生来说都是有趣的。现在回到任务 7.1,运用你在本章所学的知识指出所列出的情形是否需要改变以及应该如何改变以便传达适当的信息。同时,完成卡佩尔、布雷肯和奥尼尔(Capel,Breckon and O' Neill,2006)著书中的活动 9.3。

　　检查你在本章中完成了哪些课程要求。

促进学习的评估与学习评估 8

引　言

　　评估是教与学的组成部分,因而是体育教师工作的重要部分。教师需要认识到学生所处的学习阶段,指出学生的优势及需要发展的地方,并确定所需要进一步改进的措施。这个过程包括评估学生体育表现的达成、他们在多种角色中的实现情况,以及与学习相关的较广方面,如作出明智决定的能力和自我评估及评估他人的能力。评估的实例既包括诸如"好球"的非正式评价,也包括考试中所涉及的更正式的评估。主要有两种类型的评估:一种是形成性评估,旨在帮助学生提高学习成绩。另一种是总结性评估,提供关于在一堂课或一单元结束后学生学到了什么的信息。在某种意义上,形成性评估是向前看,而总结性评估是往回看。另一种区分这两种不同类型评估的方式是将第一种评估类型标记为促进学习的评估,而将第二种称为学习评估。本章对两种类型的评估都有讨论。目前的共识是更多的关注应该放在促进学习的评估上。如果教师能给出进一步的反馈而不只是简单地告诉学生他们获得了什么,如"在空中的悬挂姿势很好",能给学生提供更多的信息和指导,即在指出学生完成了很好的悬挂动作的同时进一步给出建议"现在将膝盖向上抬高成起跳姿势以达到更高的高度"。同样的,考试中表示对错的记号并不能指导学生如何能改进他们的工作。在学生的优势及需要改进的地方给出书面反馈意见则更富成效,同时也是促进学习的评估的另一个实例。

　　教育标准办公室(Ofested,2003)指出评估是体育实习教师的弱点。教育标准办公室(Ofested,2005,2008a)同时还指出评估一直是教与学的薄弱环节。本章指出了进行评估的原因及如何进行评估,旨在提高教师运用促进学习的评估和学习评估的原则使所有学生都能实现他们的全部潜能。本章多处对实践中的评估进行了反思和批判性分析。

目标

在本章结束时,你应该能:

■ 了解体育评估的普遍原则和目的;

■ 认识促进学习的评估在改善体育教学和学习中的作用;

■ 将预期学习成果、提问、反馈以及学生互评和自评等评估方式运用于课堂中;

■ 在帮助学生实现全部潜能时批判性地评价评估成果;

■ 认识学习评估的作用。

检查自己课程中与本章相关的内容。

评估的原则和目的

不管你的重心是形成性的促进学习的评估,还是总结性的学习评估,评估都是教与学的组成部分。评估和教师工作的其他每一部分都紧密相连,因而需要做得很好以发挥作用。学生和学生家长,特别是家长,很关心评估是否严格、公平。他们既关心课堂上教师给出的非正式评价,也关心给出最终成绩或考试分数的最正式的评估。如果家长觉得教师对他们孩子表现的评价不公平,他们就会抱怨,如教师总是听到对他们工作的批评,鲜有表扬。认证机构也会接到关于不满认证考试课程分数的上诉。

好的评估要坚持一定的原则:

■ 要有明确的目的,且要适于该目的的实现;

■ 要明确成就——实践的或书面的——的衡量标准;

■ 要有效和可靠。

评估的目的

评估具有各种功能,下一节将会对这些功能进行讨论。一些学者将这些功能分为两大类:形成性和总结性。形成性评估的目的是指导学生如何在目前的理解和掌握阶段的基础上再向前进。典型的形成性评估是在教学过程中进行的。因而没有关于该评估的细节记录。但形成性评估也会以作业批语或试卷评价的形式进行。总结性评估的目的是记录学生在特定时间取得的成就,通常是在某单元、学期或学年的末尾。总结性评估记录学习通常是一个正式的过程,会保有关于成绩或是分数的记录。总结性评估经常出现在学生的学校报告中。在两种情况下,评估关心的都是学生随后的学习。

在阅读下一节时,判断各评估目的是总结性的还是形成性的。因此就必须判断各评估是促进学习(促进学习的评估)还是仅仅对现阶段学习的评估(学习评估)。

指导或反馈

学生要求获得关于他们学习成就的信息以帮助其了解教师对学生工作的要求,从而挑战更高的成就并激励他们。尽管有时也会有书面反馈,最好是采用口头评价的形式进行,如学生在"做报告"时或者在批阅书面作业时。

诊断与评价

当第一次见到某批学生或是准备开始新的单元的学习时,教师可能想要对学生的能力和需求进行初步的评估,即以诊断为目的的评估。评估获得的信息会指导教师接下来的计划。在分级目标体系的课堂中,教师可能想要知道在一堂课上学生学到了什么或是学了多少,由此能判断在多大程度上实现了预期学习成果进而以此评价为基础计划下一堂课。在这种情况下,教师进行的是以评价为目的的评估。

分级和预测

教师可能会被要求为家长作年度报告等级划分。分级制度可能由学校设计,在英国,以实现国家课程水平为标准。对于通过考试来检验的课程,教师需要按照认证机构的要求来进行分级。很多六年级学生都将要进行大学申请。教师对学生成就进行评估时首先要考虑的是对学生进行预测评分,从而帮助他们完成申请表格以及提供关于学生潜力的信息以作为其选择学习课程的参考。这些评估都是以分级和预测为目的的评估。

激　励

评估的本质及其表现方式会对学生的动机产生重大影响,特别是当评估公开进行时。有能力的学生会努力想要别人认可其是跑得最快的或跳得最远的;但对于稍逊的学生来说,将其成就与其他学生相比是不恰当的。在这种情况下,对学生的另一种激励方式即关注更广泛的目标,如他们能有效地反思自己的工作、他们的领导才能或作为团队成员进行合作的能力。在适当的情况下,所有的学生都能从对努力的积极反馈和对进步的认可中获益。以学生先前表现为基础对成就进行测量的方式被称作自比评估,本章稍后会进行讨论。当教师开始了解自己的学生时会发现不同的学生对待不同类型的反馈有不同的反应。例如,有些学生对于挑战津津乐道,对有些学生可能需要严正提醒他们并没有发挥自己的潜力,而有些学生可能对非积极的评价很敏感。以课堂为基础的非正式反馈是使学生意识到教师在每堂课上所进行的持续评估过程的手段。教师对学生成就及他们对评估的反应的观察和教师通过反馈表现出来的反应都是教师教学的关键方面,教师需要对此进行调整和灵敏地运用以最大限度地促进学生的学习和动机。

分组选择

有的学校或院系政策会要求在体育课上依据学生的能力对其进行分组。因而教师需要提供自己所教小组的相关信息。这些评估以筛选为目的。

对于体育教师还有其他的评估要求,如系主任或其他同事可能会要求你进行课外测验从而为校队挑选成员或挑选出最适合参加户外远征的学生。在这种情况下,体育教师在进行筛选时会采用特定的标准,但筛选过程却取决于教师对学生表现的判断。第一种评估方式被称作标准参照,第二种是常模参照。本章会对这些评估类型作进一步解释。团队选择标准可能不会考虑如下情况,即非常踊跃、在季度开始时每周都会来参加训练却始终没有进步或是不具备团队所需的身体特质的橄榄球运动员。因此,体育教师要明确如何使自己的团队选择标准公正合法。很踊跃却没有被选上的学生可能会因为评估过程失去动机和自尊,因此教师需要考虑作此类决定所带来的影响。第7章讨论了有关自尊的问题。

正式报告

认证机构通常会要求教师对学生进行正式评估。对于教师评估的课程,考试委员会可能会考察实践和理论两方面的因素。对此类评估要有条理地设计和执行,且使用的标准需要明确确定(见本章后文的学习评估)。要对所有学生进行认真评估并以某种方式进行记录。在一段时期内,挑选某些单元和课堂,或是教师评分的课程作业进行评估,这些评估会为教师提供信息使其对学生进行评判。这样就能形成为家长作的学期/学年报告的基本信息。

任务8.1要求你和另一名实习教师一起观察和分析不同情况下的评估。

任务8.1　观察正在进行的评估

和另一名实习教师一起观察实习所在学校的某位体育教师的课堂,至少一次课堂和一次课外活动项目,记录下每个项目所有的评估行为。根据观察回答以下问题:

■ 评估学生采用了何种方法? 这就回答了如何评估学生的问题(如教师或同学观察、听学生回答问题、记录分数/评价、学生的书面评论或作业)。

■ 教师评估的内容是什么? (如态度、计划、成就、知识、理解、评价、合作)

■ 谁在进行评估? 是否一直是教师在进行评估? 学生有没有参与评估过程?

■ 为什么要进行某项评估? 目的是向学生/家长/管理者/其他人提供反馈? 是为了激励学生? 是为了找出表现最好的学生? 还是什么其他原因?

■ 如何向学生发布评估结果? 是通过非正式过程,诸如给出建设性反馈的简短评论? 是通过给某项具体成就或评价打分? 还是什么其他方式?

在你所列出的例子中指出哪些涉及促进学习的评估,哪些涉及学习评估。有些可能两者都涉及。将这些观察结果记录在职业发展档案中,并应用于自己的课堂评估设计中。

测量学生的成绩

进行评估的目的应该决定测量学生成绩的标准。所有的评估都涉及比较,而通常与评估相关的比较类型有三种:

■ 与其他人的成绩相比(常模参照评估)。

■ 以预先决定的标准进行测量(标准参照评估)。

■ 与同一活动或任务的以往成绩相比(自比评估)。

更多信息参考卡佩尔、利斯克和特纳(Capel,Leask and Turner,2009)单元6.1和单元6.2。

赛跑就是常模参照评估的典型例子。在赛跑中,每一名参赛者的表现都是根据同一比赛中其他参赛者的表现来评判的。很多学校考试和班级测试也是常模参照的,其目标是获得成绩的排名顺序。

很多认证机构都会为学生成绩评估提供精确的描述符[普通中学教育证书(GCSE)的实际操作]。这些要求可能与构成最终成绩的相应分数有关。这些要求就是对学生进行评判的标准,即此类评估是标准参照的。很多管理机构的奖项(如英国田径光辉奖、英国体操能力奖励计划)都是以标准参照评估为基础的。

如果一个学生或运动员被评判为获得了“个人最高”,那么该评估是以该个人以往的跳跃、奔跑、游泳等成就为标准的,即自比评估。教师和学生在课堂上进行的很多非正式评估都属于这一类型,如教师对与前几课相比符合更高标准的工作进行表扬。此类评估可针对学生活动或行为的任何方面。当教师对学生说"你这堂课的表现比以往都好",或某个学生说"这是我第一次一口气游完全程",这些都属于自比评估。

如果教师的评估目的是为了对学生的成绩进行分级、筛选学生或决定谁最适合获得某次机会,即预测学生的未来成就,就会想要对学生的成就进行比较并因而采用常模参照评估。在对学生的需求和强项进行诊断时,教师需要一定的标准来决定学生的能力水平。在这种情况下,标准参照评估最有效。教师对学生进步的肯定能很好地激励学生,此时就需要进行自比评估。如果教师能向学生提供关于如何进一步发展他们成就的指导,就能帮助进一步提高学生的技能和行为。这是促进学习的评估的重要因素。评估模式必须始终适用于评估内容和评估目的,从而使其适于评估目的的实现。

有效性和可靠性

一项评估如果不能对想要评估的内容进行评估,那么它就是没有价值的。如果教师给一组学生进行书面考试,要求他们体现自己对于篮球规则和战术的知识,该考试就只能提供关于学生对于规则和战术的认识的信息。它并不能帮助教师决定学生是否有能力将这些决策应用于比赛中,因为没有关于学生比赛能力的信息。如果某项评估不能给你提供想要的信息,那么该评估就是无效的。然而,该评估却可能是可靠的。这也就意味着该评估,如书面考试,会取得相同的结果,即使是另一名教师来进行评估。如果你在另一种情形下批阅一组考试试卷,或是另一名教师来批阅试卷,每个学生的分数会和你给出的初始分数一样。好的评估应该既有效又可靠。一项评估有可能很可靠却没有效,就如上文提到的篮球考试一样。同样的,在学习骨架和肌肉组织的普通中学教育证书课堂上,教师要求学生写一篇关于某方面的论文,而该方面并不包含在教学大纲内。教师批改了所有的论文。如果该话题不属于学习内容,那么该测试可能是可靠的但却是无效的。然而,如果某项评估不可靠,那它就不是有效的。例如,班级成员被要求根据标准给同班同学评分,在这种情形下评估有可能是有效的,但由于学生知识和经验的缺乏,该评估不可能是可靠的。评估的有效性和可靠性可以通过评估标准的使用来改进。

事实上,促进学习的评估是日常课堂活动的组成部分且与其密切相关。在这种情形下,作为教师,你会在日常工作场所内频繁地使用基于观察和言语互动的非正式评估方法。这种形式的评估对于在课堂上收集关于班级整体反应和成就的信息非常重要,并且是所有教学的组成部分(关于观察和组织分别见第4章和第6章)。然而这些方法在评估学生的进步时并不可靠,因为它们通常基于学生稍纵即逝的课堂表现的快照。如果要授予等级的话需要更多更系统的评估。一群学生坐在同一教室里,接受同样的指令,在正式考试的情况下进行的多个选择项的书面测试更有可能得出可靠的结果。然而这种类型的评估也有使用局限。以上两例说明评估类型要与评估内容相符。

完善的评估还有待发展。采用多种不同的评估方法可以提高评估的有效性,如直接观察、研究视频记录和书面作业。在确保所采用的评估符合目的的情况下,教师应尽可能地使评估有效和可靠。任务 8.2 要求你回顾自己体育课上的体验,并思考以自己为主体的评估实践的可靠性和有效性。

任务8.2 反思你自己的评估经历

思考你自己作为学生时在体育课上接受评估的经历。在你的体育课上进行了什么评估?你是否意识到自己在被评估?评估是否与日常的课堂活动密切相关?你是否知道报告中的等级或评论是以什么为基础得出的?思考你自己在体育课上经历的正式/非正式评估方法是否有效和可靠。将你的评估实例记录在下面的图表上。

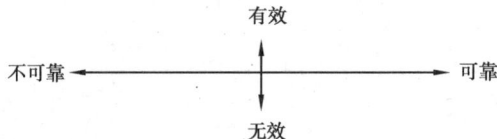

有效

不可靠 ←——————————————→ 可靠

无效

将笔记记录在职业发展档案中,并在自己的课堂上设计评估时对其进行思考。

促进学习的评估的组成要素

在本章前面曾提到过促进学习的评估。现在有必要更详细地来讨论评估的这一方面。评估改革小组(ARG)[Assessment Reform Group(ARG),2002]领导的基于课堂的实践研究(如 Black and William,1998;ARG,1999)得出了促进学习的评估的十条研究性准则用以指导实践。

这些准则指出评估应该:

■ 被视为计划的一部分;
■ 关注学生学习;
■ 作为教师实践工作的中心部分;
■ 被视为教师的关键职业技能;
■ 敏感、建设性地考虑对学生造成的情感影响;
■ 培养学生的积极性;
■ 推动对评估标准的理解和学生对其需要达到目标的承诺;
■ 向学生提供关于如何进步的指导;

■　使学生能反思和自我评估从而使他们能成为独立的学习者；
■　所有学生识别不同层次的教育成就。

（摘自 AGR 2002）

　　布莱克、威廉和评估改革小组的工作对整个英国教育都有深远影响。它极大地影响了中学国家战略［Department for Education and Skills（DfES），2005a］，其前身是国家战略关键的第三阶段（DfES，2006b）。该战略利用了促进学习的评估的多项准则，旨在通过加强整个课程的教学与学习来提高标准。

促进学习的评估的角色

　　如上所述，促进学习的评估是推动学生学习、理解和成就的评估。它涉及基于学生目前掌握水平的反馈并指出进步空间。它具有建设性和前瞻性。因而也很好理解它是教师工作的重要元素。要有效使用促进学习的评估要求良好的观察技能，进而要求精确的评估和给学生提供有效的反馈。教师在观察过程中会扮演各种不同角色，如官员、教练或舞蹈编导，但大部分的观察都是关注学生的表现行为或贡献。同时也会关注学生为达到更广泛教育目标所作的努力及体育所作的贡献（关于更广泛目标见第 14 章）。很多这类行为都是瞬时的，教师需要依靠自己的能力进行观察并作出即时评判。这是你在入职教育课程时就需要开始培养并不断发展的一项技能，并且与你对学生学习环境的认识和理解相联系。你需要知道你期望学生取得怎样的成就并培养将其与你实际观察到的进行比较的能力。站位和扫视全班的能力是其他相关的教学技能（关于观察的更多指导见第 4 章）。一旦教师建立了良好的观察技能，促进评估的学习就会有助于确定学生所取得的进展，表明他们的长处和弱点，并确定他们将来的需求。
　　布莱克等人（Black et al.，2003）发现实行具体的评估策略能极大地促进学生的学习，并增强对课堂主题的热情和动机。这些策略为教师促进学习的评估工作提供了有用的框架。斯帕克曼（Spackman，2002）指出了促进学习的评估中与体育有关的四个特点，这些都适用于我们的主题。四个特点即共同的预期学习成果、提问、反馈和学生的互评和自评。这是一个有用的文本研究。

共同的预期学习成果

　　学生们应该有共同的预期学习成果，这样他们就会很清楚他们要学什么以及为什么要学。声明应该对期望进行调整以引导学生像期望中那样学习。例如，在体操课上共享预期学习成果时，教师可能会说："今天这节课以及接下来的两节课上，我们会在地板和设备上学习发展连续动作，包括腾空动作和我们在腾空中能用到的姿势。探索如何通过改变方向和速度来帮助你们完成更连贯的连续动作。我们的目标是做出具有一定创造性,同时又精确和受控制的连续动作。"

在共享预期学习成果时很重要的一点是要明确学习目标,包括学生知道什么、理解什么和能做什么,而不仅仅只是要学生完成任务。课堂上应该不断回顾预期学习成果并在适当的时候进行评估。在回顾和评价预期学习成果时,教师应保证学生理解他们实现预期学习成果的程度和他们进一步提高的潜力。在本书第 3 章及卡佩尔、布雷肯和奥尼尔(Capel,Breckon and O'Neill,2006)的第 12 章有关于制定明确的和有区别的预期学习成果的指导,同时在该章中还有助于教师评估的有用活动(如 12.1、12.2、12.3、12.5、12.6、12.7 和 12.8)。

提 问

有效的提问技巧对于精确地评估学生的知识和理解非常重要。虽然学生的成就能够显示其知识和理解,而提问能体现学生对某一事件或问题的知识掌握程度,因而能提供更全面严谨的评估。在上文的体操课实例中,教师的提问就会主要集中在评价学习内容。例如,可能提出的问题有"什么时候适合增快速度?"或"在连续动作的哪一点能改变方向?"教师应该仔细设计提问并给学生回答的时间;教师甚至可以设计让学生相互讨论得出答案的情景。教师的提问、探寻和提示以及同学间对问题的讨论都使学生能更深刻地思考自己的回答。(关于教师对语言的使用和提问技巧的更多讨论见第 5 章)为确保所有的学生都参与到提问环节中,建议采用不举手政策。即教师要求所有学生思考同一个问题,然后随机抽取学生起来回答。同样重要的是要建立一个有益的环境,让学生认识到不正确的答案也是学习过程的一部分。

教师所使用的问题应该直接适用于正在学习的内容并适合学生的认知水平。此外,教师还要明确提问的目的。一个问题可以用来促使学生回忆、要求学生分析某项任务或给学生提出创新性意见的机会。封闭性问题只有一个答案,而开放性问题则要求学生进行高阶思考,允许多变的和详尽的回答(见 Capel,Leask and Turner,2009 单元 3.1 第 111—118 页)。布鲁姆的《学习领域的分类》(Bloom,1956)为教师设计和评价学习提供了框架,使教师能区分低阶思维技能和高阶思维技能。通常回答封闭性问题要求低阶思维,而回答开放性问题时会激活高阶思维。依据教师期望学生实现的学习本质,教师需要以适当的方式来组织问题以挖掘学习领域。安德森等人(Anderson et al.,2001)随后对学习领域的分类进行了修正,用动词替代了布鲁姆所使用的名词。这些动词描述了更易测量的行为,因而有助于课堂的计划、授课和评估。表8.1 总结了两种分类方法。

低阶(记忆)问题会检查学生是否能记起大腿前侧的肌肉名称或某项实际技能或技巧的正确的学习要点。高阶问题则会要求学生指出某项技能的某个动作/部分动作要求哪部分肌肉的运动(应用)或设计实践来发展该技能或技巧(创造)。

表 8.1 布鲁姆和安德森分类法比较

布鲁姆的分类	安德森的分类	
知识	记忆	低阶
理解（名）	理解（动）	
应用（名）	应用（动）	
分析（名）	分析（动）	↓
综合	评价	
评价	创造	高阶

任务 8.3 旨在帮助你理解教学中实现不同种类的问题使用。

任务 8.3 观察和分析提问

观察你所实习学校的某位教师的一堂课。

①记录该教师在 20 分钟内提出的所有问题。

②指出该教师在课堂上分别用了几个封闭性问题和几个开放性问题。

③对封闭性问题进行评价，并改写你认为可以表达为开放性问题的任何问题。

④以安德森的分类为指导，依照认知水平要求将问题分类。

⑤从记忆或理解类中选出一个问题，并思考如何使其更具挑战性以激发高阶思维能力。

将观察结果及笔记记录在职业发展档案中，并在自己课堂上设计提问时进行参考。

反 馈

关注学习需求时反馈是促进学习的评估最有效的一个方面（Black et al.，2003）。反馈应该以提供信息使学生取得进步为主，从而缩小学生当前学习程度与预期学习程度之间的差距。这就涉及前文讨论过的高效教师观察。预期学习成果应该是所有反馈的焦点。体育中大部分反馈都是口头的，通常分为描述形式和规范形式（Schmidt and Wrisberg，2008）。描述性反馈只描述学生取得的成就，而规范性反馈还会指出学生需要改进的地方。描述性的反馈可能是"你用脚的内侧在碰球"，而规范性描述则会是"你用脚的内侧在碰球，你需要抽球来得到更多力量"。反馈也能作为激励的有效工具（有关激励的内容参见第 7 章和 Capel，Leask and Turner，2009 单元 3.2）。积极、鼓舞的反馈和对学生能够进步的期望能激发学生进一步努力。另一方面，轻视、消极的反馈会使学生士气低落并失去继续完成任务的兴趣。因此，教师要尽可能保证反馈是积极的，具有建设性的，并照顾到每个学生的不同需求。同时还要记住一点，即观察学生时要客观，不要让先前的期望影响你的判断。有很多书面材料是关于教师对学生的看法，以及教师的认知方式即倾向于看自己所期望看到的。这种情况被称为自我实现的预言（见第 7 章及 Capel，Leask and

Turner,2009 单元 3.2)。

　　同样有必要对学生所写的论文以及与考试课程有关的其他项目提供书面反馈。给学生的书面反馈应该包括评论,而不只是给个分数。评论需要指出学生在哪些方面做得好,哪些方面需要改进以及关于如何进行改变的指导。课堂上必须提供讨论和跟踪评论的机会。关于反馈,第 10 章也有所讨论。现在完成任务 8.4。

任务 8.4　对学习反馈的效果研究的批判性反思

　　阅读哈蒂和廷珀利(Hattie and Timperley,2007)的文章《反馈的力量》,并思考其研究结果对自己实践的影响。同时应该反思,作为体育教师,最重要的反馈策略是什么,以及目前对于自身发展来说最重要的是什么。将笔记记录在职业发展档案中作为硕士水平工作的实例。

　　Hattie, P. and Timperley, H. (2007) The Power of Feedback, *Review of Educational Research*, 27, 1:53-64.

学生互评与自评

　　一种情况是大部分评估工作由教师进行,还有一种即是广泛的教育方针通常鼓励学生自己对自身的成就和进步作出评判。在英国,这项期望既体现在政府对个人学习和思考能力的关注(见第 14 章)上,也体现在国家体育课程标准中,即培养学生对"评价和改进"关键过程的能力。学生间的互评可以作为自我评价的准备,是非常有价值的训练。然而,需要记住的是学生评价自己和他人的能力本身就是一项需要学习的技能,因为学生会发现批评自己或是他人的工作并不容易。使用标准表可帮助学生,使其知道要找什么[见摩斯登和阿什沃思(Mosston and Ashworth,2002)的互惠式教学法,其中涉及学生间的互评和互相教学]。学生需要培养必要的信任和自信来开展这一类评估。教师需要仔细计划如何来发展这项能力。作为教师还需要学会如何将责任移交给学生。在学生自评或互评的情景下,教师的角色并不是对学生的成就给予直接的反馈,而是询问学生,关于他们如何看待自己或同伴的进步以及下一步该做什么来取得进步。在此,使用提问能取得良好效果(第 5 章和 Capel,Leask and Turner,2009 单元 3.1)。同时,教师还要对学生精明的评估提出表扬或是对如何改进评估技巧提供指导。

　　在评估实际表现时,要学生判断同伴或自己在某项活动中是否成功很容易,如在板球中很容易判断击球是否靠近边门。然而,要知道它为什么成功却不容易。在培养学生自评能力前应该先培养学生互评的能力,因为学生无法看到自己的表现,除非他们有渠道进行视频播放。观察和评估同伴能对学生自己的成就产生积极效果,因为它能加深学生对该活动/任务的理解。可视化分析软件的发展为即时视觉反馈提供了机会,使学生更容易评估自己和他人的成就(见第 14 章)。学生不应该只以评判彼此的工作为目标。学生互评过程还应该使学生有机会思考某项表演的要求,并开始了解运动的本质和组成部分。这与学生使用本体反馈进行自评也有联系,但他们需要时间和帮助来培养该项技能。

培养学生自评和互评要有仔细的计划、时间和耐心。学生需要大量的机会来练习这项技能。他们评价成就和提供建设性反馈的能力必须和心智成熟一起逐步发展。开始时,教师可以向学生提供提示或基本准则,如可要求学生使用工作卡片或标准表来指出某个表现或书面作业的最强方面及可以改进的关键地方。最后,教师要求学生自己决定需要改进哪些地方以及如何影响进步的。

运用促进学习的评估指导教师的课堂决定

教师也会在教学过程中应用促进学习的评估技能来判断某堂课的预期学习成果是否合适。教师需要有很好的技能,包括良好的观察能力以及对正在评估的活动的透彻认识。如果“课上”评估表明预期学习成果过于宏观,教师就需要调整课堂愿望。即使是有经验的教师也会出现这种情况。有时课堂并不会按照期望进行。如果确定学生无法达到预期的学习水平,再执行自己的计划就毫无意义。通常这意味着放弃某项预期学习成果或降低某项预期学习成果的要求。

完成任务 8.5。

任务 8.5   行动研究

在斯帕克曼(Spackman,2002)列出的促进学习研究的四个特点中挑选一个你认为能改进自己实践的特点。根据你选择的特点制订两个或三个目标,如提问:改进开放性问题的运用;确保所有学生都参与提问环节;采用高阶提问以提升能力较高的学生。

设计四堂课的小单元工作,以改进自己的实践为目标运用行动研究周期进行一个小型的研究项目。阅读第 17 章和茨沃兹迪亚克-迈尔斯以及卡佩尔、布雷肯和奥尼尔(Capel, Breckon and O'Neill,2006)的行动研究来获得帮助(活动 4.1a、4.1b、4.2a、4.2b、4.3a、4.3b、4.3c、4.3d 应该同样有用)。同时可进行一些拓展阅读来帮助确定你的目标和了解研究文献。

每堂课结束后,根据你的目标仔细回顾和评价所取得的进步,并在必要时对计划进行调整。有些研究者将此称为计划—执行—审查(Elliot,1991)。如果有指导老师或其他实习教师作为你的观察者,你会发现研究要容易很多。对结果进行评估并指出如何将发现应用到其他课题/学生上。

第 17 章提供了更多关于反思型实践的指导。将你的计划和笔记记录在职业发展档案中。

学习评估

本章引言部分指出学习评估或总结性评估的目的是记录某一特定时间内所取得的成就,通常是在一个单元、一个学期或一学年的结束。总结性评估记录学习。这通常是一个正式的过程并保留分数和成绩的记录。总结性评估常常出现在学生的学校报告中。两种情况下,评估所关注的都是学生随后的学习。

进行学习评估可能是为了评价、评分、预测、筛选或正式报告(见本章前文关于评估目的的小节)。认证机构的评估要求教师参照具体的评估标准。通常情况下会是14—19考试课程、领导学课程和理事机构奖励计划。教师要对学生的学习进行评判以告知分数或水平,或是指明进展的目标。对学生某一单元学习情况的评估要以单元目标为标准。在课堂上对学生个人、小组或是整个班级的评估要以课堂的预期学习成果为标准。

虽然总结性评估主要用来确认学习情况,但也能为教师提供反思自己实践的机会,使得教师能根据学生需求的变化来调整以后的课堂。总结性评估,如随堂测验,还能用来帮助学生指出需要进一步发展和改进计划的地方。在这种情况下,总结性评估能促进反思型学习。布莱克等人(Black et al. ,2003)将此过程称为总结性评估的形成性运用。

在单元计划中建立评估

读完本章后你应该能完全理解评估并不是一个"上螺栓"的简单过程,而是有效的教与学的组成部分。因此,你应该思考体育教师在日常教学活动中进行的各种评估。作为一名实习教师,你可能还没有涉及将评估贯穿整个工作单元和系统的工作。然而,即使在现在这个早期阶段思考这项工作也是很有用的(见第3章)。首先要明确你想要自己的学生学到什么,即单元目标。同时还必须考虑教学的环境。在计划阶段,你必须明确你将要针对哪一项单元目标进行评估和记录每个学生的信息。这些目标是你评估的重点。一旦确定这些目标后,就需要决定针对各项目标采用何种评估模式。所有将要执行的评估都应该成为工作单元的结构或框架的一部分,并贯穿整个单元。

同时还应该从整个班级的角度对所有单元目标进行评估,以使得你能根据学生的成就对自己的教学质量进行评估。这同评估课堂预期学习成果是同一过程,即对学生的学习成果、随后的学习内容和挑战以及教学如何影响学生的学习进行评估(见第3章)。

小结与要点

　　读完本章后,现在应该能了解评估的原则及各种目的,以及保证评估有效性和可靠性的需要。还应该能认识评估在促进体育教与学以及发展教师在日常教学中评估学生的能力的过程中所起的作用。不仅跟学生表现有关,还包括体育的所有概念和过程,以及更广泛的教育目标。同时建议教师特别关注促进学习的评估策略,包括共同的预期学习成果、提问、反馈和学生的互评与自评,因为这些策略会强化学生的学习,改进教师的教学。

　　本章已经说明不管是正式的或非正式的评估,都需要有适当具体的评估标准。然后才能作出评判和提供反馈来促进学习。教师还应该熟悉以单元目标或课堂预期学习成果为标准进行评估的需要,以此来指导学生的学习与教师自己的计划和教学。鉴于教育标准办公室对评估的关注,你现在应该能意识到评估的重要性并将其置于学习过程的中心。

　　检查你在本章中完成了哪些课程要求。

安全教学与体育安全 9

引 言

体育本质上就包含挑战、冒险和内在的风险。能在体育课上安全地教学是你能称之为教师的必要条件。值得注意的是,教育标准办公室(Ofsted,2003:12)在1999年和2002年间对所有中学入职教育课程检查进行了调查,其结果显示:"大部分体育课的明显特征是实习生对资源的组织和控制,并对学生的行为负有很高的期望;而实习生的安全意识对这些特征发挥了部分带动作用。"

很多书刊都强调了安全教学和体育安全的重要性(如 Association for Physical Education (afPE),2008;Beaumont,2007;Chappell,2006;Kelly,1997;Qualifications and Curriculum Authority (QCA),2007b;Raymond,1999;Severs,2003;Whitlam,2005)。惠特拉姆(Whitlam,2005:15)指出"在体育和学校运动中不存在绝对的安全或没有风险的情景,因为体育和学校运动是涉及身体运动的实践活动,运动速度通常都很快且通常在与其他人共享的狭窄区域内进行"。波蒙特(Beaumont,2007:31)进一步提出风险使体育和学校运动成了"校园生活中令人激动和具有挑战的一方面",如果没有"那份已知的风险元素,活动……就不再刺激和具有吸引力……从而无法为个人和社会发展提供真正的机遇",同时也会阻碍通过体育实现以及关于体育的高质量的学习。体育教师的角色就是要在体育课上开展安全教学和体育安全的文化(以此暗示学生学习安全知识并安全地学习),从而在体育课上创建和管理安全的学习环境,把潜在的风险控制到最小并最大限度地增加学生的学习体验(Raymond,1999)。每一次发生事故或伤害都强调了安全实践的重要性,以及需要采取措施使类似事故再次发生的可能性减至最低。免费词典(2009 http://www.thefreedictionary.com/safely)将"安全地(safely)"定义为:"免于/不受危险和伤害";将"安全(safety)"定义为:"处于安全的状况中;摆脱危险、风险或伤害"。

英国国家课程标准的目标包括使年轻人成为"自信的个体,能安全、健康、充实地生活"并"保持安全"(QCA,208a)。因此,对教师来说很关键的一点就是在设计课堂时要确保学生习得有关健康和安全事宜的适当知识和认识,同时还要考虑"学生应该知道什么"(见 afPE,2008;Beaumont,2008)。

目标

本章结束,你应该能:

■ 理解重要的安全健康法律、法规和政策,以及作为教师的职业责任和维持体育教学各个方面的安全问题。

■ 发展学生对学习环境的知识和理解,并培养他们创造和管理学习环境的能力,以保证他们自身及他人的健康和安全。

■ 在课堂上为教学和学习创造安全的环境。

检查自己课程中与本章相关的内容。

健康与安全法律和法规

鉴于安全教学和体育安全的重要要求,教师有必要深入认识和理解健康与安全问题。本小节的主要内容包括重要的安全健康组织、法律和法规(见图9.1和表9.1);教师的职业责任;安全教学与安全问题;如何发展学生对安全的认识和理解;如何教导学生创造和管理他们的学习环境以保证他们自己和他人的安全健康。教师同时还需要了解:不同体育活动和教学环境下作为安全实践基础的概念和原则;如何评估具体活动/运动的安全;所教具体活动的相关安全程序;急救/紧急应变程序;特殊的身体卫生条件(如哮喘、糖尿病、超重),并知道:如何在这些情况下计划和/或调适运动/活动以将学生的风险降到最低;与自己站位相关的课堂管理/组织技能、器材的放置和使用,以及活动或运动的选取。为此我们建议你阅读《体育教学和学校体育的安全实践》(afPE,2008),该书深入探讨了安全问题。

对于教师来说很重要的一点是要意识到,对于工作在有风险存在的工作场所中的专业保安人员,法律会提供专门的工作清单、程序和框架。因此,教师应该熟悉安全健康组织、法律和法规,特别是它们之间的相互关系和相互联系,以加深自己对在体育环境中进行安全教学的职业责任的理解。

任务9.1要求你研究自己所在实习学校的安全健康文件。

```
┌──────────────────────┐              ┌──────────────┐
│ 健康安全执行局（HSE）* │─────────────→│   国务大臣    │
└──────────────────────┘              └──────────────┘
         │          │                        │
         ↓          ↓                         ↓
┌──────────────┐ ┌──────────────────┐ ┌──────────────────┐
│ 学校教育咨询委 │ │ 健康安全执行局/地  │ │ 职业安全和卫生（HSW）法│
│ 员会（SEAC）* │ │ 方当局执行联络委   │ │   （1974）*        │
└──────────────┘ │ 员会（HELA）*     │ └──────────────────┘
                 └──────────────────┘          │
                                                ↓
         ┌──────────────────────┐   ┌──────────────────┐
         │ 伤害、疾病和危险事故    │   │ 职业安全和卫生管    │
         │ 报告条例（1995）*      │   │ 理法案（1992）法规  │
         └──────────────────────┘   │ 及相关实践守则*     │
                                     └──────────────────┘
                                               │
                                               ↓
                                     ┌──────────────┐      ┌──────────────────┐
                                     │   地方当局     │      │ 当地教育主管部门安  │
                                     └──────────────┘      │ 全卫生政策声明      │
                                                           └──────────────────┘
                           ┌──────────────┐
                           │   报告事故     │
                           └──────────────┘
                                     ┌──────────────┐      ┌──────────────────┐
                                     │    学校       │      │ 学校安全卫生政策    │
                                     └──────────────┘      │ 声明              │
                                                           └──────────────────┘
                           ┌──────────────┐
                           │   报告事故     │
                           └──────────────┘
                                     ┌──────────────┐      ┌──────────────────┐
                                     │    体育       │─────→│ 体育部安全卫生政策  │
                                     └──────────────┘      │ 声明              │
                                                           └──────────────────┘
                           ┌──────────────┐
                           │   风险评估     │
                           └──────────────┘
┌──────────────────┐ ┌──────────────────┐ ┌──────────────────┐
│ 风险评估*（人：教师 │ │ 风险评估*（组织：准备工作、│ │ 风险评估*（环境：设│
│ 和学生。见图9.2）   │ │ 教学风格和班级组织。见图 │ │ 施、程序和器材。见图│
└──────────────────┘ │ 9.2）              │ │ 9.2）             │
                     └──────────────────┘ └──────────────────┘
```

*关于该组织、法律和法规的描述见表9.1。

图9.1 安全卫生组织、法律和法规概览（摘自 Elbourn,1999）

表9.1　健康安全组织及相关法律法规的描述

健康安全执行局(HSE)	该组织为非政府部门公共机构,对《职业安全和卫生法案》(英国法案,1974)下建立的工作和养老金部门国务大臣负责。健康安全执行局的角色是保证工作中人们的健康、安全和福利;保护公众免受工作活动中产生的健康和安全风险;并控制危险物质。负责通过政策提出和设置必需的标准;保障标准的执行;并开展其他形式的活动以鼓励和支持具有潜在危害的人和组织采取必要的行动(HSE,2006)。此类行动包括:①考察工作场所(包括中学和大学);②调查事故和健康状况不良的事件;③通过建议人们如何遵守法律来执行好的标准;④公布指导和建议;⑤提供信息服务;⑥开展研究(Elborun,1999:8)。
学校教育咨询委员会(SEAC)	该机构是健康安全执行局的咨询委员会,负责提供建议以保护在工作人员及其他人员(包括学生和公众成员),使其免受对健康的危害及教育领域内发生的安全问题的威胁。
健康安全执行局/地方当局(LA)执行联络委员会(HELA)	HELA 的角色是为健康安全执行局和地方当局提供有效的联络。试图保证各地方当局以及地方当局和健康安全执行局之间以一致的方式执行健康安全法规。HELA 提供了一个讨论和交换法规执行信息的国家论坛,促进实现良好的健康、安全标准和实践。
职业安全和卫生(HSW)法(UK Legislation,1974)	健康和安全是关于通过采取正确的预防措施和提供满意的工作环境使人们在工作中免受伤害。《职业安全和卫生法》(1974)要求:①雇主要照顾雇员的健康和安全;②雇员要照顾好自身的健康和安全;③所有人都要关心他人(如公众成员)的健康和安全。
职业安全和卫生管理(MHSW)法案(1992)法规及相关实践守则	这是为大多数工作场所,包括学校、学院和大学制定的一个统一的标准。要求地方当局(作为雇主)对教职及非教职员工、学生和进入学校场所的其他人的健康和安全进行风险评估(Elbourn,1999:9)。
伤害、疾病和危险事故报告条例(RIDDOR)(1995)	报告工作中的事故和不健康状况是法律规定。必须要报告的内容包括:死亡;重大伤亡;雇主或自雇人士离开工作岗位或连续3天以上不能正常工作的伤害;公共成员或非在工人员从事故现场被送往医院的伤害;一些与工作相关的疾病;一些危险事故——险些造成伤害却侥幸避免的潜在事故。死亡、重大伤亡和危险事故必须立即上报,超过3天的伤害必须在10天内上报(HSE,2007:2)。通常学校会将此类事故告知地方当局,地方当局代表学校上报事故。如此"就能向当局提供信息,使其能知道哪里发生了风险及风险是如何产生的,必要的话还会对重大事故进行调查并为预防行动提供建议"(Raymond,1999:16)。

续表

地方教育主管部门安全卫生政策声明	地方当局负责提出广泛的安全卫生政策以确保所有的雇员都知道对自己的期望是什么以及他们需要做什么来履行其法律责任。并且,地方当局要求每个学校都有自己的学校安全卫生政策声明,包括地方组织和安全卫生安排。这些和地方当局的文件一起形成了对《职业安全和卫生法》要求的完全响应(Elbourn,1999)。
学校和体育部安全卫生政策声明	该声明应包括以下内容:"①与法律相关的政策目标;②地方当局的责任、理事机构、校长、学校安全卫生主任和安全代表;③教职工的责任和义务;④对学生的期望;⑤安全委员会的构成和职责;⑥风险评估的安排;⑦急救程序和消防演习;⑧事故记录和报告程序;⑨安全培训;⑩安全问题;⑪审查和监督程序。"(Elbourn,1999:11)校长对学校的安全卫生事务负责。部门首长对各自部门内的安全卫生负责。教师对其工作的直接领域负责。如果教师发现有危险,法律要求他们在其权力范围内采取合理步骤消除隐患,如果他们因为权力限制不能提出一个永久性的解决方案,就应向其部长或校长报告。地方当局和/或校长需要保证体育教师:①接受过风险评估的训练并能作出有效合理的决定;②掌握有效信息(如预测数据);③被监督从而能从成功中学习并获得帮助,将有害结果的严重性降至最低;④有条理地指导教师作出高质量的决定,将有害结果的严重性降至最低;⑤在遵循地方当局/学校决策体制的情况下,即使造成了有害结果也能得到支援(Elbourn,1999)。
风险评估(人、环境和组织)	体育教育协会(afPE,2008)提供了一个对教师和学生教授风险管理重要性的结构和环境体系(妥善处理了人、环境和组织的关系)(见图9.2和afPE,2008)。

任务9.1　你所在实习学校和体育部的安全卫生政策声明及过程

熟悉你所在实习学校和体育部的安全卫生政策声明及过程。

找出:①学校指定的安全卫生主任是谁;②体育部指定的安全卫生主任是谁(或相当职位的人);③学校和体育部中经过认证的、训练有素的急救人员有哪些;④在哪里既能找到急救箱也能找到旅行急救箱;⑤体育部采取的是何种风险评估形式;⑥应该用什么形式来记录事故或伤害,且在哪里可以对其进行评估;⑦是谁负责事故以及与事故形式相关的过程有哪些步骤;⑧地方当局在支持安全卫生政策及其过程中的作用是什么。

将信息记录在职业发展档案中,以便日后参考。

安全教学和体育安全的职业责任及相关问题

安全教学和体育安全的职业责任及相关问题包括:照看义务和代理父母行为;疏忽;风险管理与控制、风险评估与安全;妥善处理伤害或事故与事故报告;急救训练、急救箱和旅行急救箱。图9.2 提供了有效风险管理所涉及的因素的概览和实现安全工作条件的关键考虑因素指南。

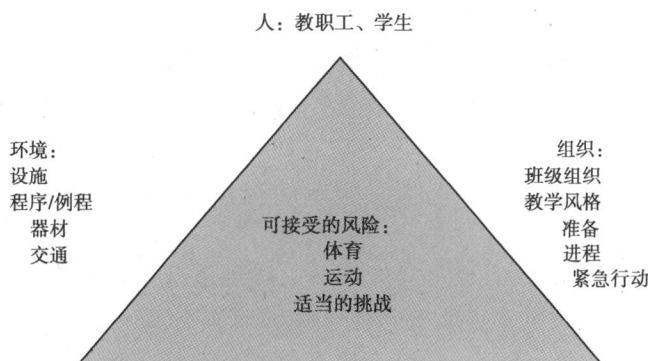

人:教职工、学生

环境:
设施
程序/例程
器材
交通

组织:
班级组织
教学风格
准备
进程
紧急行动

可接受的风险:
体育
运动
适当的挑战

图9.2 风险管理模式(afPE,2008:23)

照看义务和代理父母

所有的教师都要为他们所照看的学生的健康和安全负责。教师在任何情况下都应该合理照看以保护学生;预料管理风险以使其处于可接受水平(Whitman,2005);并保证学生不会被自己或他人的行为所伤害。以上即被称为"照看义务"。"代理父母"字面意思为"代替父母",指教师在对学生负责时加强照看义务。当教师对学生进行照看时,亲生父母的一些特权就转移到了合格的教师身上。因此,负有此项法律责任的教师,作为学校环境下而非家庭环境下的"合理谨慎的父母"必须履行照看义务。

重要的是,"更高的照看义务"适用于职业环境,鉴于他们的技能、培训和经历,人们期望合格教师具有"更深入的洞察力"和对自己实践"结果的认识"。教师同样也被要求开展实践,通常是以参加课程的形式,这在专业领域内被认为"是常规的且被认可的"(afPE,2008)。此项要求还包括在整个职业生涯中通过职业持续发展不断发展自己以适应新的要求(关于职业持续发展的指导见第18章)。

作为一名实习教师,你对学生的健康和安全不负法律责任,而是由掌管班级/小组的合格且有经验的教师负责。当你在进行教学时,必须始终有一位合格且有经验的教师在教学环境中对你进行督导,如同他们督导任何一位没有 QTS 的成人一样（afPE,2008）。同样,如果定期合格教师不在,你不能作为代课教师去代替。如果没有合格教师督导,你就不应该继续教学（见 Capel,Leask and Turner,2009 单元 8.3）。另外,你在负责午餐时间和/或课外活动小组时,必须始终有一位合格教师在场。

疏 忽

体育教育协会指出:"在特定情况下会存在期望照看标准以保护他人免受不合理伤害的风险,当某个个体的行为处于该标准之下时,疏忽就可能出现。"（afPE,2008:15）对疏忽的指控要求有以下四个相关因素:为索赔人承担责任的性质;在承担责任时由"行为"引起的粗心或"不作为";对索赔人造成的最终伤害;以及对事故预见可能性的信息。"粗心是施加过失责任的因素。对疏忽的索赔通常都是针对雇主的。针对作为个体的工作人员对疏忽的指控存在显著水平的保护。"（afPE,2008:15）

如果能做到以下几点,对疏忽的指控可以降到最低程度:

■ 教师或教练是充分合格的、有经验的且对教授这项活动胸有成竹,同时有合适的督导。

■ 教师通过参加相关的课程不断更新健康和安全事件的信息及其最近的发展。此外,他们还要在政策指引下进行"定期和被认可的"的实践。

■ 在计划时要充分考虑所涉及的人、活动环境和相关的组织以保证风险管理的全面性。

■ 将器材用于其本身目的,并做好保养工作。

■ 以适合学生年龄、能力和体验的方式向学生教授安全知识;为他们的安全实践建模;始终期望他们以安全的方式进行活动。

■ 学生对开展的活动有系统的准备,且任务是逐步开展的,确保适合学生的体验、能力、年龄和生理成熟。

■ 穿合适的鞋子和衣服,除去所有装饰,并在适当的时候使用安全设备。

■ 任何户外冒险活动或本地或海外旅行活动都必须上交家长签字同意的参加申请（学校高级管理小组的成员通常负责提供适合此类目的的表格）。

■ 诸如考勤记录、课堂计划和评估信息的记录都要有效地记载和保存。这些文件记录了学生的体验并显示他们能做什么。

■ 定期进行、记录和审查精确的风险评估。

■ 除教师外的成年人要有充分的认识,并在课堂中给予明确的角色。

（更多信息见 afPE 2008;和 http://www.teachernet.gov.uk/wholeschool/healthandsafety）

风险管理和控制

风险管理是对"识别风险进而采取措施消除风险的整个过程的概括"（Raymond，1999：49）。法律并没有要求你消除所有的风险，但要求你在"合理切实可行"（HSE，2006：1）的范围内尽可能地实施保护。有关风险控制：

如果发现任何重大风险，而目前的实践又不能消除或减小风险，那么就必须采取某种行动来控制风险……行动可能包括：彻底移除风险；尝试风险较小的选择；阻止接近危险；重新组织小组、活动或程序以减少危险造成伤害的可能性；提供或要求使用保护性设备；改进教职工/学生的比率，或提供更多的信息、指导或培训。

（Raymond 1999：57）

简而言之，关于是否采取某种行动的决定取决于某项活动的"受益大于风险"或"风险大于受益"（Beaumont，2007：31）。

要保证你采取了所有合理的切实可行的措施来保护学生的健康安全和人身财产，你需要识别，消除危险（诸如器材或环境等任何可能造成伤害的东西）并降低风险（或某人会被危险伤害的概率）。教师要能预见重大危险并采取避免措施或将其减至到可接受的水平。如上所述，教师还应该对自己所教活动涉及的风险有更多的知识和更深的理解力，并根据自己的知识和理解采取预防措施（afPE，2008）。对于已经开展多年，并被人们认为是常规的和可接受的活动而言，以上要求更具挑战性。教师要特别注意环境类型。任务9.2要求你对举办和管理巡回赛的风险进行分析。

任务9.2 风险管理

要求你给一个男女生混合的八年级班级上课，课堂涉及举办和进行巡回活动。已经知道课堂在体育馆内进行；学生会使用哑铃和软垫、长椅、跳绳；并且学生要尽量多的完成各种重复动作（在一分钟内）；学生光脚上课。巡回活动包括俯卧撑、仰卧起坐、跳绳、上阶训练、往返跑、深蹲运动、二头肌和肱三头肌蜷曲运动。热身活动包括短跑接力、风车和障碍舒展。

运用图9.2及本章内容，列出至少六点使风险最小化的建议。记录你选择建议的理由并与指导教师讨论。将讨论和观察结果记录在职业发展档案中。

风险评估与安全

教师的挑战之一就是要准确地指出某项活动构成的潜在风险水平。风险评估"首先要指出哪些可能对人造成伤害并评价是否充分采取预防措施来阻止或使伤害最小化"（Elbourn，1999：3）。要指出风险最明显的那些情景很容易，但教师需要能评估所有可能发生事故或伤害的情景。图9.2提供了进行评估的有效方法的例证。

任务9.3要求你运用表9.2的分级结构完成自己六堂课的风险评估。

任务9.3 风险等级

选出你在体育课堂上和/或学校运动规划中可能会教的六项具体活动。运用表9.2计算各项活动的风险等级,并依照它们的风险等级按照从高到低的顺序对它们进行分级。与指导教师进行讨论并将笔记记录在职业发展档案中。

表9.2 计算风险等级(Whitman,2003:35)

危害的严重性:	发生的可能性:
1. 微不足道:幸免/轻伤	1. 不可能:几乎为零
如,擦伤	
2. 轻度:需要就医的伤害	2. 遥远:不可能发生
如,划伤	
3. 中度:更严重的伤害致使不能上学	3. 可能:有时会发生
4. 严重:需要住院治疗的伤害	4. 很可能:可能会发生几次,不惊奇
5. 非常严重:永久性伤害/死亡	5. 几乎可以肯定:预料中

严重性×可能性=风险等级

例如,曲棍球课堂上在户外人工场地上进行运球训练,伤害严重性可能得1分,发生可能性为3分。风险等级3。

例如,游泳课伤害严重性可能得5分,发生可能性2分。风险等级10。

健康和安全执行局(2006:2-5)提出以下"风险评估的五个步骤"来帮助你对自己工作场所或教学环境中的风险进行评估:

第一步:找出危险(巡查教学环境,如体育馆,找出哪些可能造成伤害;重点巡查可能造成严重伤害或影响多个学生的重大危险。同时询问学生是否注意到可能构成危险的任何事物)。

第二步:确定被伤害对象及如何被伤害(学生、你自己、教师/指导教师、其他教师、公众/游客)。

第三步:评估风险并确定预防措施(你的目标是减小所有风险。如果需要做什么事情,列出行动计划,并优先考虑中度或高度的余下风险。进行行动时要问自己:我能否彻底消除风险?如果不能,我如何能控制风险以避免伤害?在控制风险时,应用以下原则:①尝试风险较小的选择;②阻止接近危险;③组织教学以减少危险接触,如分发个人保护/适应资源/设备;④提供福利设施。如果事故发生了,而你没能采取简单的预防措施,将会对你严重不利。记住,如果你不能将某项活动的风险降低到可接受水平,就不应该开展此项活动)。

第四步：记录你的发现并付诸实施（你需要能显示出：作了适当的检查；思考了谁可能被影响；考虑所涉及的学生人数，处理了所有重大危险；预防措施是合理的且剩余风险很低。保留书面记录以作日后参考或使用。当有人问及你所采取的预防措施时也能够有备而答，同时能够提醒你时刻注意特别的危险和预防措施。如果你涉及任何民事赔偿责任事件，它还能给予你法律帮助）。

第五步：审查评估并在必要时进行更新（定期审查风险评估以保证预防措施依然有效）。

（关于细节性指导及支持该风险评估过程的文件，参见 afPE，2008。）

任务 9.4 要求你运用以上五步风险因素评估法评估自己的一堂课。

任务 9.4　一节体育课的风险评估

遵从以上风险评估的五个步骤完成一堂体育课的风险评估。将此评估与任务 9.3 结合。与指导教师讨论你的发现，并将笔记记录在职业发展档案中。

所有地方当局和学校都应该有一份风险评估表格。风险评估表格应该与实践的广度相关，提示有关人、环境和组织的问题记录以及他们是否构成"令人满意的/安全的/低风险"或是"令人不满意的/不安全的/重大风险"。在适用重大风险的情况下，表格应该显示被影响对象，以及所建议的风险控制措施构成（afPE，2009）。重要的是，表格要有签名和日期，并得到领导层和管理层的认可（Whitman，2003），特别是问题的解决需要部门外力量支持的领导管理层。任务 9.5 要求你学习自己所在实习学校体育部的风险评估表格。

任务 9.5　风险评估表格

查看你所在实习学校体育部的风险评估表格，包括关于某项你正在教授的活动；某项你工作时使用的设施；及一项校外活动（如当地综合项目或大规模旅行）。

在确认比"满意的/安全的/低风险"更重大的必要风险控制方面，思考一下教职工的记录方式。向部门外力量寻求了何种支持/行动？与指导教师讨论此类情况及相关过程。将笔记记录在职业发展档案中。

伤害或事故及事故报告

只要有风险，就有发生伤害或事故的可能性。如果在课堂上发生了伤害或事故（轻度或严重），你应该立即采取有效行动。重要的是，你要熟悉并执行你所在实习学校处理伤害或事故的指导方针和程序。如果发生了伤害或事故，优先要做的是：①评估当下情景；②保护班级/小组中没有受伤害的成员；③处理伤亡；④必要时通知应急服务机构及需要知道事故的每一个人（教育就业部（DfEE），1998）。越来越多的学校允许教职员工，特别是体育教职员工，在远离学校主教学楼工作时携带手机，或提供无线电/对讲机。

重要的是所有事故和伤害（轻度或重度）都要立即记录在案。有些事故还属于"呈报"范畴（HSE，2005）。需要呈报的事故被定义为"造成了死亡或重大伤害……并使伤者无法恢复正常工作三天以上的事故，且必须在十天内上报"（HSE，2005：1）。重大伤害包括骨折（手、脚以外的骨头）[关于其他重大伤害和危险事故，见HSE（2005）和RIDDOR（表9.1）]。

所有地方当局和学校都应该有自己的事故报告表格。体育教育协会建议："尽快将事故记录在雇主的官方报告表格或事故册上是很重要的。这对报告过程和责任索赔事件都很有用"（afPE，2008：52）。这些记录必须保存至少三年[Department for Education and Skills（DfES），2002]。然而，这些记录很值得保存长久一些，以保证在追溯索赔事件中能取得证据。详细的事故报告应该包括图9.3中的所有信息。

和事故报告一起，还应该有事故发生地点的草图（有签名和日期），因为人们经常对发生了什么、在哪发生的、怎么发生的和何时发生的持不同意见。任务9.6要求你调查你所在实习学校发生事故时所应采取的行动。

任务9.6　报告事故

明确你所在实习学校体育课上发生事故或伤害时所应采取的行动。

必须遵守哪些正式指导方针和程序？在你的学校经历文档或职业发展档案中保存一份备份以便日后参考。

伤者或受影响人的详情
全名：
生日：
性别：
家庭地址：
邮政编码：
电话号码：
身份：雇员/学生/游客（如不适用请删去）
目击者姓名：

事故详情	
日期：	时间：

造成事故事件的描述(如需要请添加额外表页):

事故发生后立即采取的行动(如需要请添加额外表页):

伤害详情

是否是持续伤害:是/否(如不适用请删去)

伤害原因:

伤害类型:

受影响的身体部位:

结果

是否需要急救治疗:是/否(如不适用请删去)

如果是,请提供细节:

是否需要到医院就诊:是/否(如不适用请删去)

到院时间:

是否需要住院治疗:是/否(如不适用请删去)

请提供细节:

事故后是否需要休息时间:是/否(如不适用请删去)

如果是,需要多长时间:

是否造成持续性临时伤害:是/否(如不适用请删去)

如果是,请提供细节:

是否造成持续的永久性伤害:是/否(如不适用请删去)

如果是,请提供细节:

风险管理
为避免/防止事故再次发生采取了哪些行动：
建议：
报告人
姓名：
日期：
签名：

图 9.3　事故报告表格样本

急救训练、急救箱和旅行急救箱

　　体育教育协会(2008)提出每个学校的最低急救要求是：专门委派人员负责急救安排；向雇员提供急救安排信息；进行过急救处理的所有事故的完整记录；适当数量的、妥善保管的、可识别的、易得的急救箱和旅行急救箱。每个学校中，每50位教职员就应该配备一位合格的急救人员。此外，所有体育教师及教师外的成年人都应该接受适合其教学责任的急救训练——包括实习教师!（afPE,2008:49-54 和 332-5）。在英国，急救资格证书只有三年有效期，三年过后就要参加复修课程及考试以进行重新认证。健康与安全执行局在 2009 年 10 月 1 日更改了工作急救的法规。为期三天的"工作急救"和为期一天的"紧急情况下的工作急救"（圣约翰救护车）都是如此。急救课程（更多可选急救课程的信息，参见你所在实习学校或大学的健康和安全办公室，或咨询当地体育、休闲和娱乐中心）。更多关于学校急救过程的指导，咨询教育和技能部（DfES,2002c）。

如何发展学生对学习环境的知识和理解，并培养学生创造和管理自己学习环境的能力以保证其自身和他人安全

　　参照安全教育或发展学生对创造和管理安全学习环境的知识和理解的要求，学生应该：

- 学习如何在例行范围内适当应对指示和信号,并遵守指定活动的规则和行为守则(如商定班级规则以保证安全的学习环境)。
- 认识参与活动时适当着装的重要性(如不得佩戴饰品)以及保护性穿戴的重要性(如足球运动中的护腿板)。
- 学习正确的运动形式,以及如何通过适当的准备工作来加强安全和提高表现(如在课堂的热身和缓和阶段做所建议的伸展运动)。
- 分析、计划任务并安全地完成任务(如户外冒险活动和冒险教育中解决问题的活动)。
- 学习安全伙伴支持的原则(如体操中的渐进技能)。
- 知道一系列设备的正确使用方式;安全处理和储存设备和仪器的方法。
- 依据任务设置创造他们自己的设备布局并能意识到风险和危险(如完成"旋转"任务时设置中级和高级仪器)。
- 依据安全和有效运动原则,设计、实施和监督他们自己及他人的运动和健身计划(如在关键阶段4,学生要设计自己的运动计划来提高健康体质)。
- 完成特定活动的风险评估(如以官员的身份检查足球活动的活动场地是否有坑洼等)。

在设计活动时,重要的是教师不仅要向学生展示安全管理的示范模型,还要花时间与学生讨论安全问题,从而提高他们参与校内外体育活动的安全意识和理解。

涉嫌过失的案例报告

以下是对涉嫌过失的一份案例报告(见 Swansea Civil Justice Centre,2002),也有其他案例(见 Raymond,1999:97-104 和 Whitman,2005)。这项具体案例的目的是强调教师在实践中面临挑战的复杂性,并帮助你理解自己在安全教学和体育安全中的职业责任。案例报告以以下格式呈现是为了引导你思考相关的重要因素:相关方、现有证据、事故情况、要解决的问题、专家意见的事实基础、专家的结论和所得教训。

相关方

原告(受害方),里安,是 Dwr-y-Felin 高级中学的学生。被告(地方郡议会)否认过失。

现有证据

里安和丽贝卡（里安体育课上的搭档）的个人陈述；1997年10月，体育教师（S夫人）。

事故情况

1997年秋季的一天，里安参加了她8年级的第一堂体育课。该体育课是当天的第一节课，S夫人是负责课堂的教师。课堂快结束时，S夫人要求全班同学两人为一组做倒立（一个学生做倒立，其搭档在旁给予适当的支持）。里安和另一名女生丽贝卡是搭档。里安说她和丽贝卡都没有被展示过该如何进行倒立或是支持倒立，也没有进行过此类尝试。她们之前都没有学过倒立，当天S夫人也没有做出示范或是给出任何指令该如何进行倒立或是支持倒立。里安说她的搭档向S夫人反映了这一情况，而S夫人没有进行任何进一步的演示或说明，并坚持要她们练习完全倒立。她们照要求做了。里安第一次尝试做倒立，丽贝卡在一旁扶持她的背部。不幸的是，丽贝卡没有站稳，使得里安向后移动。结果，丽贝卡松开了里安，里安跌倒了，压住了自己的脖子和肩膀。里安立即感到自己的肩胛骨"咔"的一下，并觉得很不舒服。然而，当里安抬头巡视体育馆想要找到S夫人时，却发现S夫人已经离开了体育馆，里安找不到她。于是，里安回到了更衣室，没有向任何教职员报告就准备去上接下来的课程。但是，午餐时间里安去了校医务室，因为她一直觉得不舒服。这次看病是几个月内专业医护人员进行相当干预的开始。里安颈椎软组织肌肉韧带拉伤。双方的骨外科顾问在医疗意见方面存在鲜明的分歧。G先生认为里安会遭受无限期的症状折磨，另一位顾问则认为事故造成的影响仅为9～12个月。

要解决的问题

里安指控S夫人没能对她和其他学生的运动进行适当的监督或控制；没能向她和其他学生指出完成运动的正确和安全的程序，特别是没有指出在将腿抬起前需要用手和头在地板上形成安全的基础；没能适当、安全地练习支持技巧；没有对该活动进行适当的风险评估，也没有在全班面前演示该运动；没能适当评估班上同学的技能水平和以往经历；没有适当参照有关刊物，如体育教育协会《体育教学和学校体育的安全实践》；没能为她提供安全的场所来进行指定活动；并没能对她的活动进行充分的监督和控制而使她处于不必要的伤害风险中。

专家意见的事实基础

教师:S 夫人已经当了 12 年的教师,并在一所备受尊崇的大学取得了教育学位。在她此前及此次事件后的课堂上从未发生过学生受伤的事故。S 夫人解释说,她从 7 年级开始依据《国家体育课程标准》教授渐进式倒立的惯常动作。然而,里安在那一年的圣诞节过后才进入这所学校,因而错过了第一学期的课程。里安的证词说,她在 1997 年 10 月 9 日以前没有学过任何形式的倒立;也从来没在体育课上做过此类尝试。里安的搭档说自己曾经在 7 年级学过如何进行倒立以及如何支持倒立。

教学风格:S 夫人声称,在要求学生练习有支持的倒立之前,曾和一名学生一起(学生负责演示支持方法)演示了要完成完全直腿倒立所需要进行的各种连续阶段。丽贝卡,确认了这一事实;她同时还承认自己完全明白 S 夫人对指令的解释。不管里安的经历、能力和理解是什么,她的搭档完全理解当其同伴在进行倒立练习时她该如何提供支持。丽贝卡在很多场合都进行过类似练习。

监督:丽贝卡说 S 夫人没有离开过体育课堂,并记得在课堂结束时还见到过 S 夫人。S 夫人说自己从未离开过体育馆,且从头至尾都在对课堂进行监督。S 夫人和女孩们一起去了更衣室,因而如果里安想要向 S 夫人报告事故的话是能找到她的。但 S 夫人说里安没有向她报告任何事故。

专家的结论

S 夫人适当地指导了里安该如何完成有支持的倒立及她应该尝试达到的水平;并且 S 夫人也适当指导了里安的搭档如何支持倒立。此外,直到课堂结束,S 夫人都没有离开体育馆;她在整个课堂时间内适当地监督了学生。该监督包括对里安进行关于倒立的个人指导。在按照指示尝试倒立练习时,里安和她的搭档都没有表现出不愿意或是要超出指示范围的趋向。因而在 1997 年 10 月 9 日,S 夫人对里安不负有任何违反职责的责任。在对于 S 夫人应该为课堂作好准备(并评估倒立的内在风险)的指控范围内没有任何发现。即使 S 夫人有不同的表现,也不能阻止事实上已经发生的事故。里安遭遇了一次不幸的事故而地方郡议会不应为此受到指责。地方郡议会没有过错因而不用承担赔偿里安所受伤害的责任(Swansea Civil Justice Centre,2002)。

所得教训

这个案例报告中的关键安全问题是对学生责任感和监督水平的预估。并不是活动本身造成了事故,而是各方面因素的综合影响。除开学生年龄、学校类型、教学环境和活动类型的差异,托马斯(Thomas,1994)提出了五个事故发生的因素:

■　运气不好——教师无法控制的因素。

■　不好的决策和对不良决策所造成情景的后续反应。

■　缺乏充分和适当的团队管理、监督和组织。

■　高估教师的能力(知识、理解力和才干)和学生的责任感。

■　低估了潜在风险和危险。

因此,关于事故如何以及为什么发生的认识和理解能作为调整实践、最小化和预测事故或伤害发生,及发展安全文化的基础。这样体育就能继续安全地向教师、实习教师和学生提供挑战、冒险和风险。要最小化过失指控的风险,记住依照“风险评估的五个步骤”(见上文)并参考体育教育协会(afPE,2008)的《体育教学和学校体育的安全实践》。

支持安全教学与体育安全文化进展工作的清单

以下清单指出了在促进安全教学和体育安全文化时要考虑的关键因素:

■　认识和理解目前有关健康与安全的法律法规(表9.1)。

■　熟悉地方当局、学校和体育部的健康安全政策声明,及其提出的程序和指导。

■　对法律和职业责任,以及自己与健康和安全相关的责任和照看义务有最新的认识和理解。

■　对和自己教学相关的、与“人、环境和组织”(图9.1)有关的概念、原则和安全问题、指导和程序有最新的、深入的认识和理解。

■　确保自己有风险评估框架、接受适当的培训和信息更新,从而作出准确一致的决定来最小化体育中的风险。

■　依照“人、环境和组织”进行定期的风险评估。

■　参与每天、每周、每月和每年的风险评估(如境外机构诸如健康和安全办公室、维护“团队”、制造商)——这是对学校和体育工作人员的期望。

■　依据实际情况充分遵循“风险评估的五个步骤”(HSE,2006:2-5)。

■　培养察觉和预测风险的能力,使自己能检查潜在的危险。运用所得信息采取措施将风险降至可接受水平。

■　为所有不测作好准备,特别是急救行动,并保证你接受过适应自己责任水平的急救训练。

此外,由于体育安全是一个宽泛的话题,超出了本章的内容范围,我们强烈建议你阅读体育教育协会(2008)并定期更新关于体育教育协会和其他相关专业协会的信息(见延伸阅读)。完成任务9.7。

任务9.7　在你的教学中贯彻安全教学

贯彻安全教学是教师实践的基本方面,写一篇3 000字左右的论文,讨论教师在贯彻安全教学过程中的职业角色和职业责任。思考教师在承担角色和责任时面临的挑战,并提出解决方法。

小结与要点

本章概括了英国的主要健康安全法律、法规,讨论了教师的一些职业责任,安全教学和安全的问题。本章又讨论了教师如何能发展学生对于安全学习环境的认识和理解,以及如何培养学生创造和管理其学习环境以保证他们自身和他人的健康和安全。书中用一节体操课上过失指控的案例报告进行说明,强调了某些教师在试图保证学生安全时所面临的问题及相关问责。最后,本章提供了帮助教师进行促进安全教学与体育安全文化的清单。

希望本章能提供给读者更多的知识和信心来进行教学,而不是增加其不安和担心。我们强烈要求读者对自己的职业发展负责;及时掌握有关体育健康与安全的最近发展情况、被认可的实践和研究证据。

检查你在本章中完成了哪些课程要求。

设计教学方法以取得预期学习结果 10

引　言

　　本章旨在帮助你认识课堂预期学习结果(ILOs)、学习任务和师生共同创建的学习环境三者之间的复杂关系(Leach and Moon，1999)。我们赞成这样一种观点，就工作计划而言，要实现长期的任何学习目标，就需要为每个工作单元设计中期目标，并且为课程计划制订短期预期学习结果(见第3章)。实现课堂预期学习结果是达到长期目标的重中之重。因此，认识实现预期学习结果的关键影响因素，对于开展整个有效体育教学工作显得尤为重要。本章认为教师教学方法的知识和教学内容的知识一样重要(Schulman，1999)。无论在国家体育课程(NCPE)，还是中等课堂教育(QCA)，或者高等教育水平课程中，这两个方面知识的结合具有重要意义，它是理解教学中各种重要因素的基础。

目标

　　在本章结束时，你能够：
- 理解教学技巧、教学方法、教学策略、教学风格和学习环境等概念之间的相互关系；
- 懂得教学策略是专门设计的教学方法，它是由经过仔细选择的各种教学技巧、教师素质组成；
- 懂得适当使用教学技巧对达到预期学习结果的重要作用；
- 明白只有使用恰当的教学策略，才能实现教学目的、教学目标和预期学习结果；
- 了解各种教学方法的分类，无论从描述性的角度还是从归约性的角度；
- 能够认识和补充一些教学策略。
　　检查你的课程要求，查看与本章相关的内容。

教学技巧、教学方法、教学策略和教学风格

　　对于如何进行教学，文献中使用了大量的概念或术语。请看图10.1，它用表格

展示了不同概念之间的关系。

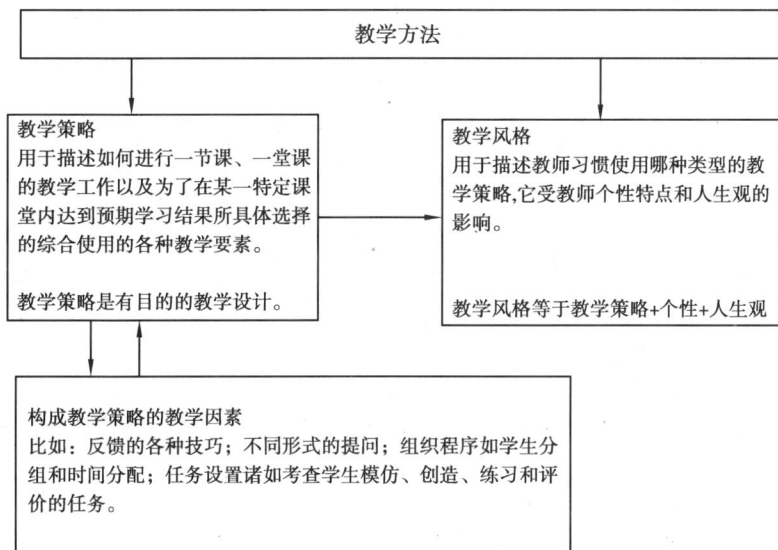

图 10.1 **教学方法、教学策略、教学风格以及教学因素等概念之间的关系**

在有关教学的书籍中,常常可以找到各种各样的基本教学技巧或教学要素,如教师站位、教学组织、声音的使用等。作为一名教师需要掌握这些教学技巧或教学要素来有效地促进学生的学习。这些技巧在本书的各个章节都有介绍。然而,当这些教学技巧用在教学中时,由此而产生的教学形式并不总是一样的。贯穿本章,方法这一术语是用来描述一个教师在一堂课里的整体教学行为。因此,这一术语包含了本章所描述的两种教学行为,即教学策略和教学风格。在这一章里,策略和风格是通过以下方式使用的。

教学策略常常用来描述教学方法,即为了在某一特定课堂内达到预期学习结果所具体选择、综合使用的各种教学要素。这一预期学习结果可能和交流、创新性、动作的准确性或者团队合作有关系。对教学策略进行过研究的有 Cole 和 Chan (1994),Joyce 和 Weil (1996),Joyce,Calhoun 和 Hopkins (2002)。在 Mosston 和 Ashworth(2002)的研究中,尽管他们明确定义了策略,令人困惑的是他们把教学类型称为"风格"。关于教学策略的例子和与教学策略有关的讨论可以参看 Capel, Leask 和 Turner(2009)的单元 5.3。

教学策略是强大的学习工具,它既能促进学习的有益方面,又可以抑制不利方面的发生。比如,严格控制的说教方法不能培养学生在舞蹈学习中的创造力;开放式发现法对于学习一些具有精确性的特殊技巧,如游泳姿势或者掷铁饼等也没有好处。同样,如果学生总是独立学习的话,则合作技能得不到发展;如果学生不融入到竞争的学校环境中,自尊就得不到培养。策略就是服务于实现预期学习结果,在确定预期学习结果之后就应该设计教学策略。

教学风格是用来描述教师—学生互动的一般方法以及教师个人的自我展示。对教学风格进行过研究的有 Bennett(1976),Galton 和 Croll(1980)以及 Oeser

（1955）。教师的教学风格是由教师经常使用的技巧和策略组成,具有教师个人特色。比如,教师 A 可能使用权威式的自我展示方式,很少使用肢体语言,说话坚定准确,很少出现幽默、期望,而不是赞扬、努力。而教师 B 可能采用一种轻松的自我展示方式,频繁使用肢体语言,说话轻声细语,总是很幽默且笑容满面。

　　这两位教师可能会有相同的教学效果,但是每个人都有和学生互动的独特风格。教师 A 和教师 B 不可能设计相似的教学策略来获得某一特定的预期学习结果;他们和学生互动的本质特点是由个人风格和教学结合所决定的。任务 10.1 是要求你观察两位教师并记录他们各自教学风格的差异。

任务 10.1　观察教师的教学风格

　　观察两位正在给学生上课的教师,并记录下他们各自表现出来的行为特点。两个人的风格有何不同呢? 记录应该包括诸如运用幽默和做手势的行为、与学生互动的次数、允许谈话的次数以及维持秩序的方式。把你的记录放在自己的职业发展档案(PDP)里面。

　　每位教师都有自己的教学风格,这既是预料之中的,又是受欢迎的,因为这使得学生的学校生活变得丰富多彩。然而,赞同差异本身是不行的。教师教学风格的策略因素的设计应该是有理有据的,它们必须和预期学习结果相关,而不是仅仅出于个人偏好。另外,也会有教师的个人特点与某一课堂的预期学习结果不适宜的情况。比如,一个教师偏爱轻松、幽默的教学方式,但对于练习投掷标枪的课堂来说就不合适。再比如,在一堂 11 年级的健康运动课中,这门课是为了促进学生计划和实施自己的健身安排,如果教师的教学安排过于紧凑,管制严格的话将会产生负面的效果。

　　一堂课的整体氛围是学习环境的一个重要特征,它是师生之间和学生之间互动关系的本质反映。课堂氛围应该总是促进学习并创造一个积极的、富有成效的学习体验(Slavin,2003)。学习环境也应该和预期学习结果保持一致。例如,如果是在一堂你想激发创造力和想象力的课堂,那么"创造一个有利于产生兴趣和探究的教学环境,允许那些吸引学生注意力和想象力的活动"(Slavin,2003:367)将会是一个有利条件。还应该记住学习环境也包括其他诸如教学场所的特点、教学设备、教学时间以及在特定条件下的温度和天气等方面的因素。所有这些都应该有助于帮助学生达到预期的学习结果。

构成教学策略的教学因素

　　在设计教学策略的过程中,很重要的一点是要记住所有构成教案的因素以及教案的实施都应该基于你计划达到的预期学习结果。需要考虑的教学因素包括以下方面:

- 学习内容(比如,游泳动作)。
- 把学习内容进行排列并打包成一系列的连续的任务。
- 每一课时的时间安排。
- 下放给学生的责任度(比如,是严格按照指令还是根据能力或想象力来学习)。
- 师生交流的类型(比如,教师的提问、练习卡以及学生讨论)。
- 学生分组。
- 教师反馈的重心(比如,重心在于身体技能的习得还是在于展示合作与忍让)。
- 评价的形式和核心(比如,是反对先前的个人表现还是反对国家标准,是形成性的还是总结性的)(见第 8 章)。
- 在教学场地学生和教学器材的安排(比如,是严格规范还是让学生自己选择)。

在前面章节里已经讨论过许多教学技巧,然而你在教学中实施这些技巧的时候需要仔细考虑。例如,提问的方式将会影响一堂课的教学效果,正如学生的分组方式一样。必须认识到恰当使用并改进教学技巧是达到特定的预期学习结果的关键。在卡佩尔、布雷肯和奥尼尔(Capel,Breckon and O'Neil,2006)书中的任务 2.2a 和 2.2b 对于认识预期学习结果和教学因素之间的关系很重要。设置的学习任务和反馈的重点都对学生的学习产生重大影响,下面的任务证明了这一点。一个教案就像一个七巧板,所选择的每一块拼凑到一起才能得到整个拼图。如果其中某一块丢失了或者选错了,对于取得预期学习结果而言,最终结果将会不理想,甚至失败。

任务 10.2 告诉你观察教学并开始识别促进取得预期学习结果的设计和教学因素。任务 10.3 要求你仔细检查教案并看看你选择和设计的教学因素与预期学习结果的一致程度。

任务 10.2　观察促进学习的教学因素

记住每位教师都有自己的个人风格,因此,仔细观察他们是如何设计教学以取得某一特定的预期学习结果是很有帮助的。阅读你所在实习学校两位教师的不同预期学习结果的教案。观察这两堂课并记录促进预期学习的教学因素。并把被观察的教师交流并把交流记录放在你的职业发展档案(PDP)里面。

任务 10.3　选择取得预期学习结果的教学因素

使用现成的教案,并选择其中四个达到不同的预期学习结果的教案。对于每一个教案,找出上述所列的每一项教学因素是应该怎样使用以保证能够达到预期学习结果。例如,如果这个预期学习结果是学生能够共同创造出一个体操序列,你要找出的其中一个因素应该是"交流";并且你设计的交流方案将会被具体地用在学生讨论的内容中。和另一位实习老师讨论你的想法,并把记录放在你的职业发展档案(PDP)里面。

学习任务

　　学习任务是一堂课的构成材料,因为它是经过"打包"让学生完成的。学习任务的设计是取得预期学习结果的关键。重要的是,学习任务应该和某一特定的预期学习结果相关,比如学习任务的设计可能会需要特别努力注意以下方面:

- 重复,比如要求学生准确模仿一个范例的任务。
- 精确,比如设计要求学生实施某一技巧时专心致志的任务。
- 增加力量,比如增强手臂或者大腿力量的任务。
- 试验,比如要求学生研究体育器材的任务。
- 创造力,比如要求学生在发展舞蹈的主题时利用想象力的任务。
- 组内合作,比如设计需要组内讨论和作决定的任务。
- 自我评估,比如要求学生把自己的表现和设定的范例进行比较的任务。
- 互评,比如要求学生合作学习并给同伴反馈的任务。
- 计划后续的挑战,比如要求学生设计自己的学习进度的任务。

　　同时,当你在设计任务时,你应该考虑:

- 任务是否会因为设计形式或者学习结果的不同而不同。对于不同能力水平的学生,可以给他们布置不同的学习任务;也可以给全班的学生布置相同的任务,但是给予不同能力的学生以不同的期望。例如,对于后者,所有的学生可能都会被要求完成一套体操动作,包括倒转的动作。对于能力强的学生,可以要求他完成翻跟斗,而一般的学生则要求完成一个肩倒立就可以了(参看第3章关于教学计划)。
- 允许学生自主选择要完成的任务。
- 任务的设置要根据任务来定,也就是说掌握一项特定的任务;或者是以教学成果为导向,即完成一个比班级里其他同学水平更高的动作。参看卡佩尔、利斯克和特纳书中第3章第二节(Capel,Leask and Turner,2009)。

　　另外,任务必须:

- 适合学生的年龄、发育、过去的经历以及该组的身体和认知能力。
- 适应教学环境的因素,如可使用的教学器材、一节课的时间长短、活动空间以及天气。
- 考虑班级的特点,如不愿意参与活动的小组,吵闹或者容易分散注意力的小组。
- 考虑小组合作的整个班级学习效率。

任务 10.4 要求你设计与预期学习结果一致的任务。

任务 10.4　设计与预期学习结果一致的任务

设计一个有助于以下几个方面的任务：

- 在曲棍球传球时达到准确；
- 练习体操时促进组间合作；
- 发挥一个舞蹈主题；
- 培养游泳耐力；
- 培养田径运动中的自我评价。

与你的指导老师讨论你的建议,并把记录放在职业发展档案(PDP)里面。

反　馈

反馈是任何一个教学策略的关键因素,应该和设置的任务直接相关,这不仅仅体现在国家体育课程(NCPE)(QCA,2007a)教学里面,也体现在普通中等教育证书和 A 等级里的基于课堂的教学中。反馈使学生的注意力集中在以预期学习结果为基础的任务设置上,并提供取得成绩与结果的知识。学生需要知道自己跟预期学习结果有关的进步程度。因此,反馈必须突出学习方面而不是其他方面。例如,如果你要在一个游戏里面促进小组合作,但是你所有的反馈却把重心放在每个学生的运动技能的表现上,那么你不可能达到你的预期学习结果。另外,如果你想让一系列的动作更加完美,反馈重心放在重新设计教学内容的话则会偏离主题。

设置一个任务时,重要的是让学生明白活动的重点,并且随后的反馈应该明确与之相关。例如,在曲棍球运动中设置一个特殊的活动能够达到以下预期学习结果中的任何一个：

- 掌握一项新的运动技能；
- 使用合作技巧,比如忍让、交流和灵活性；
- 增强创造性/想象力；
- 坚持一致的原则；
- 设定个人目标；
- 支持同伴的学习；
- 提高运动观察力；
- 改进评价技巧。

在练习之中和之后给予学生的反馈应该确定重心。任务 10.5 要求你考虑和上面所列的预期学习结果一致的反馈。

任务 10.5　反馈和预期学习结果一致

把下列三个反馈的例子与上述所列预期学习结果相匹配,并设计一个不包含上述预期学习结果的反馈实例。把你的答案和想法与另一位实习教师进行比较。

a)非常棒,玛丽,你每次都射中了球。你认为你给自己设立的目标太简单还是太难呢?

b)很好,杰森,你在练习时能够使球一直靠近你的棍。

c)保尔,你练习得很刻苦。你认为哪一部分你做得最好呢?

把你的记录放在职业发展档案(PDP)里面。

如果在学生的脑海里、你的观察中以及你的反馈里有明确重心的话,学生会学得更好。作为体育老师,我们有时会因为对任务各个方面反馈得太多而感到内疚。在你早期的教学活动中,一个良好的实践就是设置任务并告诉学生一个教学要点。通常学生会发现一次学习一个知识点会更容易;而且,如果每次你只关注一个动作技巧的一个方面,你的观察和反馈也会更加具体而有效。反馈必须精确到位,不然学生会感到困惑并且学不好。因此,你自己必须清楚要掌握的知识,这既是给予学生解释任务的知识,又是观察和反馈的知识。这很重要,因为如果教师给予学生错误的信息,反馈则不能促进学习。正确的反馈取决于有效地观察,这在第 4 章里讨论过;另外,这也是评价过程的一个重要特征。反馈在评价中的作用在第 8 章里已有详尽地讨论。

上述讨论强调了把教师的反馈与某一节课或某一任务或某一教学片段的预期学习结果相匹配的重要性。任务 10.6 和 10.7 分别要求你检查与预期学习结果相关的反馈并思考与之相关的其他教学因素。

任务 10.6　给予与预期学习结果一致的反馈

在你的其中一个教案里,明确说明你为这一课或任务设计的预期学习结果。让你的指导老师观察你的课堂,具体指出与上述所示的预期学习结果相关的反馈,记为 3 分,以及与所示的预期学习结果不相关的反馈,记为 1 分。然后计分并与指导老师讨论你使用的反馈。在另一堂课里重复这些练习,并计总分。把你的结果放在你的职业发展档案(PDP)里面。

任务 10.7　使教学的其他因素与预期学习结果相一致

选择一个你已经准备好但没有进行教学的一堂课,并考虑到底是计划在不同的课堂片段使用交流模式,还是计划把责任下放给学生以有助于你实现预期学习结果。修改你的教案以达到适用,授课并与指导老师讨论你的教学促进预期学习的程度。把你的记录放在职业发展档案(PDP)里面。

教学策略和教学风格的分类

在 20 世纪 60 和 70 年代,教学方法是众多研究和讨论的主题。[参看 Bennett, 1967;Cox and Dyson,1975;The Plowden Report(Central Advisory Council for Education,1967);Galton and Croll,1980; and Oeser,1955]。研究者们分析了教学,并制订出各种各样的方法分类。已经确定的有两种:一种是关于应该怎样实施教学,即为大家熟悉的规约性分类,并和教学策略一致。另一种是基于对教师的观察和对他们教学方式的记录。这一类被称为描述性分类,并和教学风格密切相关。

教学策略

教学方法的分类源于教学如何促进学习的理论。其中一个有助于体育教学设计的规约性分类是由莫斯顿和阿什沃斯(Mosston and Ashworth,2002)创造的。他们的基本理念是:只有通过师生之间的恰当互动才能达成有效学习。他们把这称为 O-T-L-O 原则,四个字母分别代表:目标、教师行为、学习行为和结果。他们确认了 11 种教学策略(或者按他们的术语:"风格"),进一步分为复制集(Reproductive cluster)和创作集(productive cluster)。复制策略是指学生重复模仿和学习已有的技能和知识,而创作策略则为学生提供机会自己创造动作反应和发展自己的观点。这些策略形成一个连续体或者光谱,并且根据学生类型和教师决策来排序。这些策略以命令(Command)开始,老师作所有的决定,然后,如练习(practice)、自我检测(self-check)、引导发现(guided discovery)和发散发现(divergent discovery),再到学生自主选择想要学习或者探究的活动的策略。例如,学生可以自由决定使用哪种舞蹈风格来诠释一首诗的主题;或者在教室里要求学生选择营养学的哪一方面来进行研究。阅读莫斯顿和阿什沃斯(Mosston and Ashworth)的研究是很有益的,思考整体策略是如何实现关键成果的以及策略的哪些因素有助于取得这些成果,比如提问技巧和所建议的反馈类型。重要的是,他们都注意到了更广泛的教育目标(参看 14章)以及体育教学的目标(关于这方面的详细内容,参看本教材的网站:www. routledge. com/textbooks/9780415561648)。

然而,重要的是要记住,莫斯顿和阿什沃斯(Mosston and Ashworth)所描述的策略光谱包括为达到预期学习结果指导教学设计的广泛原则。作为一位教师,你的工作是为某一堂课设计与预期学习结果一致的教学策略。这个光谱里所指的教学策略并没有提供教学的现成答案。相反,一旦你设定了教学的预期学习结果,这些教学策略将会给你提供一个很有帮助的指导。

　　在此值得思考一下发展国家体育课程(NCPE)的关键过程(Key Processes)(参看13章)对教学策略的影响。图10.2展示了一些例子,任务10.8要求你增加这些建议。

关键过程	广泛的策略方法	组成成分
在体育活动中培养技能	教师的技能示范 练习的机会	侧重于动作的某一特别要素的任务 侧重于提高和表现的反馈
作出并实施决定	提供发现和解决问题的情景,责任下放给个人或小组	开放式任务 开放式问题 与想象力和创造性相关的反馈
发展生理和心理的能力	设置挑战以发展体力和促进心理毅力 学生设置自己的目标和练习技巧以及安排等	允许学生设置自己目标的任务 关于目标选择的反馈 对进展的提问/讨论
评价和提高	培养学生评价自己和他人动作的责任感	提供标准表格以记录观察的动作 关于观察/自我评价的准确性的反馈
作出健康积极的生活方式的选择	提供信息和讨论 提供参与各种活动的机会	讨论,鼓励学生对话,交流技巧

图 10.2　关键过程和教学方法

任务 10.8　与教学策略相对应的关键过程

　　把中间和右边方格里的建议加起来,并与你的指导老师讨论你的建议。把做好的表格放在你的职业发展档案(PDP)里面。

　　在思考教学策略时,你需要意识到只有在极少的情况下,为一整个课时设计一个策略。这是因为一堂课里的预期学习结果可能会改变。例如,在一堂使用"理解游戏(Games for Understanding)"(Griffin and Butler,2005)的课程里,每一部分都需要不同的策略。课堂的第一部分或许是探索,接着是讨论发现,然后是设置一个介绍新的运动技巧或提高现有的运动技巧的任务。在大部分课堂里,随着教学进度的开展,教师会采取一系列策略,并可能同时使用不止一种策略。例如,当很多组的学生要为达到不同的预期学习结果而学习时,那么就需要不同的学习任务/挑战。图10.3展示了在连续的教学片段中使用一系列教学策略的例子。

舞蹈课堂的预期学习结果。在课堂结束时,学生已经:

a)使集体舞的开场动作片段更加精彩;

b)创造了一个包含合跳和两重轮跳的双人动作片段;

c)意识到舞蹈中双人表演的关系。

课堂片段的预期 学习结果	内容/材料	教学策略
身体准备 (国家体育课程关键过程:培养身心能力)	热身	全班活动
动作的准确性 (国家体育课程关键过程:在体育活动中发展技巧)	前面课堂里介绍过的开放式动作片段 A	用教学卡片进行两人互相教学,以检测动作的准确和细节
两人一组,主题的创造性发展(国家体育课程关键过程:制订和实施决定)	选自开放式动作片段的主题并发展成为包含合跳和两重轮跳的双人动作片段	通过讨论、探索和重复,两人合作解决问题并发展主题
对唱表演的评价(国家体育课程关键过程:评价和提高)	由班级里的另一对双人组来表演新创造出来的双人表演动作片段 双人舞蹈的视频	观察同伴,小组讨论以辨别合跳和两重轮跳 整个班级观看双人舞蹈的视频并与老师讨论

图 10.3　在一堂课不同阶段里可以使用的教学策略模式

教学风格的分类

　　教学风格的分类是基于对教师的观察、教师类型的归类以及观察到的教学。每一种教学风格都体现了教师组织自己教学并与学生互动的独特方式。一个相对直接的描写性教学分类是分为两种对比的风格,即传统的和现代的。图 10.4 罗列了这两种风格的要素。

　　尽管这些和上述的其他研究为教学提供了极有用的见解,还需要明白研究的动机在于找出最有效的方法是使用某种方法促进学习。实际上,他们采取了与本章截然相反的观点来研究教学。我们的重点是"我该如何教学来达到这个预期学习结果?"而不是像研究者们的关注重点,即"使用这种方法的结果是什么?"

传　统	现　代
1.在每一个"课时"里教授的学习内容	1.整合的学习内容
2.教师提供所有的知识	2.教师引导学习体验
3.学生处于被动地位	3.学生在学习时处于主动地位
4.教师完成所有的教学大纲计划	4.学生参与教学大纲计划
5.死记硬背,练习自己喜欢的学习方式	5.通过发现技巧来学习
6.使用奖励和惩罚的外在动机	6.内在动机,而不是外在的奖惩
7.以学业标准为重	7.学业标准不是唯一目标
8.频繁测试	8.极少测试
9.竞争,而不是合作	9.包含很多合作性的小组活动
10.基于教室的教学	10.教室内外进行教学
11.很少强调创造性表达	11.鼓励创造性表达
12.以教学内容为中心	12.以学生为中心
13.学生依赖教师	13.鼓励学生培养独立性

图 10.4　传统的和现代的教学（摘自 Bennett,1976）

形成自己的教学理念

　　所有教师都被期望根据政府指定的课程上课,并因此负责实现类似的目标。然而,正如本章前面所示,每位教师都有由自己个人独特的性格衍生出的教学风格。另外,当你越来越有经验时,你的教学会受到体育教学最重要的价值观念和你对孩子如何学习的观念所影响。这些观点构成了你的教学理念,并使你的教学设计以及与孩子互动的方式多样化。尽管教师要按照政府和学校政策设定的方针政策进行教学,你仍然有机会表达你自己的教学理念。例如,如果你认为教学的关键任务是让学生变成独立的学习者,那么在任何可以的情况下下放任务给他们。如果你认为只有通过个人发现和不断试验才能使学习达到最好的效果,那么在任何合适的时间使用这些方法以促进教学。你的教学理念有助于你的个人教学风格的形成,既影响你运用一系列教学技巧的个人方式,又影响你经常使用的教学策略。然而,虽然每位教师都有自己的教学理念,任何教学都必须在预期学习结果的指导下进行,这些预期学习结果是和教育,以及体育教学的广泛目标一致的。

　　现在,完成教师部分的任务 10.9,10.10 和 10.11。把这些放在你的职业发展档案(PDP)里面,作为你的实习教师学习的凭据。

任务 10.9　使用教师提问或者学生分组来取得预期学习结果

　　在这一章里,任务设置和反馈作为例子来证明某一教学技巧需要根据一堂课的预期学习结果来进行修改,并因此有助于所运用的教学策略类型。写一段关于为达到预期学习结果使用的各种各样的教师提问或者学生分组的文字,内容为 500 字。恰当的时候参看本书的其他章节。与你的指导老师一起做这个工作。

任务 10.10　对莫斯顿和阿什沃斯(Mosston and Ashworth)的研究的批判性思考

阅读莫斯顿和阿什沃斯(Mosston and Ashworth,2002)的研究成果,并对教学策略的分类进行优势(Strengths)、弱点(Weaknesses)、机会(Opportunities)和风险(Threats)(SWOT)分析,以指导你的教学计划。登录本书的网址(www.routledge.com/textbooks/9780415561648)查看一个 SWOT 分析的例子。写一篇以"批判性思考莫斯顿和阿什沃斯(Mosston and Ashworth)的研究是解放了还是限制了体育教师"为题的 2 000 字的论文。与你的指导老师一起做这个工作。

任务 10.11　以达到广泛的体育教学目标的教学策略

阅读 14 章"体育教师的广泛作用"的内容并确认"每个孩子都重要(Every Child Matters)"议程[教育技能部门](Department for Education and Skills(DfES),2003)的一个要素以及个人学习和思维技能(Personal Learning and Thinking Skill)的两个要素。完整记录为实现每一个广泛的教学目标而使用的教学策略的要素。

与你的指导老师一起做这个工作。

小结与要点

本章阐释了教学中的一些重要概念的含义,并特别关注教学策略和选择与预期学习结果一致的策略因素。教学策略是强大的学习工具,并且必须根据某一堂课的预期学习结果进行设计。作为一位体育教师,很重要的一点是要记住只有使用合适的教学策略才能达到预期学习结果。人们经常说只需要上体育课,学生就能取得广泛的教育目标,比如独立性、交流技巧或者想象力。这种观点本身就是有争论的[参看第 2 章和第 1 章(Capel and Piotrowski,2000)],但仍然有一个强有力的论据,那就是尽管在体育课上可以有助于发展除强化过的身体技能以外的技能,除非教师采取了合适的教学策略才能实现这一点。教学策略包括一系列精心挑选的教学技巧和教学因素。只有通过合适的设计和使用这些技巧和因素,才能使教学策略与预期学习结果一致。虽然你的工作是运用合适的教学策略,作为一位实习教师,你也要开始形成自己的教学风格。这源于你的性格因素和体育教学理念。你的教学风格使你不同于其他教师,并为你需要使用的广泛教学策略增添"色彩"。

检查你在本章完成了哪些课程要求。

为教学设计一个融合方法 **11**

引　言

　　教师的基本责任就是让学生的学习最大化。因此,教师需要灵活地、创造性地营造有利于所有学生学习的氛围。这包括识别学习中潜在的障碍、教学和评估,同时使用能够让学生有充分的机会和足够的权利接受体育教育的策略。作为这个过程的一部分,你需要开发和学生、家长、教师以及外部机构间合作的教学策略,以保证体育教学中学生享有平等的机会。这其中一个重要的部分就是和学生们进行积极的协商,倾听他们对体育教学的观点、想法和看法。

　　本章概括了跟包容性议程相关的一些问题,同时让你对自己的教学实习进行反思,以及了解如何使用策略来保证体育教学中的机会平等。近些年来在英国,包容性和多样性被提上了日程,以至于制订了很多政策、法规和法定指导。《国家体育课程》(QCA),2007a)法定包含声明(Statutory Inclusion Statement)要求教师把包容性和多样性作为他们工作的核心部分。这一要求也被其他的法令和政策指令支持,如特殊教育需要(Special Education Needs)(SEN)、残疾人权利法案(Disability Rights Act)(教育与技能部 2001a)和残疾人平等责任(残疾人权利委员会,Disability Rights Commission,2006)。另外,由于引入《单一权利法案》(Single Equality Bill)(Government Equalities Office,2008)以处理固有的不平等,如今所有学生和团体的贡献都成为现代社会的一个重要成分。当然,这对于教师来说为保证全面满足学生的多样性需求具有重要的借鉴意义。

　　关于有特殊教育需要的学生,儿童学校和家庭部门[Department for Children, Schools and Families(DCSF,2008a)]的数据表明所有学校有 2.8% 的学生都宣称有特殊教育需要,而且其中 56% 的学生都是在主流学校。然而,这并不全面,因为另外有 17.2% 需要特殊教育的学生没有正式声明。因此,如果我们把这些数据和其他多样化或者边缘化的团体(比如有关种族、性别,英语作为第二语言,阶级和贫困,等等)结合起来,那么很显然就需要承诺支持包容性教育。这与国家体育教程(QCA,2007a)和《每个孩子都重要》[英国女王政府(HMG,2005)]的议程范围内日益关注个体相一致,强调了教师需要在学习策略、教学策略和评估策略中渗透这些议程目的以使所有学生都有尽可能多的机会参与、表现和充分发挥他们的潜力。作为这些政策的实际含意的体现实例,也就是要求体育教师审查学习目标,活动和评估策略的类型的适宜性,以保证所有的学生能够学习和发展。

目标

在本章结束时,你应该能够:

■ 理解依照政府的《每个孩子都重要》(*Every Child Matters*)(2005)和个性化议程的包容性体育教育的理念和实践;

■ 认识包容性体育教育的核心价值以使你能够制订教学计划、授课、审查教学策略;

■ 了解跟体育教学环境中包容性教学及其实施相关的国家体育课程(NCPE)的原则;

■ 思考一系列学习、教学和评估策略,用你的知识、技能和理解制订计划并有效地实现包容性教学。

核对你的课程要求,查看与本章相关的内容。

包括所有学生的体育教育

阿弗拉马德斯和诺里奇(Avramadis and Norwich,2002)认为在生活的各个方面享有平等的机会作为现代社会的一部分是很重要的,其中包括教育,这也是所有公民的社会和道德权利。他们建议学校应该为学会互相理解和尊重多样性提供理想的机会。为了使你开始思考制订包容性体育教育计划,有必要先明确在英国有法定法规和大纲指导规定,学生有享受包容性教育的基本权利。在解释这个之前,你应该意识到成功取决于教师的开放思维、积极态度和自发改进、适应学习、教学和评估策略以及实践(Morley et al.,2005)。

关键要明白这并不是指以同样的方式鼓励所有的学生。正如罗杰斯(Rogers,2007)所指出的,为了促进学生有充分的机会接触体育课程,你需要培养技能以识别个别学生的需求,然后设计与他们的特殊情况相称的教学计划。莫拉特德斯等(Mouratidis et al.,2005)和维克曼(Vickerman,2007)也赞成这一观点,指出机会平等和包容性教育应该侧重于鼓励差异,同时创造使学生能够受到平等而又略带差异地对待的体系。这保证了学生通过充分接触体育教育和学校活动的各个方面来满足他们的特殊需求。

在制订包容性教学计划时,卡塞尔和莱特尔(Kasser and Lytle,2005)支持残疾人社会模式(Burchardt,2004)作为去除有特殊教育需要的学生的推广手段,把注意力集中在教师和非残疾学生的角色上。残疾人社会模式认为无障碍体育教学课程的最大限制因素往往不是被区别对待的学生,而是学校和教师在修改现行政策时缺乏灵活性和责任。同样,根据彼得斯(Peters,2004)的观点,这一看法可以适用所有学生,并不只是有特殊教育需要的学生;而且在这一方面,学校和教师应该主动回应个别学生在体育课上的任何需求。例如,如果一个坐轮椅的学生努力要把一个篮球投入一个较高的球筐内,学校就应该考虑购买可以上下移动的投篮筐。还有一个例子就是学生由于文化信仰在斋戒期间不能参加剧烈的体育活动;体育教师应该考虑让他们当裁判或者教练,以保证他们也能参与到课堂中来。因此,为了开发包容性体育教学课程,你应该考虑尊重差异的教学策略(Rink and Hall,2008)并给其他学生提供尊重和鼓励多样性的机会。

制订包容性教学计划需要机智、灵活的教学方法,并意识到所有学生的体育学习处于一个连续体中(Vickerman and Coates,2009)。海耶斯和斯蒂德(Hayes and Stidder,2003)以及维克曼(Vickerman,2007)主张有必要考虑涉及所有学生的新方法,运用教师试验和反思的技巧、与其他同事的合作以及外部机构来充分发挥他们的学习潜能。

你也应该考虑采取灵活的教学和评估策略(Cole,2008)来为所有学生提供演示知识和理解的机会。例如,一个有脑部麻痹的学生参加传接游戏活动时,可能需要帮助改装设备以帮助他们演示推动球(比如一个塑料槽或者斜槽)。在这种情况下,你的评估是针对那个学生的,不能和班级里其他学生的评估相比。这种个性化的评估使得有特殊教育需要的学生能够展示自己在体育教学课程中取得的成功和成就(Smith and Green,2004)。再比如改进体操教学可能会限制或者增加系列动作的数量,使学习处于一个完整的连续体。这项任务的评估反映了为学生设置的特定挑战。

另外,作为采取包容性体育教育的系统过程的一部分,学校和教师应该审视目前的教学实践,同时确定发展的区域。《残疾人平等责任》(the Disability Equality Duty)(Office for Disability Issues,2006)就是这样的一种方法,期望学校和教师回顾和评价他们使学生充分接触体育课程的程度。作为这个方法的一部分,人们越来越强调"倾听学生的声音"(Coates and Vickerman,2008),换句话说,在教学设计中要涉及学生。这样的话,在设计课程和课堂的时候,学生的愿望和兴趣也被考虑进去了。任务11.1要求你反思目前你所阅读的本章内容,熟悉重要文件并思考它们对体育教育的意义。

任务11.1　包容性教育的基本原则

根据你目前所阅读的本章内容,记录下你认为影响体育教学的主要实践因素和包容性政策。熟悉政府和学校政策。思考你认为哪些策略能够消除障碍,以实现对所有学生的全面多样性的体育教学。作为这个过程的一部分,你应该思考下列问题:

■ 我是否阅读了关于包容性教育的主要政府法定文件?

■ 关于包容性教育的学校政策是什么?

■ 关于包容性教育的体育部门的政策是什么?

■ 较之于其他学科领域,体育教育是通过什么方式更好地抑或不足来满足残疾学生的需求?

你在完成这个任务时,能遇到你所在实习学校的特殊教育需要协调员(Special Education Needs Coordinator)可能会有帮助。把相关的文件和记录放在你的职业发展档案(PDP)里面。

学生需求的多元化连续体

　　《每个孩子都重要：为孩子改变》(*Every Child Matters：Change for Children*)(DFES,2003)这个议程致力于保证每个孩子——无论他们来自何种家庭背景——都拥有他们所需要的帮助而成为健康、安全、快乐、成功、为社会作积极贡献、经济富有的人。为了实现这个目标，英国政府正鼓励越来越多的联合、多元学科，并同时保证孩子们有更多的机会表达对影响自身问题的看法(Fitzgerald,2005)和观点。此外，作为《每个孩子都重要：为孩子改变》(*Every Child Matters：Change for Children*)议程的一部分，于2000年发起的儿童基金会(the Children Fund)(参看HMG,2005)致力于消除不利因素，旨在确定可能会在早期阶段受到社会排挤的学生，以帮助和支持他们以满足其特殊需要，进而让其充分发挥潜能。

　　然而，重要的是要充分意识到立法要求和个人教学实践相关，并明白其中的理念。但这仅仅是你在这个过程中起积极作用的第一步。适用所有学生的关键在于调整你的教学实践以满足所有学生的需求(详细内容请参看本章的后面部分)。这包括有天赋的学生、有才能的学生，也包括残疾学生。因此，有突出潜能的学生需要得到教学大纲内外的合适的指导和帮助。在课堂上，他们可能需要更富有挑战性的任务，并要求他们取得更高层次的成就。在教学大纲之外，你应该努力引导他们参加课外活动项目、俱乐部以及专题研讨会，以培养他们的潜能。(关于体育教育中培养才能的更多信息，请参看 Morley and Bailey,200；and Bailey，Morley and Dismore,2009；and Chapter 11 in Capel，Breckon and O'Neil,2006)

　　另一组需要特殊帮助的是把英语作为外语的学生。这些学生需要特别关注。可能需要一个双语的助教来帮助教学或者在有些情况下可以与一个双语的学生分在一组。如果课堂中没有助教，你可以增加演示、视觉图像或者海报的使用来解释你努力要达到的教学目标。(更多指导，请参看初级体育教师培养和教育[Physical Education Initial Teacher Training and Education (PEITTE,2009)网站])。有听力或者视力障碍的学生也需要在课堂中得到帮助，因此他们能够尽可能多地融入体育环境下的学习和成长。你实习学校的 SENCO 应该能够给予指导以帮助这些学生和其他有特殊需要的学生。

　　其他需要你考虑的学生是来自非英语文化家庭背景的群体、女孩以及旅游者。参考卡佩尔和彼得洛夫斯基(Capel and Piotrowski,2000)关于由文化多样性和对女孩的不同看法以及女孩自身特点而产生的需求的争论。参考丹尼尔斯(Daniels,2008)和博帕尔(Bhopal,2004)关于满足旅游者需求的研究。

把所有学生囊括进体育教学中的关键价值标准

1992 年的国家体育课程(the National Curriculum for Physical Education)[NCPE, Department of Education and Science and the Welsh Office(DES/WO),1992]确定了涉及机会平等的四个关键原则。它们是权利(entitlement)、可及性(accessibility)、整合(integration)以及完整(integrity)。这是国家课程设定的基础。这些原则很快被近期的《每个孩子都重要》(HMG,2005)议程和推广个性化学习所包括,以保证学生能充分享受课程学习的权利。

权利的概念是保证每个学生都能享受体育教学课程学习的基本权利。对有特殊教育需求的学生来说,有着特殊意义;而且它已成为特殊教育需要和《残疾权利法案》(*Disability Rights Act*)(DFES,2001a),《残疾人平等法案》(*Disability Equality Duty*)(Disability Rights Commission,2006)以及《特殊教育需求实施法案》(DfES 2001b)的认同条款。事实上,修正过的《特殊教育需求实施法案》主要侧重于学校实施并实现包容性体育教育。作为权利的一部分,你应该在学校环境下采取行动制订包容性体育教学计划从而使学生充分享受课程学习的权利。这也说明前提是体育教师应该拥有积极的态度和开放性思维,通过讨论、改进学习、教学和评估策略尽可能减少潜在的障碍(DePauw and Doll-Tepper,2000)。

就可及性而言,你的责任是保证一个无障碍的体育课堂并且顾及到学生的多样性。这个同残疾的社会模式(Burchardt,2004)一致,认为你的责任是调整你的教学以适应每位学生的需要而不把学生视为活动参与的障碍。例如,一位把英语当做第二语言的学生可能需要有关交流技巧的帮助,让他在你的课堂里得到全面的关注;另外,学校和体育部门也应该提前设计这些。

第三个原则整合,肯定了包容性教育带来的益处以及通过这些方法让所有学生取得的积极性成果。它也论述公民的概念,教师应该鼓励学生增强相互间的了解并尊重个体多样性,并作为参与社会交往的一部分(Lambe and Bones,2006)。例如,来自不同文化背景的学生可以通过舞蹈来学会欣赏各种各样的传统惯例和社会习俗。这样,在体育教学中团队合作、相互理解、尊重差异和同感则得以实现(Vickerman and Coates,2009)。

另外,考虑到保证所有学生都融合在你的体育教学课堂的需要,莱特和瑟顿(Wright and Sugden,1999)建议应该把对有特殊教育需要的学生的教学看成你现有的混合能力教学的延伸,应该区别对待。因此,作为教师,你应该首先发展一些促进包容性体育教育的必要技能——无论哪种——结果是,只是偶尔需要一些专门的建议和指导。所以,成功的融合教育的基本因素是积极的态度,区别对待,以及时刻准备适应和改进你的教学实践以满足学生的需求。

最后,关于第四个原则完整,你需要通过审视你为融合所有学生而制订有效课堂计划所做的适应和改进来加强你的教学。作为自我承诺,你应该保证包容性体育教学是平等的,富有挑战性,并且对于个别学生绝不偏袒或者贬低。任务11.2要求你思考怎样把这四个原则应用到你自己的教学中。

任务11.2　包容性体育教学的主要价值观

回顾一下权利、可及性、融合以及完整这四个原则。为了实施这些原则,确定你认为应该采取哪些主要措施以作为融合学习、教学和评估的一部分。考虑以特定的学生或者个别体育活动来实现这个任务或许是有帮助的,比如游泳。与你的导师讨论并把记录放在你的职业发展档案(PDP)里面。

国家课程与包容性教育

英国政府指令(QCA,2007)提倡设计世界一流的教学课程来鼓舞和激励所有的学生,让他们通过一个个性化的、想象的和灵活的方法来学习。国家体育课程[the NCPE(QCA,2007)]继而建议包容性教育应该基于所有学生在一系列有意义的、相关的学习体验中积极到场,积极参与他们的成就。一个有效的、包容性的学校应该是基于整个学校的课程体系,其主要目的之一是让所有学生拥有享受一系列高质量的学习体验的权利,而不考虑他们的社会背景、文化、种族、性别以及能力差异(Hayes and Stidder,2003)。

一个包容性的教学课程就是所有的学生能够把自己的体验和期望与课程结合起来,并使他们有足够的机会取得最大的成就。为此,国家体育课程[the NCPE(QCA,2007)]建议制订包容性教学计划时要考虑如何使课程能够满足不同学生的需求和兴趣,包括天资聪明的学生,学习困难的学生,残疾学生,把英语作为外语的学生,男女生的不同需求,需要照料的孩子,有社会、情感和行为障碍的学生以及那些具有不同文化观念和经历的学生。因此,为了满足体育课堂上所有学生的需要,国家课程(QCA,2007)《法定包含声明》(*Statutory Inclusion Statement*)确定了以下四项期望:设置合适的艰巨任务、满足学生的各种需要、克服学习的潜在障碍以及设计适于个体学生和部分学生的评估方法。这是1992年体育教学课程设置的主要原则的实际应用的体现,这些原则已在本章前面部分讨论过。表格11.1列出了关于在你的教学中如何实现《法定包含声明》的一些期望的范例。

表 11.1　考虑体育教学中的《法定包容声明》

法定包容声明的内容	解读有效的包容性体育教学计划	我需要发展的技巧、知识和策略	帮助我成功的所需资源
设置合适的学习挑战	确保熟悉学生的个人需求。例如,有协调困难的学生或许需要短一点的球拍或者更大的球	认识正在教授的技巧类型。认识提高技巧的不同起始点以保证学生能够成功,并且激励他们学习和发展	和以前的教师、导师、特殊教育需要协调者或者残疾运动组织,比如英国残疾运动会联盟讨论
回应学生的各种学习需要	保证你的学习和教学环境有利于学生的个体需求,并使其能够接触课程。例如,一个由于宗教原因需要遮住腿的学生或许需要体育课的着装要求变得更为灵活	查看学校关于体育课的着装规定,保证它足够灵活并适应学生的个体需求。确保要进行的体育活动中没有健康和安全隐患,比如穿着长裤进行的体育活动	与相关的个别学生讨论如何满足他们的个别需求,和相关人员讨论体育课的着装规定
克服学习的潜在障碍	确保你的教学方法是易于理解的,并且不会限制展示进步的机会	保证你计划在体育课堂中使用一系列的设备。确保给残疾学生取得学习进步有足够的空间和时间	准备为迎合学生的反应使用多种教学方法
设计适用于个体学生和团队的评估	确保你的评估是可行的,并且不会限制展示熟练和进步的机会。例如,一个坐在轮椅上不能跑步或者跳高的学生在体育活动中或许需要修改评估任务	认识到基础评估的重要性。对评估的重点采取一个开放的心态,思考你想要评估的主要特征。设计一个合适的,比如包含口头的而不是体育参与的评估策略	在设计阶段,确定你要评估的原则,以及如何根据个别学生来进行修改或者阐释。确保修改的评估是完整的,并仍然能测量体育知识、技能和理解

包容性体育教学的实例

迄今为止,我们已经建立了一系列的原则。在制订把所有学生都包容在体育教学中的计划时你需要考虑这些原则。现在我们来看看实施这一包容性方法的学习和教学的实例。反观各种各样的包容性体育教学的学习和教学模式,所有这些可以简化为四种常见因素,包括课程改编(改变现在的教学内容)、改进教学(改变教学方式)、设计合适的评估策略(改进评估学生的方式)以及人力资源(看看有哪些人教授或者实施改进过的体育教学)。

教学内容

在制订包容性体育教学计划时,重要的是以完全包容为前提(Avramadis and Norwich,2002),如果不能实现,就要考虑对教学活动或者学习和教学策略进行改编或者/和改进。做到这一点的一个关键的成功因素是,如果可以的话,首先跟学生或者/和相关专家进行协商,作为这一种学科方法的一部分(Coates and Vickerman,2008;Fitgerald,2005)。这使你能够在计划阶段考虑潜在的任何差异需求。在设计与有特殊需要的学生相关的活动时,你需要认真思考。当课程计划不能根据残疾学生的需要进行设计时,在可行的情况下,你可以考虑最合适的活动。例如,对于一位坐在轮椅上的学生来说,篮球比排球更容易;体育杂技比艺术体操更容易满足所有学生。在有些情况下,使用不同的器材可以达到包容的效果;或者设计一个稍微修改的游戏模式也可以。然而,在很多情况下,教学内容最好理解成所制订的预期学习结果以及相应的任务。把所有学生都包含在同一个活动中,但是每一个结果和任务都会因每一位学生的特殊需要而不同。实际上,差异性,即包含所有学生的教学方法,是你满足有特殊教育需要的学生的主要方法(在第 3 章和第 10 章也有涉及区别对待)。关于完全包容性教学,你很可能要特别巧妙、富有想象力地创造替代性结果和差异性任务。

修改游戏活动,比如篮球,有时一些学生可能要求用更轻的、更大的,或者不同颜色的球来进行活动。同时也需要考虑修改活动规则,比如允许运动不方便的运动员有五秒的时间来接球和打球。另外,如果使用这一策略,至关重要的是团队的所有成员都能够认识这个必要的修改,进而能够根据这个规则来进行活动。

比如,为一个有学习困难的学生修改一个舞蹈任务可能需要你设计一个舞步程式来演示四个动作,而不是像你要求班级其他同学的六个或者七个动作(Vickerman,2007)。在田径运动参与中,残疾学生或许需要助推轮椅而不是跳进沙坑里,或者缩短跑步的距离。也可能需要修改活动以迎合某些群体的特殊文化信仰而改用合适的器械或者因禁食很难参与到体育活动中而容易受伤的人(参看 Khanifar et al. , 2008)。

如何进行教学

可以通过多种方式来改进学习和教学方法。如上所述,有效的包容性教育的关键是多种多样的教学策略。其他更具体的例子可能包括,如你使用更多的手势以及非言语交流和示范,而不仅仅依赖口头交流。这些改进将会适应于有听力障碍以及把英语作为第二语言的学生。另外一种做法是利用同伴帮助(在"谁辅助教学"章节里有概述)来使教学迎合学生的各种需求。一个细微的教学修改也可能跟你的反馈类型有关。对于有特殊教育需要的学生,你的反馈很可能要针对努力和提高,而不是表现本身。这需要敏锐的观察(参看第 4 章关于观察的内容)和师生之间的移情互动,以及鼓励班级其他学生与残疾学生的敏感互动。

改进学习和教学策略的另一方面的原因可能跟有情感或者行为障碍的学生有关,他们可能由于不能集中注意力而很难地完成某一个别技巧。通过你熟练的任务设置、鼓励以及有效的行为管理,学生或许仍然能够参与到活动任务中,并被激发继续努力以取得体育成就。尽管学生的动作可能没有显示出很大的进步,但是他在运用和坚持中获得了可贵的经验。因此,学生仍然能够从包容性体育教学体验中受益(Fitzgerald et al. , 2003),因为他们的行为得到了改善,使其决心参与到活动任务中并为其他的学习目标而努力。

最后一个例子显示包容性体育教学有助于实现更广泛的教育目标以及特定的体育目标。赖特和瑟顿(Wright and Sugden, 1999)赞同用两种方式来看待体育学习。他们描述了两个学习原则:一个是"促使学习(moving to learn)",另一个是"学会前进(learn to move)"。他们认为体育教学有一个独特的作用,因为它不单纯是身体的教育,而是涉及了认知的、社会的、语言和道德的培养和职责。促进包容性教育的一个策略可能涉及从传统的体育教学目标即教授和学会技能(学会前进)向更为宽广的体育教学体验(促使学习)转换,使学生有机会参与社会并处在学习需求的连续体上(也可参看 14 章关于体育教学的更为广泛的作用)。总之,实例表明,根据学生的需求来改进你的学习和教学方法是至关重要的。

正如《法定包含声明》指出的,回应学生的各种需求要求体育教师明白并回应学生之间的差异和多样性,同时也要通过改变学习和教学风格以适应学生,从而接受残疾的社会模式,而不是相反(Burchardt, 2004)。任务 11.3 建议你在两种课堂环境下设计可供选择的任务。

任务 11.3　为满足残疾学生进行可供选择的任务设计

在一个体操训练任务中,要求学生背着大型装置沿着各个方向走,为一个能够移动但是不能走路或者爬行的学生设置一个任务。

在一项篮球任务中,要求学生练习两手拍球,为只有一只手的学生设置一项任务。

与另一位实习教师讨论你的建议。

把这些记录放在你的职业发展档案(PDP)里面。

更多重要的任务和关于差异性的信息,参看卡佩尔、布莱克恩和奥尼尔(Capel,Breckon and O'Neil,2006)书中 14 章的活动 11.6,11.8 以及 11.9,这些极其有用。

设计适当的评估策略

作为一位体育教师,你要设置适合班级个别学生和小组的预期学习结果,认识到每个学生都是在学习的连续体上。设计可供选择的任务是不够的,还必须设计适当的评估。因此,你也应该提供不同的评估方法以使学生有尽可能多的机会展示知识和理解。评估策略要与预期学习结果一致。如果为了学生而修改预期学习结果,那么评估策略也可能需要修改。如果明确了任务和学习目标,那么设计评估策略的时候应该与之相符,不能存有疑问。

例如,对于一个有行动障碍、不能参与实践活动的学生,那么在一堂体操训练课里,或许可以选择让其观察并确认巩固某一技能的原则。这时的评估就涉及学生口头描述这一技能而不是演示这一技能。

有口头表达障碍的学生或许可以做前滚翻动作,而不是让其口头描述这个动作技能的知识、技巧和理解的个别原则。因此,这时学生仍然表现出成功,是展示而不是描述这一过程。在设计教学方法的时候,有孤独症的学生群体或许需要特殊考量(参看 Durrant,2009 关于这一方面的研究)。

谁在辅助教学?

所有的学校都有特殊教育需要协调员(SENCO)来给你提供每个学生需求方面的重要信息和建议。班主任或许能够辅助你,他也许很了解学生和其家庭情况。在你的实习学校可能也有其他的工作人员给你提供支持和信息。向体育系的领导咨询指导是有帮助的。

基于特殊需求的本质,一个学生或许需要体育学习助教(Learning Support Assistant)的帮助。这些助教可以起很大的辅助作用。然而很多学习助教没有受到任何辅助体育教学的培训、你需要对他们的工作任务做简要、全面的指点。在16章关于体育教学中与他人合作的内容中将会讨论这一问题。

其他有特殊教育需要的学生可以从他们的同伴中获得帮助。此外,这些学生需要认真的教导,然而其他学生也往往乐意承担这样的任务,而且他们思维敏锐,愿意给予帮助,并鼓励他人。比如,如果你有一个有视力问题的学生,你可能要安排这样一些活动,如在100米赛跑中,一名学生站在终点线上喊出他们所在跑道的数字,或者需要一个学生在其旁边助跑。或许最好不要总是让同一个学生来辅助教学,一方面因为所有的学生都应该在体育课中尽量地积极主动;另一方面,因为这项辅助活动能够发展所有学生重要的社交能力。

任务11.4建议你回顾巩固包容性教学实践的一些主要问题。

任务11.4　反思包容性教学实践

仔细回顾一下为满足学生的不同需求而修改活动的实际例子。作为回顾的一部分,确定你可以使用的使学习和成绩最大化,同时使参与障碍最小化的策略。同时思考以下问题:

■　你设计包容性体育课程的主要原则是什么?

■　在设计包容性体育课程的时候需要涉及哪些人?

■　你认为设计满足多数学生而不是少数学生的需求的体育课堂时,有哪些潜在的挑战和成功因素?

把这些记录放在你的职业发展档案(PDP)里面。

总之,这些例子演示了在领悟到本章前面部分提到的主要原则和价值观念的前提下如何实施包容性体育教学。一个关键的成功因素是灵活的,并且准备试验不同的学习和教学策略以检测其是否有用(Vickerman,2002)。作为培养包容性体育教学能力的一部分,你不应该因未能创设无障碍的课堂而气馁。重要的一点是从你的经验中学习,接着再次试验,而不是把自己局限在一定的学习和教学策略中。

小结与要点

从本章的分析中,显而易见的是包容性体育教学是政府、学校和教师的关键议题。包容性体育教学的完善的社会道德理念基础得到了国家课程(QCA,2007a)关于新的教学实践法规和发展的支持。你和学校的角色,是确保满足多数而不是少数学生的课程需求,是实施包容性体育教学议程的成功与否的关键。为了考量如何实施这一议程,有必要为包容性体育教学的利害关系人设立一个清晰、连贯的体系。"8P包容性体育教学框架"(Vickerman,2002)(参看表11.2)有助于阐明人们普遍认为的包容性教学是理念、过程和实践的结合体,并汇集了本章讨论的一些关键点。因此,推荐你使用这个体系框架,把它当做思考、设计、实施和反思包容性体育教学中出现的新的教学实践的基础。

表 11.2　8P 包容性体育教学框架

理念(Philosophy)——与包容性体育教学相关的主要概念是什么?

目的(Purpose)——包容性体育教学背后的理论基础是什么?

前瞻性(Proactive)——在设计和开发包容性体育课程的过程中我要面临的挑战是什么,以及如何克服它们?

伙伴关系(Partnership)——我需要与谁合作以保证我能成功?

过程(Process)——推进包容性教学实践的起点在哪里? 审核点在哪里? 我怎么知道我是否成功了?

政策(Policy)——学校关于包容性教学的政策是什么?

教学法(Pedagogy)——我自己开发包容性体育教学的学习和教学方法是什么?

教学实践(Practice)——我怎样能够确保在教学实践中区别对待学生?

　　这个框架鼓励你领会,并花时间分析、设计和执行每一个相关的因素,以保证自己最大限度地为所有学生创设无障碍的体育课堂(Smith and Thomas, 2006)。为此,首先是要认识和全面接受本章所讨论过的包容性教学的理念当做基本的、基础的人权,这在英国得到了法定的和非法定指导的支持,如《特殊教育需要和残疾人权利法案》[*SEN and Disability Rights Act*(DfES, 2001a)]、修订的《实施规程》[*Code of Practice*(DfES, 2001b)]、《法定包含声明》[*Statutory Inclusion Statement*(QCA, 2007a)]以及《单一平等法案》(*Single Equality Act*)[政府平等办公室(Government Equalities Office, 2008)]。为了使这一过程变得容易,你应该采取一个有目的的方法来满足不同的学习、教学和评估要求。因此,你应该花时间来审视组成包容性教学基础的原则,同时注意包容性体育教学的理论基础和论据。

　　为了实现这一点,你应该采取积极主动的方法来开发和实施你的包容性学习和教学,并积极地准备咨询你的同事、学生、相关个人和机构以产生一个伙伴关系的授课方式。

　　包容性教学要求你认识并保证会修订和调整你的学习和教学策略,以使学生有机会并有权利接触体育课程;并且你有义务通过以价值为导向的方式来承担这一工作。因此必须意识到包容性体育教学的开发是一个形成、发展、变化的过程的一部分,而且重要的是要明白包容性教学需要所有相关人员的持续审核。所以,总之你和整个学校的责任是确保在政策文件中体现出包容性教学,并将其作为监督、审核和评估教学的方式。然而成功的关键因素取决于你的教学实践保证受到政策的影响。这样,尽管理念和过程对学校和教师来说都是至关重要的,最终需要你以有效的包容性教学实践的形式来衡量你的成功,这会使所有学生体验到真正有区别的体育课堂。任务 11.5 建议你思考基于 8P 框架下每个原则的教学实践的例子。

任务 11.5　开发包容性体育教学框架

阅读"8P 融合教学框架",并根据你的思考逐一论述本章提出的问题。设计这一任务是帮助你清楚本章着重提出的几点,同时帮助你创设自己的包容性体育教学的学习和教学框架。把完成的表格放在你的专业发展文件夹(PDP)里面。

8P 包容性体育教学框架	在发展你自己的包容性体育教学的学习和教学框架中每一个 P 分别代表的内容
理念(Philosophy)——与包容性体育教学相关的主要概念是什么?	
目的(Purpose)——包容性体育教学背后的理论基础是什么?	
前瞻性(Proactive)——在设计和发展包容性体育课程的过程中我要面临的挑战是什么,以及如何克服它们?	
伙伴关系(Partnership)——我需要与谁合作以保证我能成功?	
过程(Process)——我发展包容性教学实践的起点在哪里? 审核点在哪里? 我怎么知道我是否成功了?	
政策(Policy)——学校关于包容性教学的政策是什么?	
教学法(Pedagogy)——我自己发展包容性体育教学的学习和教学方法是什么?	
教学实践(Practice)——我怎样能够确保在教学实践中区别对待学生?	

任务 11.6 要求你阅读并评判性地分析推荐阅读书目中的一篇文章。

任务 11.6　开发个性化学习

阅读科茨和维克曼(Coates and Vickerman, 2008)的期刊文章,其主要关注体育教学中有特殊需要的学生的观点和体验。写一篇 2 000 字的文章,批判性地思考你将采取怎样的学习、教学和评估策略来确保每个学生的需求得到满足。与你的指导老师分享你的文章,并把它放在你的职业发展档案(PDP)里面,作为硕士研究的材料证据。

核对你在本章完成了哪些课程要求。

使用信息和通信工具来辅助体育教育 **12**

引　言

在这里,我们将讨论教师被期待能够有效运用信息和通信技术(ICT)来辅助所有学科的教学。在未来5年内,你使用已经发明的技术也是有可能的。因此,作为一位教师,你在今天的学校里需要掌握的知识和技巧包括能够在学科教学、专业活动和管理中有把握地使用信息和通信技术,把它当成专业实践的核心部分,而不是当成附加产品。

任何设计方案或者教学课时,以及任何课堂的重点必须在学生的学习上(而不是教师的教学上),因此,涉及信息和通信技术时,其重点在于它的使用是否能够促进教学目标和预期学习结果(ILOS)的实现。所以,在判断是否某一特定资源应该用于辅助学生达到某一预期学习结果的时候,你需要作出明智的决定。本章旨在帮助你加深关于如何通过体育教学使用信息和通信技术来促进学生的学习方面的知识和理解。本章会讨论信息和通信技术给体育教师带来的价值和方便,其中包括在课堂中的实际应用。本书的网站(www. routledge. com/textbooks/978041551648)上面有使用信息和通信技术来促进教学的具体例子。接着,本章将简单介绍在体育教学中使用信息和通信技术来辅助管理。最后,本章让读者审视自己的信息和通信技术方面的知识与技能方面的发展。

目标

在本章结束时,你应该能够:

■ 在判断体育教学中如何具体使用信息和通信技术来促进学生在学习的时候作出明智的决定;

■ 设计使用信息和通信技术来取得预期学习结果并促进学生的学习;

■ 理解潜在的价值和便利,以及一些潜在的不足和缺陷(包括依赖"小诡计和小装置"),以使学生参与到有意义的学习中去;

■ 使用信息和通信技术来辅助体育教学管理;

■ 理解发展自己使用信息和通信技术的重要性,并能够确定使用的方法。

查看你的课程要求,看看和本章相关的地方。

在体育教学中使用信息和通信技术来促进学生学习

毫无疑问,信息和通信技术正改变着年轻人的生活方式,并影响着他们的教育发展。在学校里,结合使用合适的信息和通信技术而精心设计的课堂,并把学生活动置于重心,通过使用这一技术为学生提供实际操作的机会可以发展学生现有的知识和技巧并促进学习。在一门学科里,学习的信息和通信技术能够转移到其他学科里面。对于体育教师来说,尤其是这样的,正如教育技巧部门(DfES)陈述的:

> 体育教师不需要教授信息和通信技术能力,但是可以让学生利用新的机会来运用和发展他们已经具备的能力来促进体育学习。因此,课堂的重心仍然在于体育教学,并且教师不会因教授信息和通信技术的需要而感到压力。

> (DfES,2004c;8)

因此,在进行课堂中使用信息和通信技术的设计时,重心应该放在它是否促进学生的学习。尤其需要重点考虑的有以下两个方面。

首先,"为了取得上述任何课堂的学习结果,只有在合适的时候才能使用信息和通信技术"(Bennett and Leask,2009;53)。在体育课堂里使用某些特定信息和通信技术一定要有一个清楚的比例。因此,你需要把教学设计的重心放在该课的预期学习结果,并考虑这些信息和通信技术资源是否能够提高学生学习的效率。在考虑体育教学的预期学习结果时,尤其重要的是要考虑与该门学科实际方面相关的部分。保持体育活动的水平也是重要的;归根结底,只有在体育课里,我们才能确定所有学生参与某些体育活动。

其次,你需要考虑为某些特定任务而使用信息和通信技术的价值。使用信息和通信技术使得学生能够取得在没有使用这些技术的情况下的成绩,或者学得更有效率和效果。

总而言之,关键的问题是:是否在某一课堂里使用信息和通信技术会促进学生的学习,还是课堂的预期学习结果可以通过其他方式取得? 你是否足够确定使用信息和通信技术是合适的? [参看 Capel,Breckon 和 O'Neil,2006 一文(特别是活动8.5、8.6 和 8.7),Blair,200:86-87]

在学习和教学中使用信息和通信技术很有意义和帮助。对于学生来说,合理地计划和正确地使用信息和通信技术使之辅助学生活动,具有促进作用;其中很多学生可能都是使用信息和通信技术的热情爱好者。因此,主要的意义和好处就在于促进学生的学习。

　　然而,在学习和教学中使用信息和通信技术也有缺陷和不足。学生或者教师可能没有足够的知识和技能来有效地使用它。可能教师没有合理的、正确的计划使用这一技术,抑或没有使之辅助学生的学习。教师也许需要依赖小诡计和小玩意来丰富课堂,但并没有促进学生的学习。在这种情形下,使用信息和通信技术无论如何都不能促进学习;相反,它可能甚至会干扰学习。

计划使用信息和通信技术来取得预期学习目标并促进学生的学习

　　进行教学设计时,计划在课堂中使用信息和通信技术是必不可少的。一旦预期学习目标确定了,就应该考虑课堂的一系列方面,包括全班的学习活动和如何使之根据学生的能力来区别进行对学习要点、学习风格和策略、组织方式、促进学生学习的学习资源(包括信息和通信技术),以及学生学习的评估。

　　因此,在开始教学设计之前,了解哪些信息和通信技术资源可以促进学生的学习是很重要的。在你教学的各种环境中可以使用很多种信息和通信技术的不同形式。英国教育和通信技术部(Becta)(http://schools. becta. . org. uk/index. php? section = cu&catcode = ss_cu_skl_02&rid = 1701)根据资格和课程委员会(QCA)给信息和通信技术进行了如下定义:

　　信息和通信技术(ICT)是能够从各个方面辅助教学、学习和一系列教育活动的计算和通信设备。例如,与信息和通信技术相关的活动包括以下资源的使用:

- 在历史课中作为信息资源的广播材料或者只读光盘(CD-ROM);
- 带合适键盘和其他设置的微型电脑来教文学和写作;
- 在音乐课堂里的键盘、声响和模进;
- 促进有特殊需要学生的交流的设备;
- 发展空间意识和精神控制的电子玩具;
- 辅助合作写作和资源分享的电子邮件;
- 辅助现代外语教学的视频会议;
- 辅助地理探索的基于网络的研究;
- 教授基本计算的整合学习系统(ILS);
- 交换行政和评估数据的通信技术。

　　在体育教学中,资源包括电脑、网络、照相机、DVD、可移媒体播放器、动作分析系统、定时设备、交互式白板以及各种课程资源,还包括其他传统的和已有的技术,如电视和视频。还有一些特别的资源包也可以使用。在本书的网站上(参看 www. routledge. com/textbooks/9780415561648),也有对这些信息和通信技术的类型的说明,以及如何在一系列实际教学环境下促进学生学习的活动[包括照相机、移动电话、动作分析软件、电影编辑、可移媒体播放器、交互式白板、声音投射系统、游戏操作台、任天堂 Wii 健身游戏、跳舞毯系统、电子计步器、学生反应系统、爱可视电子产品、苹果音乐播放器、播客广播、虚拟学习环境(VIE)、视频会议以及视频网站]。在英国教育和通信技术部(Becta)的网站上也有关于在体育教学中使用信息和通信技术来辅助教学的例子(http://schools. becta. org. uk/index. php? section = cu&catcode = ss_cu_ac_phy_03)。

任务 12.1 要求你检查你所在实习学校拥有的信息和通信技术。

任务 12.1　检查你的实习学校拥有的信息和通信技术

检查一下你所在实习学校拥有的能为学生或者你的体育教学增加学习机会的信息和通信技术。与体育教师谈谈如何使用这一技术以促进体育教学。把你的观察记录放在你的专业发展文件夹(PDP)里面,以作为你自己教学设计的备忘录。

另外,在把信息和通信技术设计到你的课堂之前,你需要思考有多少学生精通你计划使用的信息和通信技术。每个学生对于信息和通信技术的体验是非常不一样的,因此至关重要的是他们能够,并且知道和了解在课堂里使用信息和通信技术并从中获益。

英国教育和通信部(Becta)(http://schools. becta. org. uk/index. php? section = cu&catcode = sscuacphy03&rid = 9267)有以下规定。

下面是学生在关键阶段 2 结束的时候应该学会的技巧,并且可能与在体育课堂的关键阶段 3 里的信息和通信技术的使用相关:

■ 使用简单的搜索技巧;
■ 把数据输入数据库,并用简单的图表或表格来呈现信息;
■ 结合文本、图形和声音来提出观点;
■ 使用数据记录仪器来监控变化;
■ 确定简单的模型和模拟反映的形式;
■ 使用电子邮件;
■ 认识到他们需要保证学习任务的质量和准确性;
■ 使用不同的软件来表演、做报告、做海报和编故事;
■ 意识到某一任务中使用信息和通信技术的意义;
■ 描述如何把信息和通信技术运用到课堂之外。

一旦你决定了在课堂里使用信息和通信技术,你要知道哪些技术是可用的,并且了解学生使用它们的知识和技能水平;然后你需要考虑如何介绍信息和通信技术的使用。你需要设计足够的引入任务和活动来激发和鼓励学生参与到学习中。如果没有做这些准备,那么使用信息和通信技术就只有很少或者没有效果。

此外,重要的是既要考虑学习活动/课程学时,又要思考如何能够更好地把信息和通信技术与教学的关键因素结合起来从而更好地取得预期学习目标。在英国修订的全国体育课程（NCPE）（QCA，2007b：195）里，给学生提供的课程机会应该包括把信息和通信技术的使用当成提升个人和团体表现和追踪进步的方法。全国体育课程大纲（NCPE）规定教师和学生应该把信息和通信技术用于："记录和回顾表现、记录用于个人提升的数据。"（QCA，2007b：195）班奈特和利斯克（Bennett and Leask，2009：15）提供了一些关于可用于辅助教学活动或者课程学时的信息和通信技术的指导。表 12.1 中也有对这方面的介绍。

表 12.1　可用于体育课堂里辅助学习活动/课程学时的信息和通信技术的类型的指导

发现事物	记录/分析表现,网络资源(比如记录档案)
提出观点	设计顺序/策略
开始活动	模仿顺序/策略,运动仿真
交换并分享信息	事件描述、海报、宣传单、网络/多媒体制作、视频、数字录像
复习、修改和评估	网址评估、陈述效能统计、事件日记、表现记录

因此，在合理的设计下，使用信息和通信技术或许在以下方面辅助你，如：

学习活动/课程学时

■　提升个人/团体表现；
■　记录进步；
■　记录和回顾表现；
■　记录个人提升的数据。

你可以把信息和通信技术结合的关键教学因素

■　就课程和学生交流信息、任务或者活动，比如，一个学生没有见过的游戏视频；学生们手倒立时想做的姿势的图片；资源型舞蹈依赖编舞片段的视频。
■　为学生获得对动作的性质——代替演示——的更好的理解提供机会，如让全班观看和讨论的视频。
■　分析姿势。
■　介绍一个新的技巧或游戏。
■　挑战最能干的学生。
■　提供一些需要的特殊帮助。
■　鼓励学生为自己的学习负责。
■　反馈学生的表现/参与，如即时可看的手持摄像机或视频。这在学生不能看到自己姿势的效果时尤其有用。
■　为同伴互评和自我评价提供机会，如使用录像机/摄像机来和同伴或者自己讨论反馈。

■　给学生提供记录后面课堂要重复涉及的内容的方法,如视频记录下一节课要提出的舞蹈主题;自己表演的视频记录以提醒自己注意提升的关键地方。

■　准备一个陈述报告。

■　给学生提供有意义的不需要现场做的任务,如查找一个网站或者使用视频或摄像机来辅助课堂中的活动。

学习活动/课程学时或者教学的关键因素	练习卡、白板	摄像机/录像机	软件	小装置	其他的(请辨认)
	是否起作用、原因	是否起作用、原因	是否起作用、原因	是否起作用、原因	是否起作用、原因
改进个人/团体的表现					
记录进步					
记录和回顾表现					
为个人发展记录数据					
交流信息					
为学生更好地理解姿势的特征提供机会					
分析姿势					
介绍一个新的技巧/游戏					
挑战最能干的学生					
辅助需要特殊帮助的学生					
给学生表现/参与提供反馈					
鼓励学生为自己的学习负责					
准备陈述报告					
给学生提供有意义的不需要现场做的任务					
给学生提供记录后面课堂要重复涉及的内容的方法					
其他的学习活动/关键因素(列出合适的)					

图 12.1　在课堂里可辅助教学活动的信息和通信技术的例子

这些既适用于体育教学的实际教学方面，又适用于以课堂教学为基础的活动，如在给 14—19 岁学生教授的考试教学课堂里［例如，普通中等教育证书（GCSE），普通高级教育证书（A 级），BTech，14-19，体育休闲文凭］（参看第 13 章）。图 12.1 列出了一些学习活动/课程学时，可以在课堂里与信息和通信技术结合的教学关键因素，以及可以辅助教学的信息和通信技术。下面是任务 12.2 的一部分，你应该现在开始进行。

任务 12.2   体育教育中可辅助教学的信息和通信技术

完成图 12.1，记录某一学习活动/课程学时，或者教学的关键因素（在书上 187—188 页已列出了一些学习活动和关键因素的例子）。你要在图表的空白处加入可通过信息和通信技术的任何形式，促进学生的学习或者你的教学效果的其他学习活动/课程学时或者教学的关键因素。在本书的网站上列出的资源（www. routledge. com/textbooks/9780415561648）或许能在你完成这个任务的时候有所帮助。和另一位实习教师或者导师讨论你完成的图表里的相似点和不同点，并增加或者修改需要变化的地方。把这个图表保存到你的专业发展文件夹（PDP）里面，以便在你的教学设计合适的时候加以利用。

任务 12.3 要求你考虑在设计教学和授课的时候以稍微不同的方式使用信息和通信技术来促进学生的学习。

任务 12.3   在体育教学中使用信息和通信技术来促进学生的学习

利用图 12.1，思考是否某一特别的信息和通信技术类型可以促进学生的学习或者你的教学的效果。与另一位实习教师讨论你完成的图表，并找出其中的相似点和不同点。为以后的教学提供参考，把这些信息放在你的专业发展文件夹（PDP）里面。

在体育教学中使用信息和通信技术辅助教学管理

使用信息和通信技术来辅助教学管理可潜在应用于很多体育教学中。下面会列出其中一些可能使用的时候，从你自己的教学管理和进度开始，到一个体育教育部的管理。仔细思考在管理中使用信息和通信技术是重要的，尤其是它是否让你使管理更加有效。你不应该仅仅因为这一技术的存在而使用它。

管理的第一部分和促进学生的学习直接相关——你的教学设计。

教学设计

信息和通信技术让你能够定期地记录、修改并更新你的教学单元和教案。另外，可以制作、修改工作表和交互教学卡片之类的教学资源，并使之满足不同班级和不同学生的需要。同样，你的教学设计可以结合课程和资格委员会（www. qca. gov. uk）的网上教学资源，以及在网站 www. teachernet. gov. uk 或者 www. standards. dfes. gov. uk 上面提供的信息。教师和学生都可以获取这些资源，以辅助你促进学生的学习。

学生信息

信息和通信技术可用于管理和监督学生的每日出勤情况。笔记本电脑和台式电脑可以记录和监督学生每堂课的出勤和缺勤情况。而体育部门里记录的学生每堂课出勤情况可以用于追踪未参与活动或者缺勤的情况，也是广泛记录学校某些出勤或者缺勤形式的有用工具。

信息和通信技术也可用于记录学生的其他信息，包括医疗和家长同意书之类的信息。一个中央数据库可以保存学生是否和体育教学人员有特殊关系的信息，如学生是否有某些会影响其在体育课中参与的过敏或者内科症状，如糖尿病、哮喘病、癫痫病，或者其他的记录和报告——学校报告和评估结果。

评估、记录和报告

通过信息和通信技术来辅助评估教学可以有多种方式，如它可以用于记录学生根据预期学习目标取得的成绩（给学生做一个长久的表现记录，如果只是观察的话容易丢失）。在课后可以分析这些记录（由学生和教师进行）以及做成报告。因此，教师在给家长传达学生成绩的时候就有记录可以参考。学生也可以通过虚拟学习环境，以电子方式来上交作业，并获得教师的反馈意见。这可以以电子方式进行打分，并由教师记录。播客是教师对学生进步给予反馈的另外一种工具（详看本书的网站：www. routledge. com/textbooks/9780415561648）。

此外，家长可以通过电子邮件或者短信来了解自己孩子的进步情况，就不需要通过邮局或者孩子自己来给家长寄信。然而，你必须查看学校关于这方面的政策规定，并保证家长能够接触到相关的信息和通信技术。

课外活动

　　课外活动是所有体育部的核心工作,它为学生参与课外和学校活动提供机会。学校活动包括运动会、体育文化节以及水运会。这是学校体育日程表的亮点。大多数学校都有校际竞赛的大型节目。可以通过信息和通信技术来有效地设计奖项、运动会/体育文化节、水运会、学校团队以及课外活动项目的数据库。信息和通信技术也可用于学生分组。校际体育设备可通过电子邮件来安排。在这一方面,信息和通信技术可让教师制作专业的体育项目,并把竞赛结果记录在电子数据表里。软件可用于计时和计分,并迅速生成更新的最终结果。这些记录可以在项目结束后进行复印和带走,并与参赛选手和颁奖仪式的图片一起放到学校网页上。另外,关于比赛成绩的通知可以放在学校的内部网络或者互联网上。(注:学生可以在数学之类的课堂里分析这些数据,从而增加了其学习机会)同样,信息和通信技术可用于辅助其他的课外活动的管理,如制作每个学期或者每一年的活动时间表,制订实践安排表,把学生分配到队,打印团队记录表、竞赛和比赛结果,以及记录锦标赛成绩。

　　传统上,体育教学工作人员使用电话、传真和信件来组织校际间的活动。同时,电子邮件和移动电话技术——包括手机发送短信和视频会议——都是完全可以接受的形式,在适当的时候,它们可用于安排设备或者安排异地访问(包括海外的学校访问)。另外,其他学校的联系方式也可以电子的方式把它存放在通讯录里,并且可以随时更新;在帮助制作体育设备和举行其他相关体育活动时可用于生成邮件目录。

　　信息和通信技术也可用于其他的管理工作,比如工作人员的记录、行政任命、供货商和设备清单以及记录设施的条件和可用性。任务 12.4 让你找出,在你的实习学校信息和通信技术是如何辅助教学管理的,任务 12.5 旨在帮助你思考信息和通信技术如何改进你的管理。

任务 12.4　查找可辅助教学管理的信息和通信技术

　　再做一次任务 12.1,记录在你的实习学校可用于辅助教学管理的信息和通信技术的类别。与体育教师交流并找出这些技术是如何使教学管理更加有效的。把你的观察记录放在你的专业发展文件夹(PDP)里面,作为你自己教学管理的备忘录。

任务 12.5 思考信息和通信技术如何以及你的教学管理以及你所在实习学校的体育部的教学管理

利用图 12.2 确定你作为体育教师,有助于使你以及体育部设计多种多样的管理活动更加有效的信息和通信技术;然后思考你自己使用信息和通信技术的知识、技术水平和信心,以及你需要的发展。开始这方面的发展,并把你的进步记录在你的专业发展文件夹(PDP)里面。

管理活动	运用信息和通信技术来增强有效性的应用	每一次应用的知识和技巧	每次使用技术的信心	在每次应用中设计发展知识、技巧和信心
记录学生的出勤、缺勤和参与情况				
学生的医疗信息,包括过敏				
与家长交流				
课外活动(使用具体的例子)				
设计锦标赛等				
其他的部门管理(请列出)				

图 12.2　在体育教学中使用信息和通信技术来辅助管理

增强自己在使用信息和通信技术中的技能和信心

斯蒂勒和海耶斯(Stidder and Hayes,2006)的研究发现体育教师经常使用信息和通信技术,并且他们在自己的教学中以及觉得合适的时候很有信心地运用信息和通信技术;而且,他们准备把这些技术结合到自己专业角色的其他方面中。例如,有很多实习教师都表示他们能够使用电子数据表(44%)、评估软件(73%)、数码摄像(70%)和录像机(95%),并且他们能制作工作表(100%)和通过实习学校的信息和通信技术生成的其他教学资源。最近,教育标准办公室(Ofsted,2009:58)发现体育教师有很好的机会通过信息和通信技术来深入地讨论学生的进步和分享大量数据。因此,大部分工作能够根据学生的不同能力进行设计,学生也能够取得大的进步。

只有正确、有效地使用信息和通信技术才能使其促进学习和教学。这意味着你既需要知识,也需要技能来使用信息和通信技术。你也需要不断地学习新的技巧。

知识和技能的其中一个方面是对适当地使用信息和通信技术的判断。

为了保证你的信息和通信技术知识、技能有效地运用这一技术来促进学生的学习,你应该审视自己使用这一技术基本技巧的优势和不足。为此,我们建议你完成卡佩尔、利斯克和特纳(Capel, Leask and Turner,2009)书中的任务 1.4.1,使用文中的表格或者参考其网址(www. routledge. com/textbooks/9780415478724)。教学实践和技术的改变有时是会让人不舒服的,但却是不可避免的;而且你有很多机会来发展自己的信息和通信技术技能,从而促进学生的学习。找出教师通过使用信息和通信技术既能促进教学也能促进管理的培训形式[你可以从参考佩尔、利斯克和特纳(Capel, Leask and Turner,2009)一书的第一单元涉及使用信息和通信技术进行专业发展的章节开始]。

反思性实践者是会与时俱进和预测变化的专家。杜撰一句体育习语"有人领先于游戏",在这一方面,你可能想到了最后的反思工作。为此,你可以使用信息和通信技术来做。例如,信息和通信技术让网上讨论、分享观点和良好的方法成为可能,而且它也为研究和检查发现提供渠道。现在完成任务 12.6。

任务 12.6　在你的教学中使用信息和通信技术

批判性地回顾和评估自己在体育教学中使用信息和通信技术的研究(从参考本章结尾列出的建议性阅读书目开始)。把它与你观察或者体会到的实习学校的政策规定和教学实践进行比较。重点找出信息和通信技术是以何种方式促进或者阻碍体育教学的。把这些信息放在你的专业发展文件夹(PDP)里面,以作为你使用信息和通信技术来进行教学和管理的参考。

特勒等(Tearle, et al. , 2005)发现尽管使用信息和通信技术有很大的潜力,但是实际的应用和资源设备却没有设计好,导致这种可能不能实现。研究发现表明,最利于体育教学的很多具体的信息和通信技术都和这些技术在其他学科的需求和潜在使用非常不一样。研究者们推断体育教学中信息和通信技术的潜在价值在学科范围外更能得到,并且广泛运用。而前瞻性的努力包括体育教学中实现信息和通信技术的潜能的制度支持和培训。

然而,认识到在满足这些要求的时候会遇到挑战是重要的。例如,教育标准办公室(Ofsted,2004)报告说尽管实习教师已越来越具有使用信息和通信技术的技能,在学校发展这些技能的机会却往往因为缺乏良好的信息和通信技术设备而受到限制。教育标准办公室(Ofsted,2004:4)写到,在三分之一的学校里通过信息和通信技术来提高学生的成绩还是不理想的,对于很多体育部门来说,接触到专业的计算机设备还是一个问题。后来的报告(Ofsted, 2008c)也确定这些问题仍然存在,而且,在全部课程内使用信息和通信技术也还是不一致,尽管有些实践课里限制了信息和通信技术的使用。

小结与要点

　　尽管有很多人提倡在所有学科的教学中使用信息和通信技术，也有很多批评者认为信息和通信技术（ICT）的缩写代表着"它带来麻烦（It Causes Trouble）"。本章讨论了使用信息和通信技术来促进体育教学和管理。本章也探讨了你可以在使用信息和通信技术中怎样发展自己的技能及信心。和体育教学极其相关的新的创新有很多。在体育教学中运用信息和通信技术的第一步是由你来决定是否利用它来辅助教学是合适的，其次是什么时候使用以及如何介绍它。请记住，正如任何其他新的教学策略，学生也需要使用信息和通信技术的指导。在牺牲体育教学"身体的"和"实践的"这两个特点的情况下，过于强调在体育课堂里使用信息和通信技术对学生的学习来说，弊大于利。你可以通过结合其他学科来克服这一点。例如，学生可能会在体育课中收集健康信息，但是在生物课里分析这些信息。学生可以把结果运用在两门学科里。同样，学生可能会收集关于跑步计时的数据，然后在数学课中进行分析。学生也可以把结果运用在两门学科里。你的专业判断应该用于决定是否使用信息和通信技术来辅助和实现预期学习目标，并为学生加深和加强理解提供机会。尽管如此，信息和通信技术的确在促进学校的体育教学中有很多优势。

　　随着科技变得越来越先进，在体育教学中使用信息和通信技术将继续成为很多未来发展和方案的核心，并被接受成为教学的主流部分。关于信息和通信技术的使用，你要思考的一个关键问题是学生是否能够通过把这一技术和你的课堂结合起来，从而学到不一样的东西或者学得更有效果，以及这一技术是否可以最大限度地刺激、促进和吸引学生。如果它可以，那么就使用；如果不可以，则不使用。

　　核对你在本章讨论的课程要求。

引　言

1998 年,英国教育与科学部通过教育改革法案(ERA)将国家课程标准引入英国。而国家体育课程标准在 1992 年才由教育与科学部(DES)和威尔士办事处(WO)提出。此后,国家体育课程标准(NCPE)先后经过三次修订:1995 年(教育部修订);1999 年[教育与就业部、资格与课程委员会修订(DfEE/QCA),1999];2007年(QCA,2007a)。修改必然会导致对课程要求的变化,本章将详细介绍 2007 年修改后的国家体育课程标准。

目标

通过学习本章能够:

■　观察自己所学课程的要求,找出与本章相关的内容;

■　了解 2007 版国家体育课程标准(资格与课程委员会修订,2007a);

■　思考国家体育课程标准中学习项目在学校体育课中的意义;

■　了解针对教学策略和教学内容制订的国家体育课程标准的意义;

■　批判地看待体育课程并思考它能多大程度上满足国家体育课程标准的要求;

■　了解什么是高质量体育。

体育的目的

英国政府曾在《每个孩子都重要》(ECM)(教育与技能部,2003)一书中明确指出,英国教育的首要目标是:为了每一个孩子,无论其家庭背景、生活环境,让其享受以下各方面所需的支持:

■　健康；
■　安全；
■　娱乐与学业；
■　作出积极贡献；
■　获得物质幸福。

《每个孩子都重要》一书的思想理念从根本上支持了英国国家课程标准，而国家课程标准所有的科目也有望为实现此书中的关键要素而作出突出贡献。因此要求课程中的所有科目，包括体育，都要保证学生们做到努力成为：

■　成功的学习者。享受学习，不断进步，努力进取。
■　充满自信的人。能够健康、安全、满足地生活。
■　负责任的公民。为社会作出积极贡献。（资格与课程委员会）

每一门学科，都通过其采用的教学策略和研究内容，为实现以上的目标与期望贡献着各自的力量。在国家体育课程标准的"重要宣言"中曾阐明了体育这一科目为达到国家课程标准目标所作出的贡献，这一宣言成为了所有课程科目学习项目的序言。其中涉及体育的部分是这样描述的：

> 体育能培养学生们参与各种体能活动的能力与信心，而这些活动不论在课内还是课外都逐渐成为他们生活中的重要组成部分。
> 一堂高质量的体育课应做到让每个学生在多种多样的体育活动中获得快乐并学有所得，从而各方面的素质也得到培养，如通过运用技巧、策略。他们在体育活动的过程中思考战术、分析形势，最终作出决策。同时，他们反省自己的表现、给予彼此评价，从而想办法互相进步。最后他们参与各种活动的信心得到增长，并且懂得了健康积极的生活方式的价值。发掘他们在学校的爱好、潜质、参与体育活动的方式和场合，有助于他们在生活中全面正确地选择体育活动。
> 体育从个人和社交两方面培养学生。他们在个人、小组、团队的活动中理解了公平公正的概念、对个人与社会的责任感。在这个过程中他们不断尝试各种角色与职责，包括领导管理、组织训练以及实施执行。通过体育课所提供的一系列经历，学生们能够学会如何在竞争激烈、充满挑战和创造力的场合中做到高效率。

（资格与课程委员会，2007a）

请完成任务 13.1。

任务 13.1 将"重要宣言"运用到备课和讲课过程中去

回顾第 2 章,我们提到"重要宣言"所提倡的体育目的。从你过去两周所教的课中任选六份教案,对其进行一个比较详细的 ILOs 统计。通过 ILOs 记录你曾在课堂上引用以上所说体育目的的次数。与你的导师讨论这些数据并分析你是否需要重新检查你的 ILOs。

把它收集在你的专业培养档案(PDP)中,并在今后课程的各阶段重复做几次这个任务。

"重要宣言"中对体育进行了详细的阐述。如果所有其中所提倡的目的都能够达到,接下来就该思考国家体育课程标准(NCPE)如何实现这些目的了。

"重要宣言"传达了两个基本信息。第一个信息是从学生的角度出发,宣言大部分内容描述了体育课如何对每个学生的全面发展产生影响,其中包括提升学生们的信心、培养他们的个人及社交能力,鼓励学生自主决策以及自我反省。第二个信息则是从内容的角度出发,围绕学生们在充满竞争性、创造性和挑战性的场合中所获经历的这一范围。这种范围的基本原理在于学生们能够从中发现自己的兴趣、潜质,提升自己参与生活中各种体育活动的信心。值得思考的一点是:虽然第二个信息表面上是有关内容的,事实上它仍然是以学生为中心,保证他们能从中获得丰富多样的经历。

从总体来看,国家课程标准以及国家体育课程标准毫无疑问都是以学生为中心的,所涉及的教材为学生们的学习、成长、进步提供了良好的资源。对每一门课的学习都是引导他们掌握相关的技巧与内容,而更重要的是引导学生学会如何在学习工作中与他人合作并提高效率,培养独立做事的能力——它们的目的是传承《每个孩子都重要》一书中的思想理念。因此,也要求每个教师做到教学生而不是教课程本身。这对体育课来说又有什么特殊的意义呢? 它意味着我们必须始终坚持先为学生着想,然后再考虑怎样在不同的活动设计中帮助他们不断成长、进步。

在国家课程标准范围内实现体育的目的

"重要宣言"中所提及的如何实现体育的目的最早开展于"学习项目"。它包含四个要素:首先,"基本概念"和"基本过程"。其中"基本过程"与"基本概念"直接联系并公认为学生理解"基本概念"的必要经历。要抓好这两个要素主要在于运用正确的教学方法。另外还有两个要素分别是"范围和内容""课内机会",它们主要效力于通过课程中开展的活动使学生经历"基本过程",进而理解"基本概念"。要实现这两个要素则在于在课程中选择合适的体育活动。

国家体育课程标准(2007)中的"学习项目"就是以四个"基本概念"和五个"基本过程"为基础开展的。以下是其具体内容。

基本概念

国家体育课程标准中的四个基本概念是：

- 能力；
- 绩效；
- 创造力；
- 健康、积极的生活方式。

能　力

能力这一概念指的是那些与身体和心理技能有关的因素。身体技能不仅包括全身运动的技能（如走、跑、投掷、转圈），也包括精细运动（如使用某种运动器械）的技能。这些技能并不是相互孤立的，而是需要学生根据不同的体育活动（有可能是他们熟悉或不熟悉的情景）自主选择运用哪种特殊的技巧、策略、方法和计划。因此，需要关注学生们在体育活动中应具备的认知能力、心理素质。这种要求是为了培养学生更加复杂的技能，如对环境的变化保持心理警觉，并在一项运动中坚持下来不使其中断。

绩　效

绩效，是要求学生不仅能够在具有挑战性的情境下有所收获，还能够通过不断完善自我表现达到某种特殊的目的。教师应尽力激发学生投入不同种类活动的兴趣（如竞争类、冒险类和益智类），并兼顾其个人发展和团队合作。教师要做的不仅是一味地孤立学生参与活动，更重要的是发掘他们真实的兴趣和参与活动的信念。被迫做某事和主动做某事之间是存在明显差别的，主动自愿地参与更容易使学生把体育活动当作一种生活方式、终身参与的活动。

创造力

创造力是想象力和解决问题的直接体现方式。应鼓励学生不断探索和实践，从而收获高效的成果。体育中强调的创造力，范围远比舞蹈和体操中的编排任务广泛得多。户外探险活动（OAA）的多方面都需要有处理问题的能力、主动性以及小组竞赛的组织策略。一个杰出的竞赛者不仅要有专业技巧，还需要有创造力和想象力。学生们探索如何施展技巧的过程也是一种创造力的体现，他们的发现也许对活动本身没有新的价值，但对学生自己却是全新的经验。这种由学生自己探索出的解决问题的办法比教师直接传授的更容易被其接受和利用。

健康、积极的生活方式

学生们应该认识到适当的体育活动给他们身体、社交和心理方面带来的益处，以及帮助他们养成健康生活方式的重要性。因此这一概念强调的是超越课堂与学生的生活建立联系。我们要做的，并不是简单地让学生通过一堂课的活动获得暂时的健康，而是在学习这门课的过程中收获长期性的健康生活方式。

基本过程

五个基本过程，即学生们学习中使用的基本技巧和步骤是为了与四个基本内容相结合共同帮助学生取得进步。它们分别是：

■ 培养体育活动中的技能；
■ 制订并执行决策；
■ 提高身体和心理素质；
■ 评价、改进；
■ 明智地选择健康、积极的生活方式。

培养体育活动中的技能

这要求将各种全身或精细运动的技能加以完善，并运用到其他体育、舞蹈形式或不同目的的运动的具体技巧中去。例如，击打的技能可以通过完善运用到羽毛球、板球、曲棍球、跑注式棒球或网球运动中；投掷的技能可以通过进一步锻炼运用到各种团队运动中，如田径中的投掷项目或艺术体操中的抛接圈。

制订并执行决策

为了不断提高能力，学生们需要计划并使用各种技巧，能够在一系列充满竞争、创造力和挑战的环境中有效地选择并使用适当的方法、策略和创新理念。当一场比赛的环境或场景有所改变，学生们需要能够改善并重新采用计划和策略。他们也需要认识到其中的障碍和风险，从而决定怎样让自己和他人避免各种危险。（第9章详细阐述了体育课中对学生的安全指导）

提高身体和心理素质

　　培养身体素质是指增强体力、耐力、速度和身体灵活性,从而使学生能够应对不同活动的要求。心理素质是指渴望成功的精神动力,包括作出各种尝试的信心;勇于面对挑战、继续努力,表达、处理情感的决心;为自己和他人取得胜利的愿望。

评价、改进

　　为了提高各方面的能力,有一点十分重要,那就是学生们能够分析自己和他人的表现,其中包括技巧、方法、策略、团队中的合作情况、创新思想以及独立决策能力。需要学生评价在这些挑战中的身体和心理因素,发现各自的优缺点,从而判断如何改进,并采取行动提高日后的表现。

明智地选择健康、积极的生活方式

　　学生应学会判断自己最适合的运动,最喜欢担任的角色(如执行者、组织者、裁判等);能够正确选择体育课以外的其他体育活动,这样他们才能定期地参与其中。
　　概念和过程之间的关系并非完全一目了然。表 13.1 正解释说明了这种关系。概念和过程取决于教学方法的实现,相关涉及的教学方法建议在表 13.1 的右侧一栏有所说明。

表 13.1　基本概念和基本过程的关系以及所涉及的教学方法

基本概念 需要学生了解	基本过程 需要学生经历从 而理解基本概念	课程设计 一些用以实现基本 概念/过程的教学模式范例
能力	提高身体和心理素质	通过任务的设置引入并学习全身、精细运动的技巧
	培养体育活动中的技能	在一系列活动中设置可以锻炼体力、耐力、速度和身体灵活性的任务
	制订并执行决策	让学生们领会不同活动的要求,理解技能和技巧、策略和编排原则的区别
		鼓励学生为自己设定现实的目标,应对将要面临的挑战,充满信心坚持不懈
		帮助学生在竞争或合作的不同场合培养和他人高效协作的技能

基本概念 需要学生了解	基本过程 需要学生经历从 而理解基本概念	课程设计 一些用以实现基本 概念/过程的教学模式范例
绩效	培养体育活动中的技能	分别提供具有挑战性和鼓励性的环境来激发学生,从而使其不论独立或以团体形式,通过参与广泛的充满竞争和创造力的活动努力提高技能
	制订并执行决策	提升学生的信心和积极的自尊,从而因地制宜地激发他们参与活动的热情
	评价、改进	鼓励学生对自己的学习负责
创造力	评价、改进	在所有活动中采用能够激发学生想象力、探索能力和解决问题的能力的教学方法
	制订并执行决策	由学生们制订的决策应尽量与技能的施展、战略的部署、创新和编排理念以及探索发现有关
	提高身体和心理素质	提供机会使学生经历广泛的活动并在活动中尝试不同的角色
		鼓励学生反思自己的长处、不足以及兴趣
		鼓励学生积极参与课程以外的体育活动,经历不同活动的同时也提高了能力
		关注并鼓励展开与健康运动(HRE)相关的各界讨论
		讨论并解释说明学生应参与体育运动的身体、社会和情感原因

　　正如表 13.1 的右侧一栏所示,为了使学生参与到基本过程中去,你们的教学需要做到:

■ 提供学生学习所需的辅助性、激发性的环境(详见第 7 章和 Capel,Leask 和 Turner,2009 第 3.2 节);

■ 将责任移交给学生自己;

■ 鼓励学生规定自己的任务;

■ 设计发现探索类的任务(让学生自己寻求答案而并非通过教师传授获得)、解决问题性任务(学生们努力尝试解决某种特殊的问题,如编舞或跟随 OAA 的路线)以及开放式任务(学生们自由地选择他们将要进行活动的区域);

■ 创造某种情境,使学生能够评价并辩证地看待自己和他人的表现;

■ 提供需要掌握的技能或技巧的范例;

- 设计一些挑战让学生们锻炼、完善、提升各种技能、技巧；
- 设计能够培养学生力量、速度、耐力和灵活性的任务；
- 在竞赛或编排情境中考验学生运用技能、技巧的能力。

根据上面所列举的教学策略并结合表 13.1，完成任务 13.2，思考还有哪些需要加入你的教学从而实现国家体育课程标准的所有预期目标。

任务 13.2　思考还有哪些需要加入你的教学来促进国家体育课程标准所提倡的基本概念的发展，并使学生参与到基本过程中去

以上所列举的每条都是由表 13.1 所得出的。通读基本概念和基本过程的注释，列出其他你的教学中需要提及的策略从而更好地满足国家体育课程标准的所有要求，如提升学生的信心。然后就你教学的各个方面如何达到预期目标提出相关建议。例如，要提升学生的信心你需要向他们提供积极方面的信息反馈，对每个学生即便很微小的进步表现出热情。例子详见第 7 章。和你的导师讨论这些问题，并将它们收录进你的 PDP 里面。

学习项目的第二部分主要阐述范围和内容，以及课程机会。

范围和内容

国家体育课程标准的范围和内容概述了这个学科的广度，通过了解它可以帮助你们进行基本概念和基本过程的教学。其中建议体育课应至少包含以下列出的四种活动类型：

- 智胜对手；
- 准确地复制动作、片段和顺序；
- 探究并交流意见、想法和情感；
- 最大限度地完成任务；
- 找出并解决问题；
- 安全、高效地运动。

智胜对手

这要求不论在面对面的个人竞赛或是团队竞赛中战胜对手。其中包括如入侵游戏、网类、墙壁运动和进攻比赛等对抗活动。还可以是中长跑这样注重方法策略的运动。

准确地复制动作、片段和顺序

准确地重复某些动作及其片段和顺序的能力在舞蹈、跳水、体操、花样游泳、蹦床等众多活动中有很重要的意义。

探究并交流想法和情感

意见、想法、情感、情绪的交流与艺术价值和编舞相结合的活动就包括不同的舞蹈风格和形式。

最大限度地完成任务

此即只取最好的分数和时间的活动，不论是从直接竞赛中还是对比不同时间内取得的成绩。这类活动包括赛跑、游泳比赛或田径中的投掷项目，在射箭比赛中得高分，在高尔夫比赛中得低分。

找出并解决问题

一系列的户外探险运动（OAA）如定向越野运动、野外营救、水上运动和露营都是特别适宜的。

安全、高效地运动

这包括为学生提供以健身和养生体验为目的的活动，其中大多为单人项目，如慢跑、有氧健身操和水中有氧操。

课程机会

2007 年版国家体育课程标准也提出了课程机会与学生学习密不可分，并与体育课的范围和内容一起加强基本概念和基本过程的教学。应多为学生提供广泛参与各种活动的机会，从而锻炼到他们的身体力量、耐力、柔韧度和速度，使其能在课外以个人或团队的形式参与竞赛及活动。除了参与活动外，学生们还应尝试体验其他角色，如组织者或裁判。此外，学生应使用 ICT 来帮助他们提高成绩并记录每一次进步（ICT 的具体内容详见第 12 章），并能够将体育和其他科目联系在一起学习。

同时，与课程机会相关的国家体育课程标准文件也对教师提出一定要求：即确保采取的每个教学步骤都能鼓励学生在课后或校外积极地参与各种活动。要达到这个要求需要做到以下几点：首先，确保学生在课程的学习中得到鼓励、快乐和满足感；第二，教师应提醒学生参与课外的各种活动。最理想的情况是可以让能力强的学生更加优秀，让能力一般的学生不断提高，最终目的是让所有学生都广泛地参与各种活动，不能仅靠课内提供的少数机会。教师的目标应是让所有的学生参与到课外活动中去；第三，教师应多向学生提供当地各种体育活动的信息，尽可能地了解学生，鼓励他们参与更多的课外活动。

表 13.2 列出了范围和内容、课程机会在不同体育活动中的体现。

表 13.2　体育活动、范围和内容以及课程机会三者的关系

体育活动中体现范围和内容的实例	体育活动类型的实例	不同活动所提供的课程机会的实例
准确地复制； 找出并解决问题	体操	个人或团队活动
准确地复制； 找出并解决问题	技巧运动	团队合作
准确地复制； 探究并交流意见、想法和情感； 找出并解决问题	创意舞蹈	使用 ICT； 联系其他学科； 个人或团队活动
准确地复制； 探究并交流意见、想法和情感； 找出并解决问题	街头舞蹈	使用 ICT； 个人活动
准确地复制	民族舞蹈	联系其他学科； 团队合作
最大限度地完成任务； 安全、高效地运动	有氧健身操	联系其他学科
准确地复制； 最大限度地完成任务	田赛	使用 ICT； 尝试不同的角色； 个人活动
准确地复制； 最大限度地完成任务	竞赛	使用 ICT； 尝试不同的角色； 个人活动
最大限度地完成任务； 安全、高效地运动	周期训练	使用 ICT； 联系其他学科

续表

体育活动中体现范围和内容的实例	体育活动类型的实例	不同活动所提供的课程机会的实例
最大限度地完成任务； 安全、高效地运动	举重训练	使用 ICT； 联系其他学科； 个人活动
最大限度地完成任务； 准确地复制	单人运动项目， 如高尔夫球、射箭	个人活动； 尝试不同的角色
智胜对手； 准确地复制； 找出并解决问题	入侵游戏	团队合作； 尝试不同的角色
智胜对手； 准确地复制； 找出并解决问题	网类、墙壁运动	团队合作； 尝试不同的角色
智胜对手； 准确地复制； 找出并解决问题	进攻、防守游戏	团队合作； 尝试不同的角色
智胜对手； 准确地复制； 最大限度地完成任务	个人运动，如剑术 柔道和空手道	尝试不同的角色； 个人活动
准确地复制； 最大限度地完成任务； 安全、高效地运动	游泳	个人活动
准确地复制	野外营救	团队合作
准确地复制； 探究并交流意见、想法和情感； 安全、高效地运动	花样游泳	个人或团队活动
找出并解决问题； 安全、高效地运动	定向越野运动	使用 ICT； 联系其他 学科，团队合作
找出并解决问题； 安全、高效地运动	户外探险活动	使用 ICT； 联系其他 学科，团队合作
找出并解决问题； 安全、高效地运动	水上运动	个人或团队活动

利用表 13.2 完成任务 13.3。

任务 13.3　通过不同的体育活动实现 NCPE 范围和内容、课程机会

运用表 13.2,思考对于 9 班来说,一年的学习项目(包括健身运动、比赛和竞技)中,能运用到多少 NCPE 所提出的范围和内容以及课程机会涉及的相关活动。谈谈你认为应确保得到全面应用的项目。

与其他师范生交换意见,并将结果记录在你的 PDP 里。

制订课程计划,应对国家体育课程标准的各个方面

一旦开始教学,你很有可能要参与课程计划的讨论。当你开始要承担一份责任的时候,你就有必要为每个重要阶段制订课程计划。课程计划的制订应严格根据国家体育课程标准的要求,因此应遵循其潜在的基本原理:让学生通过各种机会加强对基本概念和基本过程的掌握。任何时间都必须遵循所有的基本概念和基本过程。下一步就是决定你将要使用的活动范围和内容来提供给学生这些机会。国家体育课程标准提出:六个活动范围和内容应在关键阶段 3 中至少采纳 4 个,在关键阶段 4 中至少采纳 3 个。此外还应详细计划你需要通过挑选的活动所提供的课程机会。

表 13.3 说明了如何实现这一过程,并提供了一个需要完成的表格(例如正在编纂中的 9 年级课程)。

利用表 13.1—表 13.3 完成任务 13.4。

表 13.3　根据基本概念和基本过程设计课程计划

9 年级计划表

基本概念/过程	教学模式、教学方法/策略等	体育运动	范围和内容	课程机会
能力 提高身体和心理素质	提供需要掌握的技能或技巧的范例			
培养体育活动中的技能	设计能够培养学生力量、速度、耐力和灵活性的任务			
制订并执行决策	在竞赛或编排情境中考验学生运用技能、技巧的能力			

基本概念/过程	教学模式、教学方法/策略等	体育运动	范围和内容	课程机会
绩效 提高身体和心理素质	提供需要掌握的技能或技巧的范例			
制订并执行决策	设计一些挑战让学生们锻炼、完善、提升各种技能、技巧			
评价、改进	鼓励学生自我评价并对自己的学习负责			
创造力 评价、改进	设计发现探索类的任务,解决问题性任务以及开放式任务			
制订并执行决策	创造某种情境,使学生能够评价并辩证地看待自己和他人的表现			
培养体育活动中的技能	在安全的前提下,将责任移交给学生自己			
健康、积极的生活方式 明智地选择健康、积极的生活方式	提供学生学习所需的辅助性、激发性的环境			
	鼓励学生规定自己的任务			
	和他人一起讨论各自的长处和兴趣			

任务 13.4　9 年级的课程设计

学习表 13.1、表 13.2,完成表 13.3 的空白部分(表格可以在本书的网站下载,www. routledge. com/textbooks/9780415561648)。

回顾本章前面内容以确保回忆起足够的活动范围和内容以及所有的课程机会,假设你幸运地拥有所有的教学设施和所有活动的工作人员。请注明你所教的是女生、男生还是男女混合的集体。同时完成 11 年级的课程计划。与你的导师讨论完成后的表格,并将其收录在你的 PDP 内。

学校选择某种活动一定要考虑许多因素,也许最基本的就是学校的设施使用状况。实际上教育标准办公室(Ofsted,2002a)就曾指出在大部分学校中,教学设施和资源的可利用性是影响课程计划和实施的重要因素。如果室内活动空间(如体操馆和舞蹈室)有限,那么户外运动就成为课程的主要项目。同样,由于学校没有自己的游泳池而其他地方的又由于时间、经费和监督安全问题无法方便使用,游泳这一项目就不得不被取消。然而还有影响选择活动范围和内容的其他因素,包括教师的背景、经历、明显的长处和短处以及课内外活动的历史及传统内容。尽管有这些诸多的考虑因素,课程还是应该在活动的选择和时间分配上规定范围、保持平衡。同样,提供给学生们用来加强掌握基本概念和基本过程的各种机会也应规定范围,保持平衡。

由于设施和师资优势在课程计划中非常重要,可以设置一门课开头以活动为主,然后拟订怎样通过参与所选择的内容满足概念、过程、机会。这种情况下,需要特别关注活动的操作(如若不能提供舞蹈条件,则可以提供与体操相关的创造性活动)以及所采用的教学策略(如户外探险运动若是不可行,则可设计问题解决性的比赛场景)。这些都对于保证基本概念和基本过程的全面推广有着重要意义。

表13.4 提供了一个如何完成这项任务的实例。在不同年级和各个重要阶段对基本概念、基本过程及内容的选择都是不同的。此外,内容可以用来为学生提供理解不同概念的经历。例如,在比赛前期可以将注意力集中在能力和绩效上,之后再进行创新。在户外探险运动中,前期的主要任务是确保活动安全,之后的阶段再用来发现问题、解决问题。在编纂课程计划的过程中,必须遵循基本概念、基本过程及其相应的教学方法和策略。

利用表13.4 提供的例子完成任务13.5。

表13.4 围绕所选择的活动拟订课程计划

活动	涵盖的范围和内容	提供的课程机会	基本概念等(基本过程和教学方法及策略的含义详见表13.1)
7年级(以6个小时为单位每学期/活动)			
第一学期			
体操 入侵游戏	准确地复制 智胜对手	个人 团队	绩效 绩效
体操 网类、墙壁运动	准确地复制 智胜对手	个人 团队	创造力 能力
第二学期			
创意舞蹈 定向越野运动	探究新想法 安全地运动	个人或小组 个人或小组(ICT)	创造力 健康积极的生活方式

续表

活动	涵盖的范围和内容	提供的课程机会	基本概念等(基本过程和教学方法及策略的含义详见表 13.1)
创意舞蹈 健身运动	探究新想法 安全地运动	个人或小组 个人	
第三学期			
田径 户外探险运动	最大限度地完成任务 安全地运动	个人(ICT) 团队	绩效 健康积极的生活方式
游泳 进攻或防守	准确地复制 智胜对手	个人 团队	绩效 能力
8 年级(以 6 个小时为单位每学期/活动)			
第一学期			
技巧运动 进攻游戏	准确地复制 智胜对手	小组 团队	绩效 能力
技巧运动 健身运动	准确地复制 安全地运动	小组 个人(ICT)	创造力 健康积极的生活方式
第二学期			
乡村舞蹈 周期训练	探究新想法 安全地运动	小组 个人(ICT)	绩效 健康积极的生活方式
乡村舞蹈 入侵游戏	探究新想法 智胜对手	小组 团队	创造力 能力
第三学期			
游泳 进攻或防守	准确地复制 智胜对手	个人 团队	绩效 能力
田径 水上运动	最大限度地完成任务 安全地运动	个人(ICT) 小组	绩效 健康积极的生活方式

各项基本过程所占的比重:

智胜对手 36 小时(25%);

准确地复制动作、片段和顺序 36 小时(25%);

安全、高效地运动 36 小时(25%);

探究并交流意见、想法和情感 24 小时(17%);

最大限度地完成任务　12 小时（8%）。

任务 13.5　将基本概念、基本过程和课程机会运用到一个现有的重要阶段课程计划中去

找一份重要阶段 3 或 4 的课程计划并完成一次如表 13.4 所示范的课程分析。与其他师范生讨论你的分析结果。

将其记录在你的 PDP 中。

达到"重要宣言"所提倡的目标

你也许会问这样的问题：怎样判断我在体育课中提供给学生的学习经历是成功的呢？应该采取怎样的标准来衡量学生是否遵循《每个孩子都重要》的宗旨在不断进步？为了回答以上问题，英国教育和技能部（DfES，2004d）提出：若一个学校提供的体育课是高质量的，学生会：

■ 积极参与体育课和体育活动，不论在校内还是校外都将其当做生活中重要的部分。
■ 明确自己的学习目标并知道如何去实现。
■ 明白体育课和体育运动是健康积极的生活方式的重要组成部分。
■ 具备参与体育课和体育运动的信心。
■ 具备参与体育课和体育运动所需的技巧和能力。
■ 自愿以个人或团队为单位参与竞争类、创造类和挑战类的各种活动。
■ 反思自己的表现，并为自己制订合适的决策。
■ 表达出想要通过自己的能力进步和成功的强烈愿望。
■ 具备坚持到底的能力，如耐力、柔韧度和体力。
■ 享受体育课，热爱学校和社区运动。

怎样衡量学生的学习情况？

学会衡量学生的成绩在任何课程计划中都是非常必要的。其中，成绩目标和等级划分是国家体育课程标准的重要内容。在每个重要阶段结束后大多数学生都应达到这样的等级范围：

绝大多数学生应达到的等级范围		绝大多数学生在重要阶段末应取得的成绩	
重要阶段 1	1—3	7 岁	2
重要阶段 2	2—5	11 岁	4
重要阶段 3	3—7	14 岁	5/6

  重要阶段 3、4 的相关等级范围的在等级 3—8 的详述中有所提及。这些都说明教学的逐步推进和连续性在学生提高学习的过程中意义重大,学生的成绩也因此来衡量。

  第 3 章主要阐述了随着各个重要阶段学生们不断在进步,对他们的期待和要求也应相应地提高。等级划分和 5 个基本过程是相互照应的,因此也提示你应采用全面的教学和学习方法。有关 Progression and continuity 的详细论述参见第 3 章。完成任务 13.6,在两个基本过程中追踪进展。

任务 13.6   在两个基本过程中追踪进展

  在网站 http://curriculum. qcda. gov. uk/key-stages-3-and-4/subjects/physical-education/找到全国体育课程标准有关等级 3—8 的描述。选择一个基本过程,将等级 3 到等级 8 的进展绘制成表格。然后再选择另一个基本过程完成相同的任务。

  与其他完成此项任务的师范生讨论你们的成果,并收录进你们的 PDP 中。

在 2007 年国家体育课程标准(或其他)体系指导下提高教学水平

  Murdoch(2004)提出,新的教学方案也许还存在一定的问题,有些还不太能够被人们接受或是直接运用至实践中。她表明,从 1992 年起过程型教学已逐渐代替产出型或活动性教学成为了课堂教学的核心,而国家体育课程标准学习项目的提出也正是围绕这个重点。这表明体育教学应当让学生参与到各种精心选择的学习过程中去,而并非为了实现所有目标让学生产出预期成果,如必须掌握某种技能技巧或策略。她还提出,一些体育教师还没有接受或广泛采用过程型教学模式,而他们的教学方法仍然着重于活动型教学以及通过参与各种体育运动学生们必须掌握的技能。从许多学校的体育运动形式来看,这种情况仍大量存在。实际上我们在重复那个耳熟能详的问题:体育教师究竟应该注重教体育运动还是应该教学生? 早在

2000 年 Penny 和 Chandler(2000)就提出,应推动以基本过程为中心的课程设计结构,而不是合并、忽略过程而把注意力放在活动上。

2007 年国家体育课程标准再次提出,教师应让学生学习有关体育活动最前沿的知识并提供学习的情境。Murdoch 也指出,这在前期的课程指导中已经得到了一定的推广,然而也有一些教师认为在采纳这种建议的过程中困难重重。当然一定有教师的教学完全是以学生为中心,然而也有一些教师倾向于以活动教学为中心。2007 年国家体育课程标准的文件明确主张教学应以学生学习和过程教学模式为主,在 2011 年及以后进入教学行业的教师应成为带动此教学模式的重要力量。这要求教师不仅要参考你曾接受教育时的情况,还要观察当今学校教学的现状。你需要将国家体育课程标准作为基本原理,采用各种不同的方法。这其实只是个很细微的变化,正如在某种程度上要想提高学生的学习就必须让其参与到活动中去,而参与活动的同时,学生的学习也得到了促进。也许推广过程性,以学生为中心的教学方法关键在于根据基本概念和基本过程规划学生的学习进程,而不是就学生对技能技巧、策略的获取评价学习成果。满足每个学生需要的重要理念既是《每个孩子都重要》所宣扬的一个中心观点,也是政府对全部课程优先考虑的问题。现在完成任务 13.7 和 13.8。

本书的其他章节如第 10 章、第 14 章着重讲如何提高你的教学,从而使你应对这些挑战。

任务 13.7　过程型和产出型课程

与其他师范生讨论你对过程型课程的理解及其与产出型课程的区别。有必要读一读 Penny 和 Chandler(2000)的著作。与一位高资质的老师进行相同话题的讨论,辩证地评价各自所表达的不同观点。这些讨论对你自身的观点有所改变吗?

记录下你们的讨论内容以及观点,并将其收录在你的 PDP 中作为你硕士阶段的一次作业。

任务 13.8　体育课对实现国家课程标准目标的贡献

Compelling 学习经历的本质在于使学生参与活动、挑战自我、丰富生活;以及致力于培养成功的学习者、自信的个人和有责任感的公民。

根据你的学校经历,辩证地分析有关体育课为实现国家课程标准目标作出的贡献,写一篇 2 000 字左右的论文。将这篇论文作为你硕士期间的阶段作业收录进你的 PDP 中。

小结与要点

2007 年国家体育课程标准的重要宣言、基本概念、基本过程、范围和内容以及课程机会共同为体育教学提供了具体性的指导。此外一定程度上也允许灵活计划课程活动，可以让学校和教师根据学生的兴趣、学习需要以及设施、师资条件作出相应的安排。2007 年国家体育课程标准指导下的教学方案、课时和学习单元安排以及设计和教学的课程都应遵循基本概念和基本过程，将活动作为学习的情境而不是最终的目的。也就是说最理想的情况是：不论长期或短期的教学计划，都应从学生的学习经历开始，呼应基本概念和基本过程。计划制订后，应考虑哪些活动能够为这些学习经历提供最好的环境。

国家体育课程标准提出了学生为中心、过程型教学的模式。教师所有的工作中心都应放在学生身上，培养他们对自己能力的信心、取得进步的决心以及参与学校内外各种体育活动的动力。体育教师的长期目标是让学生把体育运动当作一项终身爱好，要想实现这一目标就必须照顾到学生个人，使其在学习体育的过程中不断提高身体素质和自信心。教学不是笼统地以学生为中心，还应该落实到每个学生。

成功的体育课不仅有可能改变学生的一生，还可以对学校、社区，甚至社会产生积极的影响。值得一提的是，许多人有关在学校体育课的记忆通常都被失败的学习经历毁坏了。如果你的体育课也像下面所说的那就太糟糕了。"运动场内大量差劲的课程"；"穿着看上去傻乎乎的运动服"；"大多数时间呆呆地站着而且很冷"；"总是被命令做这做那，但从没有人告诉我该怎样做，为什么要那么做"；"排在长队里等待自己的顺序，还常被排在前面的同学嘲笑"；"在雨中被唤来唤去像是在众人面前被羞辱"，等等。

这些负面的评论背后所传达的信息是，应站在学生的角度来看待体育的课程经历。

教师要做到观察敏锐、为学生着想、随机应变。国家课程标准要求教师能协助提供高质量的学习经历。让所有学生都能有如此的经历需要把学生作为工作核心来开展教学。你的教学中应奖励个人成就，鼓励即便很小的进步。国家体育课程标准要求教师通过学生对作为支持课程的基本原理——基本概念和基本过程的掌握程度来评价自己的业绩，而不是靠星期三上午 8R 班的曲棍球比赛成绩来衡量。

看看你在本章中完成了哪些课程要求。

体育教师的多种角色 **14**

引　言

体育除了有其特定的目标和目的外,也为整个教育事业贡献着自己的价值。当你开始从事教育事业(ITE)的时候,你应当考虑到体育教学的各个方面,包括你上课时需要设计的内容、需要组织的活动以及需要采用的教学方法,这些全都是你的工作重点。然而作为体育教师,仅尽到教师的职责是不够的,你还需要在学校和学生面前担任其他多种角色。本章将帮助你认识并学会如何承担这些角色和职责。

目标

通过学习本章能够:

■　理解体育的目标是如何与宏观的课程目标相协调的;

■　意识到体育对这些更广大的目标所作出的贡献;

■　能够辩证地看待体育为效力于整个教育事业所担当的角色。

　　观察自己课程中与本章内容相关的要求。

教会学生如何学习

不得不承认,很多体育师范生选择这一行业是出于他们对体育活动和运动项目的热爱。就此来说,把体育活动和运动项目的教学当做课程重点也不足为奇了。随着时间的推移,你的视野也随之拓宽,会十分适应体育教学。最后你就可以采取下一步措施,通过理解体育情境教学的概念,帮助学生在课程经历中学习体育。相对于这些而言,不难发现你在教学中的首要任务是帮助学生学习,确切地说是教会他们如何学习。实现这个目标有利于学生学好学校课程的同时在日常生活中也有所收获。帮助学生在体育课中不断学习、进步仅仅是教会学生如何学习的一个方面。

教师要完全担负起各种角色和相应的职责需要花费一些时间,其中第一步就是明确体育为实现其他更广大的教育目标所能作出的贡献。一旦你开始根据预期学习成果(ILOs)(既能实现具体的体育目标,又能实现其他的要求)进行课程设计时,你就开始拥有了开阔视野,向真正高质量的体育教学靠近。

为了提供一个可供讨论体育教师双重角色的案例,本章引用了英国近期的教育总趋势,这是一个宏观教育目标的例子,也是单科致力于年轻一代综合教育的途径。许多国家都有相似的宏观教育目标,了解这些对你前期的入职教育是很有帮助的。图 14.1 显示了英国最新国家体育课程标准[NCPE,资格与课程委员会(QCA),2007]下的基本概念和基本过程是如何与学校课程的宏观目标结合成一个整体的。当然,你需要让学生通过参与具体的体育活动来帮助他们学习一定的知识和技能,但是需要认识到很重要的一点:体育课中获得的技能、素质和知识都可以运用到综合教育中去(详见第 2 章)。明白体育的这种贡献不仅能督促你成为一名全面、负责的体育教师,也让你意识到学生学习体育的真正价值,尤其对那些在体育方面出类拔萃的学生来说具有特别重大的意义。同时你也会发现学生的其他学科经历将影响到他们对体育的学习。

从图 14.1 中能发现体育中的基本概念和基本过程与个人学习和思考能力的联系。此外你还应该找出个人学习和思考能力[详见英国课程与资格局(QCDA)网站]与宏观课程相关文件提出的教育目标,以及这所有的一切是如何成为英国政府制定儿童和青少年政策的关键考虑因素之间的联系,这就是英国目前所称的"每个孩子都重要"(ECM)[英国教育和技能部(DfES),2003]。

图 14.1 即可从上至下看,也可从下至上看。从上至下来看,政府"每个孩子都重要"的政策要求学校让学生们在快乐中学习,为社会作出积极贡献,强身健体,保持安全并从长远角度上获得创造经济效益的技能。由这五个结果得出,学校应努力实现三个目标:将学生培养成为成功的学习者、充满自信的人和有责任心的公民。作为实现这些目标的辅助力量,政府制订了一份促进个人学习和思考能力的方案。这些技能是指如何成为一个自我反思的学习者、独立的探究者、充满创造力的思考者、自我管理者、高效率参与者以及团队合作者的能力。作为这些重要指导的成果,在规划国家体育课程标准时应考虑到两点:一是保证这一科目为实现宏观课程目标作出尽可能大的贡献;二是认识到体育为学生教育作出的特殊贡献。基本概念和基本过程就是这一决策的结晶。[国家体育课程标准的相关论述详见第 13 章(QCA,2007a.)]

图 14.1 还可从下至上来看。任务 14.1 要求你以此视角来思考体育中的基本观念和基本过程是怎样致力于宏观课程目标的?

"每个孩子都重要"

快乐中学习　　为社会作出积极贡献　　强身健体　　保持安全　　创造经济效益

宏观课程目标

成功的学习者　　充满自信的人　　有责任心的公民

个人学习和思考能力

自我反思的学习者　独立的探究者　　自我管理者　　高效率参与者以及

充满创造力的思考者　　小组合作者

体育学习项目——基本概念

创造性　　绩效　　能力　　健康积极的生活方式

体育学习项目——基本过程

富有创造性、制定决策　提高技能　提高身体和心理素质
评价、改进　　明智地选择健康、积极的生活方式

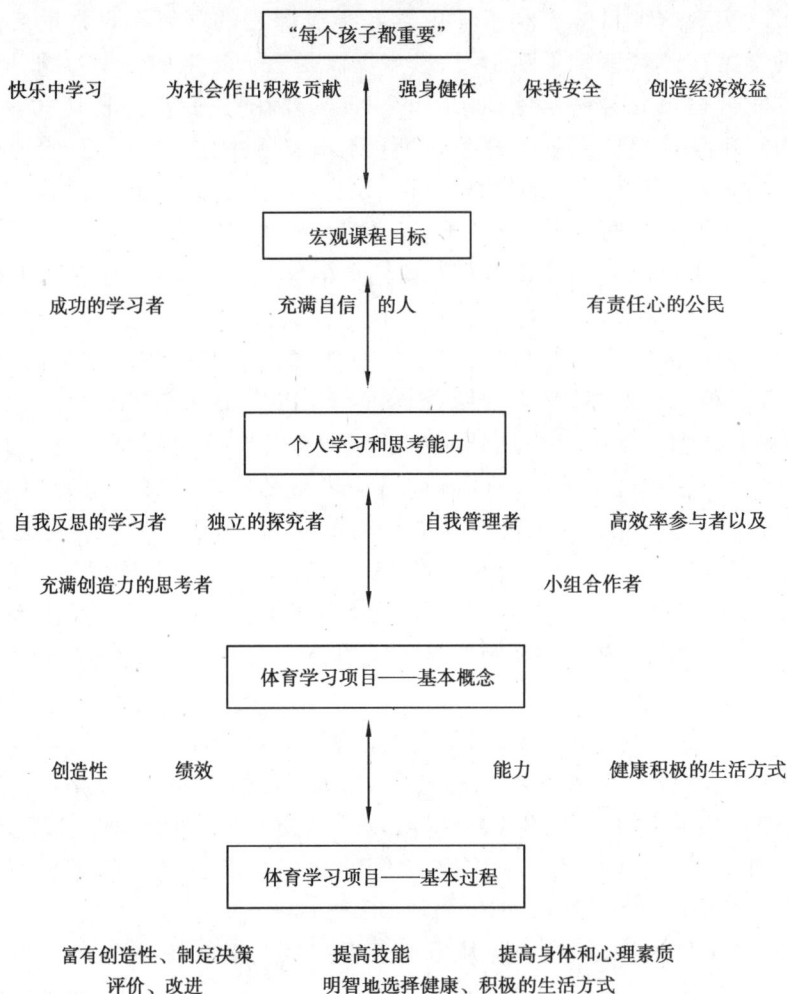

图 14.1　"每个孩子都重要"的目标与体育课程目标的关系

任务 14.1　体育是怎样致力于宏观课程目标的？

　　看图 14.1,指出体育的基本概念、基本过程(详见第 13 章)与三个宏观教学目标之间的关系。制作一个流程图,至少包括两个体育的基本过程;列出每一项对图 14.1 中四个阶段/等级的作用。与其他完成此任务的师范生讨论你们的成果,并将流程图和讨论记录收入你的专业培养档案(PDP)中。

在体育中实现宏观目标

　　接下来的两个部分为通过体育情境实现宏观目标提供了方法。你会发现,首要

重心应放在计划如何开展课程以及在教学过程中如何实现这一计划。宏观目标的实现时常通过体育的教学过程来实现,也就是取决于你的教学方法。当然,你的教学内容也非常重要。在每一部分的最后一段中,都提供了能最大程度上帮助这种宏观学习的相关活动设置。

在体育中为实现宏观课程目标效力

每一位教师,不论在教学科目及领域,都应该为宏观教育目标的实现作出贡献,毋庸置疑,体育教师也在帮助学生实现这一目标的过程中起到重要作用。在英国,实现这些目标能使学生们成为成功的学习者、充满自信的人以及有责任心的公民。

成功的学习者懂得享受学习、不断进取、利用自身潜能取胜、对学习充满热情。我们希望所有的学生都可以在体育学习中成为成功的学习者,如何采取措施实现这个目标才是最值得思考的问题。有两点是需要考虑的:第一是在教学计划中;第二是在实际教学中。在教学计划中,活动设计应建立在学生目前所学情况的基础之上。在课程中逐渐提高活动的难度,使学生不断进步。要做到这点其实并不容易,因为学生在学习程度上存在着微小差异。这就必然要求你在任务的设计中考虑班上学生的能力差异,这种方法也被称之为差异性,它是课程计划中的重要环节(详见第 11 章 有关教学方法的讲解)。通过课程计划使每个学生获得成功也叫做熟练掌握性学习(Bloom,1976)。熟练掌握性学习是指重视每个学生的任务完成情况而不是通过与他人比较来判断各自的成就。这种学习的特点是让学生完成他们能力范围内的任务,且采用自比性评估,即将学生之前的个人表现进行自我比较。熟练掌握性学习是差异性的重要组成部分。有关差异性的详细讨论见第3、第10、第11 章。

为了争取让每个学生都成为成功的学习者,在教学中,你要认真仔细地观察学生对活动的反应(详见第 4 章有关观察的部分)。对于表现出色的学生应加以表扬,并鼓励他们去迎接更有挑战性的任务;而对于学习中有困难的学生应提供一定的指导和帮助,或适当地为其降低活动难度。总之,作为教师,应当多鼓励学生,及时肯定学生的努力与进步。教师对每个学生的反馈是他们提高学习和保持动力的关键。教师的反馈应做到积极、全面、就事论事。不同形式反馈的重要性在第 5 章和第 10 章都有所提及。无论进行何种实践活动(或是体育相关的课堂理论课),在备课过程中和课程进行中都应遵循这些理念。图 14.2 提供了一些此类教学基本原理的例子。

充满自信的人是指随时准备接受新的挑战并始终采取主动的学生,他们能够自己制定决策并能坚持自己的观点,此外他们能使自己安全、健康、快乐地生活。教学计划、教学过程以及学生参与的体育活动情境[如体操、竞赛类项目或户外探险运动(OAA)]都对实现这些目标有着重大意义。在教学计划中,你需要为学生提供机会迎接新的挑战或参与问题解决性活动,在这个过程中学生必须依靠自己的主动性和智慧。一些活动需要学生互相讨论商量解决办法,这能培养他们清晰的思路、自如的表达能力以及坚定的立场。其中还可包括让学生以单人或双人形式创作一段舞蹈或体操动作类似的活动。也可选择设计一些小组活动，如让学生为比赛制定获胜策略，解决户外探险运动中的问题或在定向野外运动中制定自己的路线。

ECM	特　点	通过教学计划提高 disposition 的例子	通过教学过程加强 disposition 的例子	通过体育场景提高 disposition 的例子
成功的学习者	享受学习 不断进取 利用自身潜能取胜 对学习充满热情	计划提高成绩的步骤 熟练掌握性学习 差异性	积极的气氛 鼓励 对个人的观察与反馈	所有的体育情境
充满信心的人	随时准备迎接新的挑战 能够制定决策 能够坚持自己的观点 能使自己安全、健康、快乐地生活	设计新的经历 设计开放性任务 考虑到讨论 设计安全与健康问题的输入	相信学生的能力 鼓励 接受学生的想法 鼓励恰当的交流技巧 适当地介入	户外探险运动、体操、舞蹈、竞技运动 小组策划活动 OAA、HRE
有责任心的公民	考虑到他人和自身需要 值得信赖 认识到一个小组的高效协作需要不同角色和职责 能在全班、全校甚至整个社区起到积极的带头作用	设计小组活动 责任移交 认识组内的不同角色	鼓励关怀行为 鼓励恰当的行为 鼓励尊重他人的角色 教师树立行为恰当的好榜样	小组活动 场地外活动，如野营 遵循上述讨论，设定有不同角色的小组活动

图 14.2　通过体育实现"每个孩子都重要"的目标

要在体育教学中培养学生的自信心，需要给予学生探索、实践的时间和空间。此外，教师应做到耐心、相信学生解决问题和完成任务的能力。接受学生的想法，主动参与他们的讨论是对学生意见的理解和尊重。同时还要肯定个人对小组讨论和完成小组任务所作出的贡献。凡是在具有冒险性活动的教学中都应花一定的时间提醒学生安全问题（安全问题的详细讨论参见第 9 章）。还可适当地培养学生为自己减少风险的责任感，教师只有充分了解自己的班级才能选择移交这种责任的时机和限度。如若对这个问题持有疑问可以求助于你系上的领导和老师。还有多种多样用来丰富培养学生自信心的体育活动情境的方式，户外探险运动就为学生提供了主动迎接新挑战以及解决问题的机会。

任何涉及解决问题和小组合作的活动都为实现这个目标提供了很好的背景。同样,任何具有安全风险的活动如田径项目,可帮助学生培养危机意识以及面对潜在危险时的应变能力。图 14.2 提供了有关加强培养学生自信心的一些方法和建议。任务 14.2 则要求你思考与此相关的具体活动设置。

任务 14.2　提升学生自信心的体育情境

1. 列出户外探险运动中要求学生采取行动的具体任务;
2. 列出体操或田径运动中要求小组协作的小组活动;
3. 列出没有健康及安全隐患的体育活动场景。

与其他师范生分享你们的成果,并将它们收录在你的 PDP 中。

有责任心的公民是指能够考虑到他人和自身需要的学生。他们很值得信赖,而且能认识到一个小组的高效协作需要不同角色和职责。此外,他们能在全班、全校甚至整个社区起到积极的带头作用。体育的课程计划和教学过程也能帮助实现这种宏观教育目标,它们的贡献主要体现在小组合作以及让学生担任不同角色和职责的小组竞赛中。《运动教育》的理念中就提到了有关实现这类目标的例子。(Siedentop,1994)学生以小组的形式完成一个长期的项目,如准备参加一个锦标赛,小组中每个成员都有具体的分工,如队长、裁判员、器械保管员、运动时间安排负责人,任务包括领导、计划、记录、与其他小组之间的联络,最重要的是要让每个学生各负其责,这样才能促进一个小组的高效运作。可以设计一系列相关的活动,能让参与者面对熟悉或新颖的挑战。你设计活动时必须对学生的能力有所判断,才能保证安全地将责任交给学生自己,理想的角色设计是让每个学生都能经历各种不同的职责。

在教学过程中,教师应随时观察、反馈每个学生行使责任的情况以及他们能否及时注意到并满足他人的要求。这种情况下教师应对学生付出的努力给予适当的鼓励、指导和表扬。例如,要判断一个担任领导者角色的学生是否成功,你可以观察他是否切实地为小组效力,如提醒其他组员尽到各自的职责。

要提升学生的自信心,应将培养有责任心的公民这一任务也融入到体育活动的设计中去。体育的这些方面,如需要合作和适应能力的小组活动,都可以培养学生为他人考虑的能力。有关解决问题、讨论、角色分配的小组活动也十分有意义,如那些将权力移交给各个成员的情况。然而它们必须通过教学计划和教学过程来实现。体育中有非常多的场景,这些活动都只是其中的一小部分,其他还包括比赛中的团队组建、花样游泳中的编舞以及户外探险运动的小组合作。

卡佩、布瑞克和奥尼尔(2006)书中第 7 章有一节有关道德培养的非常有价值的论述,特别是活动 7.6a 和 7.6b。图 14.2 提供了更多关于通过体育将学生培养成为有责任心的公民的例子。任务 14.3 要求你观察并指出学生个体是怎样在一个活动中进行小组合作的(第 6 章有关于建立小组的详细讨论)。

任务 14.3　观察学生是如何与他人合作的

观察体育中的三个活动场景,让他们以小组的形式进行合作。活动形式可以是小组自己制订计划,如何摆放体育馆里的器械、小组自创一套花样游泳的动作、小组设计一个训练耐力的周期运动。

观察学生的行动,记录每个人所担任的角色。看看小组中是否有领导者?有没有不合群的成员?哪些成员在整个活动中贡献最小,哪些会接受采纳的意见?

思考你可以为小组或每个学生提供怎样的反馈,从而提高他们小组合作的能力。与你的导师一起讨论并把你们的想法记录在你的 PDP 中。

在体育中提高学生的个人学习和思考能力(PLTS)

为了发扬宏观教育目标的成就,英国政府确定了六种个人学习和思考能力(延伸阅读详见网站),当学生学习这些课程时都应该培养这六种能力。通过获得这些技能,希望学生能够成为独立的探究者、充满创造力的思考者、自我反思的学习者、自我管理者、团队合作者以及高效率参与者。这些都与宏观目标紧密相关,表明学生需要通过掌握这些技能从而实现以上目标。在多数情况下,掌握个人学习和思考能力取决于学生参与学习的方式,换句话说就是教师采用的教学方式。下面将根据列出的前三项技巧来讨论课程设计、教学过程以及适当的体育场景的具体应用。

独立的探究者其特点在于具有发现问题和困难的能力、探究想法的信心、分析和衡量问题的动力,然后能够以此找到解决问题的办法并得出结论。

体育中的很多情况已经变得非常熟悉了,如学生对教材的掌握完全可以通过自己的阅读研究而无须教师的指导。课程计划通过提出问题、设置任务让学生有机会利用自己的主动性,同时也提升自信心,从而学会更多地依靠自己的努力而不是一味依赖老师。在这里,"GD""CD""DD"中的教学策略是非常值得借鉴的。Mosston 和 Ashworth(2002)中有许多广泛使用这种方式的例子,设计这种探究活动应提供较多的讨论时间。

在这类课程的教学中,你的角色应更像是个引导者而非教导者。当布置完问题和任务后,应当留给学生足够的时间来改进自己的成果。敏锐地观察能提示你他们什么时候需要你的帮助。教师应及时反馈,如奖励学生的个人成果,在恰当范围内尽可能地为学生提供帮助和建议。在与学生的互动中你应当尊重学生的想法,从而给予他们在课程中自我知识输入的信心。在学生讨论期间,你要耐心地鼓励他们,对有效的方法提出表扬并为需要改进的方法出谋划策使其更加完善(任务 14.4)。

大多体育活动场景适应这类教学,然而在安全系数低的高风险活动中不适宜开展探索性学习。图 14.3 呈现了这种教学中的基本原则。

个人学习和思考的技巧	实例	通过教学计划提高技能的例子	通过教学过程提高技能的例子	通过体育场景提高技能的例子
独立的探究者	发现问题和困难 探索问题 分析和评价 支持结论	设计适合 discovery（guided \ convergent \ divergent）的场景 提供分析和讨论的时间	奖励个人努力和个人想法 支持新的探究 支持自我评价 提出质疑	设计适合 discovery（guided \ convergent \ divergent）的场景 其中可以包括田径、野外营救或武术
充满创造力的思考者	发掘新想法 提出问题 与他人合作发现和解决问题 适应新想法	设计需要个人或小组创新的活动 提供反复试验的时间	接受所有恰当的想法 接受辩论 奖励小组交流 奖励优秀的新想法	所有适合开放型任务的体育活动场景，如体操、舞蹈、户外探险运动以及比赛中的团队设计
自我反思的学习者	评价自己和他人 为自己的任务制定目标 回顾进程 寻求反馈	为学习者提供评价标准和 AforL 逐渐地移交责任 奖励公正的辩论	提供一个 AforL 或适当的评价方法的例子 支持或奖励自我评价	所有适合自我评价和设定个人目标的体育活动场景

图 14.3　通过体育提高个人思考与学习能力

任务 14.4　体育中的探索性学习

　　与其他的师范生在以下领域中选择三项讨论，哪些是适宜使用一定的教学方法鼓励学生独立探究的情况：舞蹈（如根据一段独舞选择一首配诗）、田径项目（如试验在接力赛中交接棒的不同方式）、竞赛（蒙骗对手的方法）以及 HRE（如设计一个小组周期训练来提高身体灵活性和特定体育活动中的耐力）。将你的想法记录在你的 PDP 中。

　　充满创造力的思考者是指能够不断产生新想法，采取创新方式，在新的活动场景中应变自如的学生。从某种意义上讲，创造性思维来源于独立的探究，学生正是由此树立了信心从而在解决问题的过程中养成了不断创新的能力。

　　拓展创新思维的活动设计应提供给学生自由探索、创新、创造的机会。开放型任务及分散型教学（参考 Mosston and Ashworth，2002）防范都是最有效的方法。这些活动是指没有固定答案的任务或问题，学生可以充分利用其创造力和主动性。例如，自创一段体操或舞蹈的动作来体现某些动作或情感，制定两个固定地点间的行走路线或根据比赛的套路设计一些秘密的符号语言。设计活动时必须考虑到要为学生提供足够的时间来反复试验、培养和充分展现他们的创造力。

　　在教学过程中你需要注意一点，学生们不仅仅是随心所欲地创新，他们的创意还需要有实际的价值。在这个过程中你要通过询问或提示来帮助学生在所探讨的问题中不断发散思维。

教师应当接受学生所有正确恰当的想法,不论有没有创造出成果,都应奖励他们所付出的努力并帮助其实现这些想法。让学生明白,要成为一个充满创造力的思考者是一个循序渐进的过程,早期的尝试不一定会非常成功或具有创新性。首先你要告诉学生这并不是老师自己的活动,他们有义务不断提出新的想法。值得一提的是,只有当学生拥有足够多的相关知识和参与创造性活动的经历以后,才可以激发出有效的创新。将一项活动中的各种元素新颖地结合是培养创造力的重要途径,例如,在花样游泳课上让学生利用一些动作自创一段游泳动作。这里的创造力体现在将所有动作新颖地编排在一起,使整个表演过程显得流畅自然。

通过体育活动中的舞蹈或体操可以培养学生的创造性思维,学生可以自由地编排和创作。一些团队活动也能为学生提供制定新策略、新创意的机会,如户外探险运动就能为学生提供大量的机会去探究解决问题的新方法以及应对全新挑战的思路。图14.3列举了通过教学提高学生创新思维的更多实例。

自我反思的学习者是指那些能够退一步思考问题并能自我评价的学生,他们能够审视自己的学习并制定新的目标。此外,他们希望得到他人大量的反馈,愿意接受各种建议和指导。

为了鼓励反思性学习,要求在教学计划中就所学内容提供详细的指导。具体做法就是提供让学生根据这些目标进行自我评价的机会。自我审视的教学策略(Mosston and Ashworth,2002)就是适用于这一方法的例子。还有必要指出的一点是,学生应当在进行自我评价之前先经历交互式教学,在交互式教学中,学生们一同学习并根据一定的标准来相互评价。在自我评价的过程中,每个学生也应有一份可供参考的评价标准,视频或图片形式的ICT在这种情况下非常适用。这些技术能够使学生清楚地了解到他们的表现情况(详见第12章有关体育教学中的ICT的讨论)。若是采用ICT,需要在课堂中留有足够的时间来让它达到最好的效果。通过观看视频记录来改进舞蹈的质量、体操的技巧、蹦床的动作或让学生思考长跑比赛中不同策略的影响,都能够让他们逐渐学会自我评价。应当要求每个学生反思他们在比赛中的表现,找出自己的长处及不足。

在课堂中采用自我评价的方法,教师的职责在于在整个过程中帮助学生对自身的表现作出评价和判断,其中对学生的鼓励和对其努力的认可是必不可少的。教师应对整个学习过程作出积极的评价(参考第8章),也就是说应多将注意力放在如何改进上而不是一味地发现不足。有必要建立一个档案系统,以备学生在今后的课程中使用时参考自己之前的表现。在培养学生学会自我评价的过程中,有必要时常与学生沟通对话,询问他们对自己表现的看法,这也可用于学生两人一组的活动中。在结束课程前教师应概括地总结所学内容及活动情况,这能为今后学生们担负自我评价的工作做好铺垫。任务14.5需要你观察身边一位有经验的教师是如何帮助学生为自己和他人的学习尽应尽的责任。

任务14.5　将评价的任务交给学生自己

观察一节让学生自我评价的课堂,记录教师为学生提供的帮助以及所作出的反馈,指出能够培养学生有效自我评价的教学方法。

与其他教师讨论学生在负责自我评价前都作了哪些准备,将其记录在你的PDP中。

每个体育活动都应培养学生的反思精神,因为"学"是体育的中心目的,教师应随时对学生的学习情况作出评价。在反思性学习中教会学生如何学习是培养学生能力的关键因素。诚实的自我评价、拓展知识和理解的经历能够帮助学生在今后的生活中更自如地应对各种挑战。有关在体育中培养学生自我反思的例子可参考图14.3。

培养团队合作者、自我管理者和高效参与者的教学方法与"每个孩子都重要"提到的某些目标之间有着紧密联系。任务14.6要求你完成下面三个个人学习和思考能力的表格,它将帮助你思考哪些有关实现ECM目标的教学方法和活动可以应用到这项任务中去。

任务14.6　通过体育提升个人学习和思考能力

完成下面的表格:为贯彻ECM所提出的目标,每项培养团队合作者、自我管理者和高效参与者所需的技能都对应一条建议。在完成表格之前,先思考具有该技能的学生的具体特点。与你的导师讨论你完成的表格,证明你所选择的教学计划、教学过程和教学场景的合理性。将你完成的表格与本书网站(www.routedge.com/textbooks/9780415561648)提供的有关图14.4的参考意见作比较,并将表格收录在你的PDP中。举例如下:

技能	通过教学计划提高技能的例子	通过教学过程提高技能的例子	通过体育场景提高技能的例子
团队合作者	小组创作或小组合作解决问题的活动	对小组及个人的观察及反馈、鼓励使用沟通与倾听技巧	小组设计一段花样游泳的动作

任务14.7旨在提醒你回顾所有的个人学习和思考能力,并思考在具体的教学中如何培养这些能力。

任务14.7　在HRE背景下的个人学习和思考能力

在与健康相关的活动单元里,要求学生们开发、执行并监督一项个人运动项目,旨在提高心血管和肌肉持久性。仔细思考学生应以怎样的方式参与进活动,并通过参考上面的论述,找出学生能够得到良好锻炼的个人学习和思考能力,并思考多大程度上能实现ECM所要求的目标。

与其他完成过此项任务的师范生讨论你们的意见,并将其记录在你的PDP中。

体育活动为实现宏观教育目标提供机会的实例

　　根据表 14.1 所示以及上述讨论提到的例子,体育学习活动随时被用来培养学生的各种技能、素质和知识。你会发现它通常是教学方法和内容的结合,能够帮助实现多种预期学习成果。对于这些的理解最终将帮助你选择、使用并产生多种设计和教学的方法。在每个例子之后都有一个任务(14.8 和 14.9)帮助你更细致地研究每个教学情境。

例 14.1

　　将一个班分成若干个小组,分别将一个音乐主题编排成小组舞蹈。他们需要分工协作、运用创造力并确定编排方式。在这个过程中,他们需要评价各自的表现,思考不断改进的方式。除此之外,他们也在不断提高自己的技能。整个过程结束后他们不仅提高了身体素质,也收获了各种学习经历。

　　这项相对容易的活动要求学生经历体育中的大多数基本过程,如充满创造力、制定决策、评价和改进、提高技能。同时这些也体现了体育的基本概念如创造力、绩效和能力。

　　此外,学生参与学习的过程还包括他们运用一系列个人学习和思考能力的过程。例如,他们需要创造性地思考问题、反思自己的学习、做一个高效的团队人员以及与他人合作共事。通过教师耐心细致地指导,每个学生都会朝着 ECM 的目标不断进步,成为成功的学习者、充满自信的人和有责任心的公民。

任务 14.8　为一节旨在培养创造力的课程提供反馈信息

　　参考例 14.1,与你的导师讨论应该在课程中对学生的反应作出哪些反馈,如小组合作、创新、自我评价,并将其记录在你的 PDP 中。

例 14.2

　　一组在进行运动教育项目的学生需要评价自己的表现并制定相关的决策,如在一个即将到来的锦标赛中有效参与活动需要培养的技能。让学生自己去组织这样的活动不仅可以提高他们的技巧和战术知识,而且能提高他们的组织能力和执行能力,同时也为加强身体素质和 PLTS 提供了巨大的空间。运动教育为学生创造了非常好的机会,如在相互合作时锻炼了团队合作者和高效参与者所需的个人学习与思考能力;回顾活动进程的同时也进行了反思,锻炼了创造力,如解决某种问题。这些经历引导学生成为成功的学习者、充满自信的人和有责任心的公民。

任务 14.9　在运动教育场景下移交责任

参考例 14.2，与你的导师讨论你将怎样确保每个小组的每位成员都有机会在小组活动中经历不同的角色，将讨论结果记录在你的 PDP 中。

进一步的思考

要时刻谨记，没有明确的学习重点和精心设计的学习活动，学生无法达到宏观课程目标的要求。由 Bailey 等人（2009）发表的学术报告辩证地探讨了有关体育能够培养学生身体、社会、情感以及认知方面的策略、素质以及相关知识这一理念。该报告肯定了体育的这一潜在优势，但也不太赞成任何超越增强体育技能之外的培养目的。这种状况是普遍存在的，因为目前的趋势表明体育教师支持学生在社会、情感以及认知方面的收益同时将重心保持在其体育技能的获取上。尽管体育技能是这门课的主要内容，也为这门课作出了特殊贡献，但如果你忽略了教育的宏观目标，你就无法帮助学生丰富、高效、有意义地生活。

有时也会出现这样的情况：为了在体育活动场景中达到一些宏观目标的要求，一节课的内容也许会较少地涉及实践活动而更多地关注学生的创造性或团队合作能力。然而这并不会对体育的具体目标构成威胁，因为培养"非体育技能"对学生学好体育也有着明显帮助。当然，一节课中的各种活动设置必须要达到均衡，不可将整节课都设计成培养"非体育技能"的活动，也不可忽视通过活动让学生实现宏观教育目标的重要职责，因为这样会让学生失去很多其他科目无法提供的珍贵的学习机会。此外，教师必须认识到自己在学生的整个教育经历中起到重要指导作用，这同时也是我们人类本质的体现。

教师应意识到这一点，并逐渐将这一职责明确体现在你的教学计划以及所提供给学生的相关学习经历中，这将会帮助你成为教育领域中重要且有价值的一员。教师通过体育活动教学，能为学校的整个学风建设作出更多更好的贡献。作为体育教师你有责任实现体育以外的宏观课程目标，你不妨建立一个导师小组，并负责与组员一起召开会议讨论个人、社会、健康和经济教育问题（PSHE 教育）。在你与学生互动的过程中你必须时刻记住教育的宏观目标，自身树立一个好的榜样，在高效合作和自我管理的活动中不断鼓励和发现进步。

任务 14.10 包含一系列有助你完成硕士水平作业的活动。

任务 14.10　体育对实现宏观教育目标的贡献

1. 阅读并仔细分析 Bailey 等(2008)的文章(参见拓展阅读),与其他师范生讨论你们的观点,记录各自相同及不同的意见。
2. 完成一次有关体育对宏观教育目标的贡献和意义的 SWOT 分析,这个 SWOT 正方形可以等分为四个小的正方形,它们分别是优点、缺点、机会和威胁(大致的表格参见本书网站 www. routledge. com/textbook/9780415561648)。提交你的 SWOT 表格,并向你的导师说明它的合理性。
3. 写一篇 2 000 字左右有关体育危险性的论文,仅是从该科目的场景出发。

将以上记录全部收录进你的 PDP 中。这些笔记在你今后写求职信以及参加随后的面试时都可以作为参考。

小结与要点

　　本章证明了体育的目标是与一系列宏观课程目标紧密结合的,而且体育对这些目标的实现有着非常重要的意义。本章还具体讨论了体育怎样致力于英国政府"每个孩子都重要"政策下的各种要求,以及体育对提高 PLTS 的重要意义。精心的课程设计和充实的教学内容决定着一堂体育课成功与否。体育为教会学生如何学习提供了重要环境,也为培养学生的创造力、独立性与团队合作创造了大量的机会。许多体育活动场景都能为实现宏观教育目标作出巨大贡献。同时体育教师也能够对学生的综合教育起到重大的作用,这种作用不只是体现在体育馆和田径运动场内。

　　看看你在本章中完成了哪些课程要求。

14—19 资格认证 **15**

引 言

过去的 20 年,英格兰、威尔士和北爱尔兰的体育资格认证发展迅速,现已成为体育部门设计课程时的关键考虑因素。"儿童计划"[儿童、学校和家庭部(DCSF),2007]中强调了 14—19 资格认证发展的部分原因,认为经济发展促使青年不断培养各种技能,不断进步从而获得更高层次的教育或更好的工作,目标是到 2015 年,所有的青年人都能够继续接受教育和培训直到 18 岁或 18 岁以后。教育和技能部(DfES)(2005b:4)高度强调:

14—19 改革将会为所有青年人提供大量的机会,让其可以选择各种不同的学习机会来激发他们的学习动机、增加学习的兴趣、接受各种挑战并教会能使他们今后胜任各种教育、工作以及生活的各种知识、技能和态度。

利尼(Leney,2003)提出 14—19 课程的发展不仅仅是英国的个例,所有欧洲国家教育和培训机制的改革都体现了人们今后在人际、社会、经济活动中所需的各种知识和技能。14—19 改革的目标,基本与所有国内、国际认证体系政策的目标一致,都应实现以下三点:

■ 明确重点和目标;
■ 将阻碍进步的各种横向和纵向因素最小化;
■ 将教育、工作和学习场合之间的各种灵活性以及便利性最大化。

(Young,2003:224)

在英格兰、威尔士和北爱尔兰,三个公共服务协定的目标(DCSF,2008b)规定了资格的范围、学习结构以及机会责任制。它们分别是:

- 保证每个青年至少在 18 岁生日以前都能够接受；
- 教育和培训，能够使其通过锻炼和挑战发掘自己的潜力，并不断接受更高的教育，得到更好的工作机会；
- 为青年人提供适应 21 世纪经济发展所需的工作知识和技能；
- 缩小成绩差距，不论性别、种族、残疾或背景，让所有的青年人都有平等取得成功的机会。

本章首先讨论了发展中的 14—19 课程（DCSF，2008c）以及它所包括的资格与学分框架（QCF）（见 P235-239）；其次讨论了 14—19 课程中体育的资格认证范围（见 P239-242）；最后分析了资格认证在体育教学方法和学习方法中的具体体现。

14—19 课程改革要求体育教师时刻作好准备，迎接在学校或未来职业生涯中将会遇到的多种教学场景和学习机会。你还需要反思你的专业知识技能和素质，看是否满足 14—19 课程的多种要求；不断拓展有关 14—19 课程设计、实施以及评估的专业知识；通过各种互动、挑战和学习机会获取满足学生需要的专业技能。

目标

通过学习本章能够：

- 大致了解英格兰、威尔士和北爱尔兰的 14—19 改革；
- 理解 14—19 课程以及该课程下的资格与学分框架；
- 理解体育中资格认证的多样性和 14—19 课程下体育的相关领域；
- 注意体育资格认证的理论和实践方面所需的不同教学方法和学习方法；
- 理解资格认证评估过程的范围。

观察自己课程中与本章内容相关的要求。

14—19 课程和资格与学分框架（QCF）

儿童、学校和家庭部（2008c）的目标是让 14—19 教育和技能改革通过为学生提供多种学习机会的选择，使 14 岁以上学生的学习成为一种更有意义的经历。这些改革的目标之一是在 10 年内让 17 岁学生接受正规教育的比例从 75% 提高到 90%。为了实现这些目标，应该提出新的政策，为 14—19 岁的所有青年人提供学习的机会。

14—19 岁学生的权益最终体现在资格与学分框架中。资格与学分框架具有概括性而且简单易懂，它在英格兰、威尔士和北爱尔兰提供了识别、认证资格的简易方法。它重视单位学分的奖励。例如，部分完全资格和完全资格。欧洲的终身学习资格框架(EQF)也有同样的功能,使欧洲国家的资格认证体系与其他国家的相互联系起来。发展资格与学分框架是资格认证体系的改革核心,尤其是职业资格认证,其目的是使体系和资格认证适应工作单位的需求,对青年人来说,它更加灵活、容易获取,它使青年人通过灵活的方法获取完全资格或采取措施逐步地获取资格。

学校和家庭都为所有14—19岁的青年人提供了合适的学习机会,这种权益的法定要求是所有青年人在新中学课程中,学习英语、数学、科学以及信息通信技术(ICT)的基础课程,关键阶段4的核心。此外,所有学生都要接受宗教教育,性、毒品、酗酒、吸烟等相关指导以及职业教育。他们还应有机会加入与工作相关的学习或活动,并有机会学习至少一项艺术才能、设计技巧(D&T)、人文科学或现代外语(MFL)。该权益的最后一项是培养所有的学生在英语、数学和信息通信技术以及个人学习和思考能力(PLTS)的实用技能,这些都体现在中学课程、普通中学教育证书(GCSE)、普通高等教育证书(A)级,文凭,基础学习等级以及学徒资格。

14—19课程改革的核心在于青年人有机会通过以下任一种学习途径获得资格:

■ 普通资格:普通中学教育证书、A级(包括高级补充程度等级(AS)[前三单元组成了A级课程学习的前半部分,后半部分(又被称为A2)由课程的其他三个单元组成]、高级进修课程(AE)由一项单独的工作组成,要求朝着A级高水平地计划、准备、研究以及自主学习以及国际文凭(IB)(国际文凭中学阶段和国际文凭)。此外还有威尔士文凭。普通资格的目的是为应征者提供知识,加深对所选科目的理解。

■ 文凭:分为三个等级,即基础(相当于5个普通中学教育证书D级或以下)、中级(相当于7个普通中学教育证书C级到A*级)、高级(相当于3.5A级)。这些都能够将一系列广泛应用的技能和知识的理论学习和实践学习结合起来,设置一种专业的学习情境,如体育和休闲活动。还包括进程文凭(相当于2.5A级)。

■ 基础学习等级:是入门级和1级的高质量、信誉为本的资格,旨在提高2级以下学生的参与度、成绩和学习进展。

■ 学徒资格:1—4年的课程,学徒们可以学习职业相关的内容,积累知识和技巧,获取如国家职业资格证书(NVQ)、核心技能和英国商业与技术教育委员会(BTEC)等资格并赚得一些报酬,如娱乐学徒资格和观光旅游。它们不仅能为学生提供应对具体职业问题的知识和技能,还能适用不同场合的可转移技能。

通过 14—19 课程教育,学生们可以获得能够帮助他们作出最佳选择的知识、建议和指导。

普通资格和文凭通常在学校获得,之后会在本章进一步讨论。英国商业与技术教育委员会和牛津剑桥地区(OCR)首要全国统一资格和一些国家职业资格认证近来也可在学校获得。随着 14—19 权益的发展,英国国家教育文凭将通过额外专业学习、文凭的组成部分发挥效力。(这些目前学校提供的职业学科之后会在本章的学徒资格框架中提到,更多有关基础学习等级和学徒资格的资料参考 http://www.dcsf.gov.uk/14—19/)

以上各种途径的意图在于为学生们提供机会将各种资格结合起来,适当调整学习项目从而满足各种具体的要求。为了响应这一点,在权益中建立了一定的灵活性进而在这些途径中的进展也有一定的灵活性。中小学校都能通过以上四种途径为学生提供获取资格的机会,应明确一条基本原理:要保持学生的兴趣或鼓励其重新投入学习,满足每个学生需要的各种学习途径之间存在着灵活性,这会在后面的例子中作出说明。一个十年级学生(14—15 岁)可遵循国家课程标准的核心(英语、数学和科学)以及基础科目(包括体育),并配合在体育和休闲活动中获得更高的文凭。这可以通过额外专业学习来实现,如英国运动教练员领队奖或通过在其他学科得到文凭作为补充,如法国的普通中学教育证书。

在普通学校或高校获得的 14—19 资格认证主要在入门级或 3 级到 8 级的资格与学分框架之间。(图 15.1)等级越高资格越难获取。就对个人的要求而言,同一级别的资格大体是相似的,如体育和休闲活动中的高级文凭和 A 级。

14—19 岁学生获得的资格认证大多在入门级至 3 级之间。图 15.1 显示了每个等级的级别和资格,以及怎样在 1 级到 3 级中获得学分得到部分全奖。在每个等级这些学分都将根据学生所完成的单元(规模或持续时间)分为 3 个不同的资格种类(award,证书和文凭)。例如,普通中学教育证书 B 级完成 370 个指导性学时后,就可获得 2 级完全资格;国家职业资格认证 2 级完成 120 个指导性学时的学习后则可获得 2 级"award"。完成 A 级 4 个单元其中之一的学生应大致已经完成了 3 级的 95 个指导性学时(更多相关信息参见 http://www.qcda.gov.uk/8150.aspx)。

资格与课程委员会(QCA)(英格兰)、教育部、终身学习及技能(威尔士)以及教学大纲、考试与评估委员会(北爱尔兰)(2006)建议,资格与学分框架能同时为提供学习机会的一方(如普通学校、高校和工作单位)、用人单位和青年人带来益处。提供学习的一方通过设计更多适合每个学生的个性化学习项目而获益,而这反过来也对其保留和发展起到间接影响。提供学习的一方根据学生各自的表现记录其学分和资格从而能跟踪他们的学习进展并设置合适的学习任务。用人单位获益于为员工们提供资格与学分框架规定下的内部培训,从而帮助员工增强参与项目时取得成功的信心。现在请完成任务 15.1。

资格与学分框架等级（底部为最低等级）	每个等级的资格举例（注:4—8 级是高等教育框架的内容）			
8 级	博士及专家资格			
7 级	硕士学位 研究生证书及文凭			
6 级	荣誉学位 大学毕业证书及文凭			
5 级	高等教育及继续教育文凭 预科学位 国家高等教育文凭			
4 级	高等教育证书			
3 级	A 级（包括 AS、A2 和 AE） IB 文凭 高级威尔士文凭 高级文凭（及短期文凭） 国家职业资格认证 3 级 英国国家教育文凭或牛津剑桥地区国家文凭	在学分框架下完成这些资格的部分可以获得学分。每完成 10 个指导性学时算作一个"单元"		
		完成 1—12 个单元（相当于 120 个指导性学时）后,将颁发"奖状"	完成 12—36 个单元（相当于 360 个指导性学时）后,将颁发"证书"	完成两个资格、37 个以上单元（370 个以上指导性学时）为满级,将颁发"文凭"
2 级	普通中学教育证书 A*—C 级 IB 中级 中级威尔士文凭 高级文凭 国家职业资格认证 2 级 英国国家教育文凭或牛津剑桥地区一级文凭			
1 级	普通中学教育证书 D—G 级 预科威尔士文凭 预科文凭 国家职业资格认证 1 级 英国国家教育文凭或牛津剑桥地区基础入门文凭			
入门级	入门级证书			

图 15.1　资格与学分框架（QCF）中的各种资格

任务 15.1　14—19 课程

　　使用以下的网址利用搜索引擎检索国家资格与学分框架下的资格认证,分别找出每个入门级、1
级、2 级和 3 级的五种资格:http://www.acreditedqualifications.org.uk/index.aspx.

　　得到一份 14—19 课程以及你所在学校使用的资格范围,哪些是 14—19 课程中的内容,分别是什
么等级。

　　对比你所在学校现行的资格和其他师范生所在学校现行的资格间的区别,并将你的发现记录在
你的 PDP 中。

体育中资格认证的多样性以及 14—19 课程中与体育相关的领域

　　14—19 资格认证中,体育所占的比例很大。基础课程中,体育的内容是由国家
体育课程标准的基本过程和基本概念(QCA,2008b)(第 13 章讲解了英格兰的国家
课程标准)以及体育的宏观目标所决定的(参加第 14 章)。以下列出了符合 QCF 权
益的体育资格认证范围(如普通资格、文凭和职业资格认证),这些通常可以在学校
获得。

普通资格

　　体育中的普通资格包括普通中学教育证书、短期或全日制课程以及 A 级(AS、
A2 级和 AE)。证书授予机构[如英国资格评估与认证联合会(AQA)、英国爱德思
国家职业学历与学术考试机构、牛津剑桥地区、北爱尔兰考试与评估委员会和威尔
士联合教育委员会]公布了在这些资格中必须涵盖的详细内容。学生在获得普通
资格时会参与广泛的题材和问题,包括生物力学、高水平竞技、历史和社会文化效
应、生理和心理对表现的影响。其中要求学生阐述他们在课程中对具体课程内容的
认识和理解,在某种程度上还要求他们通过说明、例证运用具体内容。评价的范围
将在本章之后的内容里详细讨论,还包括一系列课程作业(如分析普通中学在体育
教育证书中的成绩、A2 中的综合评价、文凭中的实用学习项目)、考试和实践运用情
况(如普通中学舞蹈教育证书和普通中学体育教育证书,通过各种活动、体育项目
和个人目标来评价个人能力和表现)。除了科目具体内容外,还要求学生运用并提
高他们的实用性技能(英语、数学和信息通信技术)以及个人学习和思考的能力,同
时使其积极地看待并投入学习(第 14 章详细讨论了学习的各个方面)。现在请完
成任务 15.2。

任务 15.2   比较普通中学教育证书的具体考试要求

　　分别从两个不同的证书授予机构[英国资格评估与认证联合会(www. aqu. org. uk)、英国爱德思国家职业学历与学术考试机构(www. edexcel. com)、牛津剑桥地区(www. ocr. org. uk)、北爱尔兰考试与评估委员会(www. ccea. org. uk)和威尔士联合教育委员会(www. wjec. co. uk)]得到一份普通中学教育证书有关体育的具体要求并:

1. 比较其在课程作业、期末考试和课程实践分数比重上的差别;
2. 参考其考试结构,观察各个具体要求的不同环节是怎样,何时进行评价的;
3. 参考课程内容,找出所考察的理论要点,可行的实践活动以及选择课程作业的方法。

　　可以再对上述证书授予机构的 A 级考试完成相同的练习,并将成果收录在你的 PDP 中。

　　除了传统的普通资格外,当今英格兰、威尔士、苏格兰和北爱尔兰(以及其他的 134 个国家)的学校还提供国际文凭(IB)。国际文凭是一种继续教育,包括三种独立的项目,针对 11—16 岁学生的中年级项目和针对 16—19 岁学生的文凭项目。国际文凭旨在使学生成为富有探究精神、学识渊博以及充满爱心的青年人,通过跨文化的理解和彼此尊重为世界更加美好、和平作出贡献(更多详情见 http://www. ibo. org/)。该课程代表了来自不同国家的精华,而不是直接输出或输入的某个国家教育体系。如今它已在 131 个国家中的很多学校广泛开展(国内或国际,公立或私立)。

　　中年级项目要求学生从八个科目组中学习各种科目,主要通过以下五个领域的相互协调:学习方法、社区和服务、人类智慧、环境以及健康和社会教育。

　　国际文凭的文凭项目是指学生选择不同科目组中的六个科目进行学习。通常其中三个科目需要在高级阶段学习(课程包括 240 个教学学时),其余的三个科目则在标准常规学习(课程包括 159 个教学学时)。国际文凭的文凭项目的中心理念和重要核心是:拓展论文、知识理论课程(TOK)和创新、活动、服务(CAS)。拓展论文允许学生研究个人感兴趣的话题并让学生学会大学需要的独立研究能力和写作技巧。知识理论课程本质上是跨学科的,旨在通过探究不同学科的知识本质,增加学生对其他文化视角的理解从而达到各学科之间的衔接。创新、活动、服务鼓励学生投入对艺术的追求、运动项目和社区服务工作从而提高他们在学业之外对生活的理解和感悟。

　　威尔士文凭资格(WBQ)综合了个人发展技能和现有资格如普通中学教育证书、A 级和国家职业资格认证,使之成为一个更广泛的体系。

文　凭

　　体育和休闲活动的文凭综合了理论和实践的学习,从而使青年人获得更高等的教育并保持长期的可享用性。这种学习的结合比普通资格的纯理论学习或专门的职业学习(如职业课程)更能激发和鼓励学生。每个文凭都由三个部分组成:关键性学习培养与体育和休闲活动有关的知识、技能、理解和态度,包括该行业的社会、政治、经济和环境层面。一般性学习培养可在学科内或其他领域广泛应用的普通学习技能、可享用性和个人能力,又包括三种实用性技能(英语、数学和信息通信技术)和六种个人学习和思考能力技能(独立探究、创造性思考、反思性学习、团队合作、自我管理以及高效参与)。额外或专业学习让学生们深入学习体育和休闲活动并通过补充性资格获取成功和进步从而拓展课程学习。文凭可分为三个等级:基础、中级和高级,相对3级文凭过程较短,其中学生接受关键性学习和一般性学习,而没有额外或专业学习。

体育和休闲活动文凭有三个相关联的主题,它们贯穿着每个等级:

■　主题1:体育和休闲活动与个人
■　主题2:体育和休闲活动与经济
■　主题3:体育和休闲活动与社区

文凭有意将不同主题和主题内的单元与工作本位的学习和课堂学习常规地联系在一起。这种关联理念建立在应用学习和体验式学习的理论基础之上(见下文)。任务15.3旨在帮助你理解取得这些资格的具体意义。

任务15.3　在体育和休闲活动中取得资格的意义

回顾体育和休闲活动中体现高级文凭的内容和形式,重点关注关键性学习。

■　它总体上对你的实践活动和教学有怎样的意义?
■　学校需要采用怎样的措施使这种资格适用于工作?
■　若采用了这种资格,学校须采用哪些新的具体实践活动?

将你的反馈与其他师范生的作比较,并将结果收录在你的PDP中。

职业资格

目前与四种学习途径并行的还有职业资格。由于文凭资格和学徒资格到2013年才可以提供正式录取通知书,这些资格将只能通过文凭或学徒资格中的额外专业学习获取。然而目前可获取的资格有:各种职业资格如1—3级的国家职业资格认证、英国国家教育文凭或牛津剑桥地区初级(1级)、首要(2级)和国家文凭(3级),这些资格若是由英国爱德思国家职业学历与学术考试机构授予,它更多时候被称为英国国家教育文凭。初级、首要和国家文凭都是运动与休闲行业所需的专业的工作本位资格,如公共或私人健身俱乐部,休闲养生中心。这些资格可以在体育和休闲

1 级初级证书、运动(锻炼和健身)的 2 级第一文凭以及运动(表现和卓越)的 3 级中获得。这些资格要随着国家职业标准(NOS)不断发展,从而为即将就业的人提供更高层次的职业学习或为已入职的人提供职业发展的机会。

国家职业资格认证是工作本位、基于能力的资格认证。学习这些课程的学生将通过休闲活动和学习项目获取国家职业标准所要求的工作技能,如通过领导力活动、经营服务、户外娱乐以及游戏工作。要求他们展示对相关领域的知识和理解、运用技能,并将知识和理解运用到相关的任务中去。获得国家职业资格认证有利于扩大就业或接受更高层次的教育和培训。

开发 14—19 岁学生应用学习的范例

14—19 资格认证的发展旨在公平地对待青年人不同的发展途径,并重视一点:随着人的不断成熟,他们的需要和能力开始转为自我导向,开始在学习中使用他们的经验,发现自己学习的主动性以及随着生活中迅速增加的难题学会组织学习。(Knowles et al. , 2005:62)

应用学习是 14—19 改革的核心,因此要为每个青年人提供适当的学习机会和一定的支持。资格与课程委员会(2006)将应用学习定义为:

通过各环节设置的任务或课题情境习得并运用知识、技能和理解,这些任务和情境应体现实际工作的特点或开展在相关的工作场所。最重要的一点是,学习者运用知识、技能和理解力的任务其目的必须与工作场所相关。

(资格与课程委员会,2006:26)

应用学习方法包括在课堂中结合工作本位或实际例子的策略。应用学习为学生们提供了许多方法使其能通过参与实际情境将理论运用于实践,这其中包括亲自解决问题(如场景活动,学生必须在预先设定的情境下进行实践活动;如假设他们是一名优秀的教练,他们必须为一位优秀的运动员设计一个训练方案)、合作或团队活动(如合作策划并举办一次针对特定群体的运动或娱乐活动)、需运用不同交流和互动方式的课程(如呈献一套有关运动全球化的多媒体课件)以及要求学生从多种领域运用知识和技能从而研发出某种成果的活动(如为当地某体育俱乐部设计一个营销活动)。完成一项任务所需的理论理解和知识来自于情境,而这种情境也为所学知识提供了运用的机会,其对于教学的意义在于提醒教师必须使用体验式学习策略,体验式学习策略是一种将课堂理论和生活实际运用相联系的教育策略,它是学生通过积极地参与课堂活动而学习知识的方法。体验式学习包括一系列的体验、反思、归纳、应用、重新构思以及迁移性学习(根据 Kolb's 1984 cycle)。因此通过体验式学习,不同情境需要的知识、技能和理解力可以不断地提高。反思的过程促使学生在体验中思考并汲取教训。进行归纳的时候,有助于发掘新的见解,决定怎样、何时该运用所学的知识在过去和现在的经验中作出总结。应用和重新构思要求在接触新的学习情境前,在某种情境下使用新的知识、技能或理解力。图 15.2 在体育和休闲活动文凭的情境下举例说明了这一点。

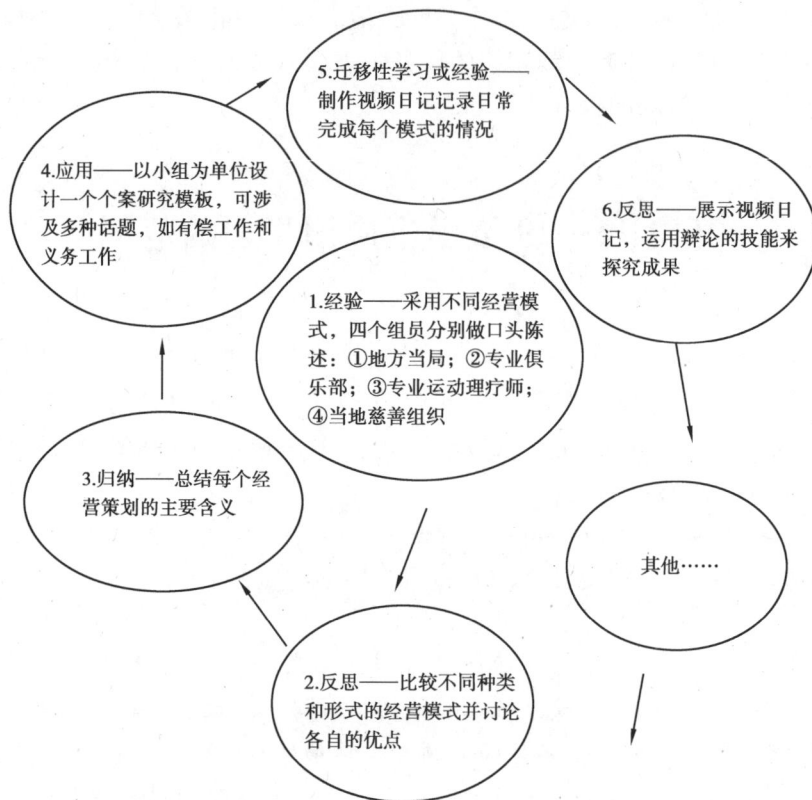

图 15.2　一个根据体育和休闲活动及经济高级主题 2 的体验式学习任务实例,
体育和休闲活动行业中的 2.5 经验模式

因此,用于帮助获取这些资格的教学方法需要经过仔细地斟酌。本书着重强调了实际情境中的教学。然而,你的教学能否高效地促进学生的课堂学习,学生能否在课内或实际情境中将理论运用于实践,对于学生的理论性、应用性和体验性学习有着十分重要的影响。要注意的是课堂教学不能成为一种填鸭式教学,而应该是机动灵活的学习。可佩尔、利斯克和特纳(Capel, Leask and Turner, 2009:章节 5.2)在 2009 年提到过这一内容。本章末尾的延伸阅读也为你提供了更多的相关指导。

14—19 资格认证中使用的教学和学习方法:14—19 课程教学法

我从没有教过我的学生,我只是努力为他们提供学习的条件。

——阿尔伯特·爱因斯坦

英国教育和技能部(2007)将教学法定义为一种教学行为以及教师们次采用该教学行为的理论原理。教学方法的采用取决于多种因素。14—19 资格认证的内容范围不仅与具体学科有关(还要求综合实践性、理论性和应用性学习),还包括其他广泛内容,如青年人参与 14—19 课程的范围、动机和已有经历,以及他们在(每)一节课中努力达到的目标。这些都印证了一个理念:我们需要不同的教学和学习方法,从而为每个学生创造富有挑战性和激发性的学习环境。

正如在设计实践课时,从活动整体方案的目标和内容出发(获取资格的课程),应将学习设计为不同的学习单元作为每节课的基本准则。其中需要考虑到学生之前的学习情况,如预期学习成果(ILOs)、所有课堂教学活动以及其各自的区别、学习(或教学)要点、组织和管理以及采用的教学策略。应当促进学生积极地参与到学习中去。学习的先决条件是应根据学生的水平设计适当的活动,从而使学生成为更加独立的学习者。此外,学生应参与学习的全过程,以便判断自己获得了哪些收获以及是怎样取得进步的。

课堂授课的组织与实践课的大体组织相同,如导入、热身、主要内容的讲解以及小结,可以采用不同的方法,如导入和汇报(plenary)。接下来将讨论一些常用的导入和汇报活动。

导入和汇报

说到实践课的导入和热身,在教学中细致地策划导入活动意义重大。它们的使用有许多原因,最主要在于通过注入速度和挑战的理念、树立先备知识促进初期的参与和动机、为新课题的导入打下基础。为了实现这个目标,教师应使用各种不同的导入活动,但他们都有一个共同点:直接效力于课程的预期学习成果;考虑到每个学生各自不同的需求;随着时间不断进步,有明确和详细的指导,在课后复习从而巩固所学内容。

提高学习的另一种有效方式是汇报(即实践课中的小结),它帮助学生提炼、理解、记忆所学内容并为今后的学习确立目标。正如导入活动一样,教师须采用各种不同的汇报性活动,但它们必须全部适合当节课的内容和预期学习成果,并鼓励学生对学习内容和方法进行反思。图15.3举例说明了应对各种预期学习成果和14—19资格的不同导入和汇报活动。任务15.4要求你深入调查你课程中的导入和汇报活动。

任务15.4　导入和汇报活动

　　观察正在进行14—19资格相关课堂教学的教师。记录其预期学习成果的设置,以及导入和汇报活动各自的类型和目标,尽可能从三种不同的资格中找到一些例子。

　　自己设计几项导入和汇报活动,帮助你在就读学校完成一项有关资格的教学。

　　将成果收录在你的PDP中。适当的时候对其进行运用和评估从而进一步深入学习。

预期学习成果	导入活动	活动目的	汇报活动	活动目的
能够描述提高短期记忆存储(组块)以及长期记忆存储的策略。(牛津剑桥地区普通教育证书体育B科)	比赛"KIM的游戏":托盘中有15件日常用品,学生对托盘进行20秒的观察。移走托盘,让学生回忆有哪些物品	就有关人们用来记忆物品的策略展开一系列的讨论	Body pegs activity。贴一个提高记忆力的策略	培养学生记忆和组织所学内容的策略
描述营养,包括营养的要求以及与营养有关的常用术语(英国爱德思国家职业学历与学术考试机构3级英国国家教育文凭运动与训练科学第12单元)	超市"顶级王牌"——给每个学生发放一个食物包,并附有相关的营养资料。让他们比较营养资料,为每一样食物打分,如日常饱和脂肪	制造互动和参与的气氛	预备、开始、烹饪。为每一组提供一个购物袋,装有包装食品及其营养资料,学生有5分钟时间讨论均衡的饮食应需要哪些,排除哪些	设计对所学内容的应用
提高对某种运动或训练项目包括对其优缺点的理解(AQA GCSE体育第3单元)	让学生将写有一件健身训练器械名称的卡片与写有可锻炼到的主要肌群名称的卡片相配对	拓展与科目相关的词汇,从而用于课程中以及对某些定义的已有知识的理解中	同一个搭档设计一个周期训练卡片并有详细的训练细节、需运动的肌肉以及下节课的实践情境中要用的重复选择	帮助学生将所学内容转换为一种可以交流的形式

图15.3　三种不同资格的导入与汇报活动

交互式活动

　　让学生投入学习正如确保一种安全的、有利于学习的、重视身体和情感需要的环境那样简单。交互式教学策略和主动学习都能够促进学习,主要通过以下方式:让学生积极思考、讨论、解决问题、指导性探索、自主指导性任务而并非教师指导性任务。由于交互式教学对学习的影响最为显著,因此教师必须知识渊博、热情、多才多艺、乐于进取,如懂得课程的具体要求、满足学生的需要(了解学生)并且为帮助教学和学生的学习(理解学习的本质)创造相关资源。交互式任务需要与学生的能力和学习风格相适应,因此教师不应总依赖某一种教学策略来传授知识,而是通过多种恰当的方法使学生投入学习过程中去。例如,使用学生为本的方法,你可以就体育中服用药物的不同观点组织一次课堂辩论,让学生探究并呈现他们的观点,然后为自己的观点进行攻辩;使用指导性探索的方法,教师可以让学生在不同活动中练习并施展各种技能,然后决定学生位于这个开放性封闭连续统的哪个位置;使用教师指导性方法,你可以通过让学生做一些心理测试从而使他们学会将其与解剖系统相联系。

■　交互式学习有很多种形式,主要有以下几种:

■　严格以 14—19 资格为目标的教学方法集合、学习单元的目标、课程或课程章节的预期学习成果以及学生的本质。

■　课程包括为学生提供各种学习机会,保持他们的兴趣以及课程的进度。

■　教学将理论运用于实践,如通过将理论与学生参与的体育活动联系起来使之生动易懂,或者学生可以通过角色扮演和模仿观察学习。

■　多种多样的任务能吸引和维持学生的注意力,使用交互式方法而不是传统的"填鸭式教学",如①人体模型——三人为一组将主要骨骼、肌肉和关节的名称写在不干胶标签纸上;②做笔记——使用不同的结构框架帮助学生做笔记,如结构图、爆炸图、流程图、列表、标注关键词(例参见 Capel, Leask and Turner, 2009)。

■　任务具有挑战性和激发性并能强化先前的学习,如通过评估学生的知识和理解从而巩固先前所学并运用评估不断改进这种充满挑战性和激发性的活动。(学习评估详见第 8 章)

■　为适应学习速度,任务设置应有所区别,如创造辅助性资源,重视学生的学习需求、阅读能力以及他们喜好的学习方式(如任务卡、视觉再现、实地资源)。(区分详见第 11 章)

■　可使用信息通信技术巩固和改进学生的学习,如分析软件,培养辩证探究的多媒体材料。(参见第 12 章)

■　任务为学生提供机会培养他们的实用性技能(英语、数学、信息通信技术)、主要技能(与他人合作、提高自己的学习成绩以及解决问题的能力)以及个人思考与学习能力,从而帮助学生提高获取其他资格认证的能力。(参加第 14 章)

■ 学习不是局限于正式的课堂环境中,还可通过户外学习对其进行丰富、提高和拓展,如参与工作本位的学习,培养领导能力的活动或志愿者活动。

任务 15.5 重点在于开发学习任务。

任务 15.5 设计学习任务

进入网址 http://content. yudu. com/A12mll/16-19wboard/resources/index. htm? referrerUrl = % 20 思考怎样运用一个数码资源来设计具有挑战性的、交互式的学习活动,从而实现预期学习成果,发现学生的需要并利用上面提到的各种建议。

利用这个或相似类型的资源设计一堂课或一个环节,从而达到某个具体的预期学习成果。

将成果收录在你的 PDP 中。

尽管本章中课堂教学的重点是 14—19 课程,但当需要在课堂中开展核心体育教学(如在下雨天,学校没有可供使用的室内运动场所)时它同样可以运用。

课堂教学、主动学习、应用和体验式学习的更深入指导见延伸阅读和卡佩尔、利斯克以及特纳(2009)的 5.2 单元。

14—19 资格认证的评估

有关学习的评估原则(参见第 8 章)应贯穿整个学习过程以及 14—19 资格认证的评估。对学习活动的评估应成为教学中的必要环节,因此高效恰当的评估可以最大程度上发掘学生的学习潜力。

学习的评估(总结性评估)是所有 14—19 资格认证的主要特征,这种评估可以是外部评估或内部评估。外部评估方式通常是由考试认证机构批阅的书面考试;内部评估工作(通常成为课程作业)通常是在一段较长的时间内完成的,主要测验知识类型、技能和理解,这些在考试中是很难评估的。内部评估的课程作业可来自以下三种途径:

■ 通过考试认证机构;
■ 通过教师,然后由考试认证机构批准;
■ 通过教师,需要根据具体细则的指导。

这些评估应使学生在各种活动中展示自己的知识、技能和理解。内部评估工作由教师进行评阅,考试认证机构仲裁将对评阅的精确性进行核查。图 15.4 概括了 14—19 资格认证中主要的内部评估课程作业类型。

课程作业	说明	资格实例
对实际成绩的评估	要求应征者在他们所选活动的应用现状下高效地完成任务,使用策略、创作技巧以及观察方法	GCSE、AS 和 A2
个人运动项目	应征者通过设计、执行和评估一个健身运动项目来展示知识及理解	GCSE、AS 和 A2
对成绩的分析	这可以将技能的运用与影响参与和成绩的因素二者结合起来,从而提高成绩	GCSE
拓展性论文	深入研究某个感兴趣的课题,旨在加强高水平的研究和写作能力、知识探索能力和创造力	A2、IB、文凭
全面的评估	结合所学不同单元的知识、理解和技能	A2、文凭
口头报告	应征者通过不同方式的口头报告展示自己的知识、技能和理解,如视频、PPT、辩论	IB、文凭
应用性学习专题/以工作本位的学习	应征者在一个工作情境或模拟情境下完成某项具体的探究性任务	文凭
档案记录	档案记录证明了应征者知识储备扎实、能够胜任其工作角色并为他们在单元判断准则中取得的成绩提供证明依据	职业资格,如 NVQ、BTEC
完结单元	当应征者表现出扎实的专业知识、理解和优秀的工作成绩并确保可以胜任今后的工作,单元就正式完结	文凭、NVQ、BTEC

图 15.4　在体育或体育相关的 14—19 资格认证中主要的课程作业类型

有关评估的进一步讨论见卡佩尔、利斯克和特纳(2009)6.2 章,现在请完成任务 15.6。

任务 15.6　有关 14—19 资格的评估类型

在你的所在学校找出 14—19 资格中的评估类型,向你的导师请教他们曾采用哪些进展评估(学习过程评估)来帮助学生达到课程目标以及具体的汇报性评估方法。

观察使用过的评估方法以及评估结果(如不同年级的学生提交的课程作业)或教师对实际评估的报告。

将你的成果记录在你的 PDP 中。

小结与要点

　　本章探讨了英格兰、威尔士和北爱尔兰的 14—19 课程改革、该课程下的资格与学分框架设置、14—19 课程下体育的资格认证范围以及体育资格认证在教学和学习方法上的具体体现。资格和证书是学生努力的产物,也是他们获得更高等的教育、培训和职业的通行证。要使这些资格在世界范围内有广泛的权威性并能培养学生今后胜任各种教育、工作和生活的知识、技能和态度,必须做到赛尔策和本特利(1999:viii)所提到的:

　　　　为了适应当今知识创新型的社会经济,我们要做的不能只是简单地吸收和反馈信息,学习者和工作者必须根据他们学习的全部经验和内容,将所学知识创新地运用到各个领域。

　　教师的职责是组织教学,激发和调动青年人主动学习的积极性,不仅要获得学习该专业的资格和证书,而且要获得各种实用技能、基本技能、个人学习和思考能力以及教育的宏观目标。在教师和职业顾问的帮助下,这些都将培养青年人对未来发展作出明智选择的能力。

　　建议师范生重点从以下方面进行提高:

■　强化课程内容知识,进而能达到具体资格的要求;
■　增强对个人性格和发展的了解,进而能够处理每个学生的不同需求,并逐步发掘他们的潜能;
■　强化教学知识,不断积累广泛的教学和学习策略帮助学生更好地投入学习中去;
■　加深理解 14—19 资格认证是怎样适应宏观教育目标的。

　　观察你在本章中完成了哪些课程要求。

与他人合作以达到体育教学目的 **16**

序　言

正如第 2 章、第 13 章和第 14 章所讲述的一样,体育课程不仅具有完成其一系列教学目标的潜力,还有可能帮助教师完成更广泛的教学目标。比如说,作为一名体育教师,要培养每个学生进行体育锻炼的积极性、自信心和能力,并使其持之以恒;此外,要逐步帮助学生发展成为成功的学习者和自信的人。为了迎接这些挑战,体育教师需要和学校里拥有各种技艺和经验的同事进行合作。学生的兴趣和需求广泛,任何体育部门的资源和人员都不可能完全满足这些兴趣和需求,体育部门已经不像 20 年前一样能够自给自足。因此,对于今日的体育教师来说,跟同部门的同事、学校内及学校外的工作人员进行有效合作,已经成为其工作的重要组成部分。本章旨在提醒体育教师,使其意识到各种潜在的合作对象;此外还讲述了一些方法,使体育教师能最大限度地利用合作对象所给予的支持。

尽管上述的很多职责通常都不是教师应当承担的,但是认清自己的工作环境是非常重要的。本章旨在帮助体育教师意识到工作的这个方面,了解各种合作关系的本质与现实。本章提到的考虑持续专业发展(continuing professional development,CPD)的体育工作人员所应承担的职责,将于第 18 章进行讲述。下面列出一些目标以说明体育教师需要发展的合作关系。

目标

本章结束后,体育老师应了解:

■ 在体育课期间,怎样与同事合作;

■ 在课外活动期间,怎样与他人,如教练合作;

■ 怎样与学校社区的其他成员合作;

■ 在学校体育合作和体育学院的环境中,怎样与合作发展经理、学校体育协调人员及首要环节老师等当地同事合作;

■ 在一系列活动环境中,怎样与社区的其他成员合作。

从以上所列目标中,找出与自身课程要求相关的选项并打上"√"。

在体育课期间与同事合作

本节简单讲述在体育课期间与同事合作的重要性，以：

■ 保证所有部门成员观点相同、行动一致；
■ 最大限度地利用其他部门的同事对体育课给予的支持；
■ 保存课堂记录和学生记录，以达到教学经验的连续性；
■ 最大限度地利用辅助教师所给予的支持。

体育课期间的合作非常重要，体育部门会制订统一的教学目标及相应的综合教学计划。本书第 3 章讨论了体育课程工作计划和单元教学计划的制订。这些教学目标和计划通常都是由体育部门的工作人员共同制订的；全体工作人员都应重视部门的基本目标，按照所制订的工作计划和单元教学计划进行工作。所有工作人员都应以每周为单位，保存好每课、每单元所涵盖的教学材料以及学生进展的完整记录。记录学生进展是合作中至关重要的环节。通过记录，工作人员不但能够掌握每个学生的优势与不足，还能制订符合经验连续性的教学计划。对于参与体育课程教学的非体育部门的工作人员来说，这项信息记录尤为重要。学校其他部门中具有专长的教师，如具有羽毛球教练资格的数学教师，以及校外的专家教练都有可能参与体育课程的教学。遇到这些情况，体育部门的工作人员应保证参与课程教学的非体育部门工作人员已充分熟悉教学材料把握单元教学目标，认识课程的预期学习成果（intended learning outcomes）以及掌握所教班级的基本情况。参与教学的非体育部门工作人员虽然熟悉特定体育项目的教学目标，但可能不了解更广泛的课程教学目标。为达成更广泛的教学目标，体育部门的工作人员应在教学方法和教学内容上对这些工作人员进行指导。本书第 2 章和第 10 章已对上述问题进行了讨论。

辅助教师也会参与课堂帮助有特殊需要的学生。辅助教师所具有的体育知识和经验各异，但所有辅助教师都可以从课堂记录和学生记录中了解相关情况，并可根据各个学生的情况调整教学计划。辅助教师应认识到每堂课的预期学习成果。有时体育教师会为残疾学生设计特殊的课程任务，辅助教师应对这些任务进行充分的了解。辅助教师非常乐意在每堂课前抽出时间讨论其课堂角色，而这也是非常必要的。任务 16.1 是为了让体育教师了解怎样最大限度地利用辅助教师所给予的帮助而设计的。

任务 16.1　在体育课上最大限度地利用辅助教师的帮助

观摩一堂体育课,看辅助教师怎样与学生合作。

记录以下相关事项:上课前,体育老师怎样向辅助教师介绍相关情况;辅助教师怎样帮助学生完成任务;体育老师怎样检查辅助教师对学生的帮助;下课后,体育老师和辅助教师对上课情况进行的讨论。以提问的方式讨论体育课上体育老师和辅助教师所扮演的角色,将调查结果记录到你的PDP中。

最重要的是,每位教师都应保存已交付工作和学生进展的完整记录,以方便查询。这些记录对于学生报告的创建必不可少,但不能作为体育部门是否达成教学目标的判断依据。所有参与课程教学的工作人员应将授课期间所发生的重要事件及时上报部门,如某位学生的长期缺席、教师与学生和学生与学生间的冲突,以及特定的进展和迹象等,这些问题都应被关注。抽出时间与他人合作和开诚布公地探讨工作是非常重要的。

为了尽可能为学生提供最好的经验,体育部门的所有成员都有可能参与课程教学的人员配备工作。每位参与课程教学的工作人员都有义务提高体育部门的工作质量。而在其中担任主要角色的体育部门主管应保证部门内部的团结一致,负责向非体育部门的课程教学参与人员介绍部门情况,体育部门的其他成员也应参与其中。为了最大限度地利用所有工作所给予的支持,课前应对课程信息,特别是课程的预期学习成果进行有效讨论。如果参与课程教学的成员中有非体育部门的工作人员,应向这些工作人员详细介绍工作情况。

课外活动期间与他人合作

本章简要介绍与以下人员的合作:

■　合格的业余体育教师(Adults other than Teachers);
■　非体育部门,但具有特定体育兴趣或专长的工作人员;
■　教练、舞蹈培训人员和其他体育项目的职业者;
■　特定场合的工作人员,如俱乐部、休闲中心、马场和旱冰场的工作人员;
■　对校外学生活动给予支持和帮助的其他人员。

此处可参考 Capel,Breckon and O'Neill(2006)第 13 章,重视活动 13.4 的完成情况。表 16.1 列出了上述参与课外活动工作人员的范围,即最常参与课外活动,帮助体育教师的工作人员,并针对每类工作人员就以下问题进行讨论。

- 上述人员参与课外活动工作的原因；
- 上述人员在课外活动工作中所扮演的角色；
- 上述人员的参与可能带来的好处和问题；
- 为了最大限度地利用上述人员所给予的支持,体育教师需要拥有的技能。

认真研究表 16.1,辩证思考任务 16.2,并与有经验的体育教师讨论其内容。

表 16.1　课外活动期间与他人合作

课外活动期间与他人合作	其他专业人员参与课外活动教学的原因	其他专业人员在课外活动教学中所担任的角色	其他专业人员的参与可能带来的好处和问题	体育教师与其他专业人员合作时所需要拥有的技能
业余体育教师	业余体育教师可以协助体育教师完成大量的组织筹备工作,管理大型团体	业余体育教师对合格教师和教练协助是至关重要的。在体育教师的指导下,业余体育教师可以帮助执行组织筹备工作和一些委派的教学任务	在管理大型团体和组织筹备工作方面,业余体育教师所给予的协助是非常重要的。如果成人给予适当帮助,学生就可以进行小组学习 *可能出现的问题: 业余体育教师承担过多的教学任务; 业余体育教师没有完全把握所要教授的活动任务; 业余体育教师没有遵循业余体育教师培训*	体育教师应向业余体育教师介绍相关情况,鼓励并帮助业余体育教师树立信心,使其在课堂上发挥积极作用。 体育教师不应让业余体育教师承担超出其职责和能力范围的任务
校内非体育部门的工作人员	对特定体育项目拥有专长	可能带来体育教师不曾教授的知识和经验或增加额外的活动环节	非体育部门的工作人员可能为学生提供额外的机会体验新活动,或向已经历过的活动发起挑战,取得进步 *可能出现的问题: 有些非体育部门的工作人员无执教资格*	体育教师需要在体育课堂的管理方面对其进行指导,以及适当的干预
其他部门,如国家管理机构和当地艺术委员会的教练和培训人员	专业人员可以对体育部门的特项体育活动进行高水平的专业指导	专业人员可能和高水平的演出者合作或负责向学生介绍某项活动	专业人员很有经验,也拥有执教资格 *可能出现的问题: 在激发学生潜力和管理学生小组方面,专业人员可能缺乏经验*	在课程前半段,体育教师需对课程进行监管。在课堂管理技巧方面对专业人员进行指导,并给予适当干预

续表

课外活动期间与他人合作	其他专业人员参与课外活动教学的原因	其他专业人员在课外活动教学中所担任的角色	其他专业人员的参与可能带来的好处和问题	体育教师与其他专业人员合作时所需要拥有的技能
当地休闲中心和体育俱乐部的工作人员	工作人员可以让学生体验一系列在学校无法参与的活动	在休闲中心或俱乐部,工作人员会对学生进行管理,确保其参加特定的体育活动	工作人员可以拓宽学生参加的体育项目范围。学生可借机熟悉休闲中心或俱乐部,鼓励其终身进行体育锻炼 *可能出现的问题:工作人员可能在管理和激励学生方面缺乏经验*	体育教师需到休闲中心或俱乐部对其健康和安全性进行评估。 体育教师需定期到休闲中心或俱乐部检查学生行为是否恰当,工作人员的管理是否有效。 若活动未达预期效果,体育教师应停止使用该场所
协助学校旅行活动的人员,如在当地或到外地参加客场比赛	待参加活动的人数确定后,确保活动的顺利进行	在旅行或空闲时间担任监管的角色,对学校有注意责任(Duty of Care)	确保旅行活动的顺利进行,并提供常规帮助和紧急援助 *可能出现的问题:和学生走得太近;承担过多责任;无视学校制度,单方面作决定*	体育教师需向此类人员说明其注意责任、紧急程序和学校旅行政策,如在空闲时间离开中心时,应把学生分为多少人一组,游泳许可等

任务 16.2　仔细研究表 16.1

认真研究表 16.1,并与一名有经验的体育老师,分别针对上述每类人员,就表 16.1 所列出的问题进行详尽讨论。

将参与讨论的体育老师针对表 16.1 所提出的修改意见记录到你的 PDP 中。

大多数情况下,这种额外的帮助适用于小组教学,让学生有机会体验新活动或更广泛的活动,以及与高水平专业人才合作。此外,在课外比赛或旅行中,其他工作人员对学生的指导是非常有价值的。尽管,如表 16.1 所示,在接受参与课外活动教学的其他工作人员所带来的帮助时,体育教师也要相应地承担一系列责任。要想让

实习教师重视与专业人员的合作,最好的办法就是让他们进行观摩,看有经验的体育教师怎样与专业人员合作,帮助指导专业人员以恰当的方式与学生沟通交流。任务 16.3 要求找出业余体育教师参加课外活动教学所必备的条件,并观察有经验的体育教师怎样最大限度地利用业余体育教师所提供的帮助。

任务 16.3   业余体育教师的角色

1. 找到相关资料并阅读,弄清楚业余体育教师所担任的角色以及怎样培训业余体育教师,可访问体育教育协会网站(http://www. afpe. org. uk/)。

2. 仿造完成任务 16.1,观察业余体育教师怎样参与课外活动教学。

将调查结果记录到你的 PDP 中。

选修过社区体育领导奖(Community Sports Leaders Award)课程或希望获得体育方面工作经验的高年级学生也有可能参与课外工作(实际课程教学),但此类人员并未被纳入表 16.1。学校鼓励上述年轻人参与此类实践活动,通常让他们担任类似于业余体育教师的工作。

和学校社区的其他成员合作

本节认为,体育部门应保证:

- 完全融入学校;
- 参与学校政策和新方案的制订;
- 参与实现更广泛的教学目标,如个体学习(Personal Learning)和思维技能(Thinking Skills);
- 有能力向其他部门的工作人员说明自身学科价值;
- 参与跨校照顾和支持学生的活动;
- 和特教需求企划人员学校合作;
- 全力配合完成学校记录;
- 和学校辅助人员密切合作。

体育部常被视为与学校分离的独立部门,这种情况虽不是人们所期盼的,但却长期存在。造成这种情况的部分原因是体育部所处的地理位置往往与学校主楼相隔很远。体育教师承担了一系列与健康安全有关的组织筹备工作,因此他们很少使用学校办公室,也很少与其他部门的工作人员交流(见第 9 章)。

尽管如此,在学校发展、学校制度的制定、学校整体规划以及与他人合作以达成学校目标等方面,体育教师都发挥着非常重要的作用。(见第 2 章)比如说,在英格兰,体育教师在关于促进学习的评估(Assessment for Learning)和"学习怎样学习(Learning 2 Learn)"的新方案制订方面发挥了至关重要的作用(Black et al.,Spackman,2002)。此外,体育部门参与并帮助完成由政府开展的"每个孩子都很重要"(Every Child Matters)的活动[Department for Education and Skills(DfES),2003],实现了个体学习和思维技巧的发展。(见第14章)

在"健康学校周(Healthy School Week)"和"学习一起合作(Learning to Work Together)"等活动中,体育部门都起到了组织带头作用。

体育教师有时不善于说明体育作为一门学科对于儿童整体教育的重要性,对于体育这门对孩子的发展起重要作用的学科来说,这是非常不利的。在这种情况下,说明自身学科对于孩子整体教育的独特和重要意义是非常重要的。人们普遍认为体育只是一种"课外娱乐活动(recreational extra)",体育教师应对这种观点提出异议。有足够的证据证明体育在课程教育中的地位,此部分内容已在第2章和第14章进行了讨论。任务16.4阐述体育在学校课程中的重要性。

任务16.4 阐述体育课程的重要性

和另一位实习老师讨论,谈谈你对把体育纳入学校课程的看法,可参考本书第2章、第3章和第14章,以及Capel,Breckon and O'Neill(2006)的第1章和第2章。和导师讨论你的看法并记录讨论结果。将本次练习记录到你的PDP中。在写申请信和准备求职面试时,这些记录将会非常有用。

另一个需要体育教师参与的问题是对学生,特别是对有困难的学生的关心和支持问题。一般来说,对体育教师而言,保存完整记录,按照学校程序书写报告、会见学生家长是非常重要的。在面对问题学生的问题上,体育教师应尽可能参加案例分析讨论会议,因为在体育这一学科领域,有时会存在有行为问题的学生,或呈现特定问题,如有旷课或攻击行为的学生,还有些同学没有上述问题,但却对体育这一科目充满热情,非常投入。特殊教育需要协调员非常了解学生的个体需求,因此体育部门需与他们密切合作。有时,某些学生的主要问题需要额外照顾。

体育教师经常需要参加课外活动,有必要与同样涉及课外活动的教师,如音乐部和戏剧部的教师保持密切联系,在某些事情,如使用场所、设施,或是学生希望参与某些活动的问题上进行协商。

体育教师还需要与学校整体设置中的主要支持人员和辅助人员合作,如门卫、运动场的维护人员、学校委员会秘书和校务管理人员。上述人员对体育部门的正常运转起着非常重要的作用,体育部应及时告知上述人员的安排与要求。大多数情况下,门卫是唯一在放学后还留在学校的工作人员,负责在学生比赛完后联系接学生放学的家长。当教师组织学生离开学校参加旅行活动时,应与门卫保持联系,及时告知其行程。任务16.5是关于及时通知辅助人员和让辅助人员参与部门活动的方式。

任务 16.5　和辅助人员合作

抽出时间了解所在实习学校的辅助人员,如门卫和运动场的维护人员,在日益增多的各种部门活动中是怎样被告知相关信息和怎样进行协助的。部门活动包括举行联赛,举办体操或舞蹈表演,以及制订允许家长使用游泳池等学校设施的方案。制订两套你认为最有价值的策略,将研究结果记录到你的 PDP 中。在与辅助人员的合作中,如果有更进一步的体验,请记录下来。

为完成上述合作挑战,体育教师应认真思考,合理安排时间,以保证部门需要不会总是高于学校责任。体育教师不仅需要了解,而且要有能力向其他教师阐述并证明体育课对教育学生所作出的贡献。最重要的是,所有体育教师应尽全力融入学校社区,和其他工作人员,特别是和满足学生特殊需求的工作人员保持密切联系。体育教师需要事先制订好方案,从不同方面了解情况,在协商沟通时尽量灵活处理;此外,尽量抽出时间同其他工作人员讨论计划方案。当同事感觉到自己被视作团队的一份子时,会更愿意给予支持和帮助。

在学校体育合作和体育学院的环境中与当地的同事合作

本节简单讲述与下列人员的合作:

- 参与学校体育合作的学校;
- 在合作中承担特定责任的工作人员;
- 首要环节教师;
- 当地特殊学校;
- 没有合作关系的当地学校。

你可能已经有过在体育学院或是与体育学院有固定合作关系的中学实习的经历,这种安排的特点之一是许多特定职位和特定角色因为学校间的固定合作而诞生。现在在英国已经很难见到独立运作的体育部门。即使你以后会离开现在的实习学校到其他地方任职,也应该与各种同事保持紧密联系与有效合作。

学校间的固定合作为参与合作的学校提供了一个分享观点,共同寻找解决问题的办法,以及共同为学生组织筹备活动的平台。有固定合作关系的学校可以共同促进与社区间的联系,申请项目资金,以及帮助教师争取参加持续专业发展培训的机会。

这种安排几乎不会带来任何负面影响,但是教师还是应该审慎思考,确保合作活动对学生的发展有所帮助。

固定合作的学校中会有一位合作发展经理和许多学校体育协调人员(见第 18

章);除此之外,可能还有专业负责人和竞赛经理。

简而言之,上述人员的职责是尽可能保证各个参与合作学校的教师和学生在体育方面能够得到最好的机会。此类人员经验丰富,跟体育教师合作,可以帮助提高体育课质量;当教师离开学校参加课程学习时,还可以帮助处理学校工作事务。请务必联系上述人员,并了解他们所担任的工作角色。如果可能,请跟随其中一名工作人员实地学习,这样可以更直观地了解此类人员所承担的工作责任。任务 16.6 要求跟随一名有合作关系的工作人员实地学习,并记录任务的完成情况。

任务 16.6　调查研究合作发展经理和学校体育协调人员的工作角色

由部门领导安排,抽出一天时间,跟随一名合作发展经理或学校体育协调人员实地学习,记录一天的学习情况,并将记录放入你的 PDP 中。

参与固定合作的小学中会有负责体育教学的工作人员,即首要环节教师,在工作中承担多种角色。首要环节教师不但要保证学生能在学校体验高质量的体育课程,还要协助小学通用学科教师进行体育教学。他们与合作发展经理及学校体育协调人员紧密合作,确保学生从小学到中学有一个平稳的过渡。首要环节教师经常带领学生参观中学,让学生体验中学教师所教授的课程。除此之外,首要环节教师在与中学教师合作时,可以同中学教师分享小学的体育课程经验,以及有关学生个体发展和潜能的信息。

在固定合作的学校中可能会有特殊学校,参与固定合作的学校也可以和当地的特殊学校合作。特殊学校可以经常借用合作学校的主流设施场所和体育专业人员。其他合作学校也可以借助特殊学校的专业,根据学生的特殊需求对体育课程进行调整。

最后,参与固定合作的学校也可能与当地的私立学校或无固定合作关系的中学进行合作。让私立学校和公立学校结为友好学校的制度可以为学生提供额外的机会,因为友好学校可以共享场所设施和工作人员的专业知识,也可以共同策划体育活动。此外,友好学校可以联合开展持续专业发展,举办经验交流会。任务 16.7 要求研究所在实习学校所处的固定合作关系的性质。

任务 16.7　校际间合作

从部门领导处了解学校达成的校际间合作协议的性质和范围,讨论这种合作关系的优势和可能存在的劣势,将讨论结果记录到你的 PDP 中。

对一名实习教师来说,了解合作学校间的各类体育工作人员和学校所在地负责提高学生体育经验质量的工作人员是非常重要的。这些工作人员的专业知识广博,可以从很多方面对你进行支持和帮助。此外,他们还能从青年运动委员会和英格兰体育局等机构得知最新的制度与政策。与上述工作人员交流可以获得大量信息。一旦就职,同上述工作人员的合作将会成为你工作中的主要部分,至少跟学生以及你自身的发展和机会同等重要。

在一系列的活动环境中同社区的其他人员合作

本节简要讲述与以下人员的合作：

■　当地机关工作人员，如体育发展主任；
■　体育顾问；
■　当地休闲场所和体育俱乐部的工作人员。

由上一章节可知，各种当地的校本体育（school-based PE）工作人员和体育人才跟有固定合作关系的学校合作，帮助提高区域体育课程质量。除此之外，各种当地机关和社区的工作也为学生提供了参与校外体育活动的机会。了解上述人员并主动与之发展具有结果的关系（productive relationships）是非常重要的。

一些当地的教育机构中有体育顾问，体育顾问是负责协助体育教师，特别是新任合格教师，他们对政府的教育政策以及这些政策对体育课程的影响了如指掌。当你正式就职后，请务必与体育顾问取得联系，因为他们是重要的消息来源，而且能够给予你极大的支持。

尽管每个当地机关在娱乐活动、体育活动和体育运动方面都有自己的结构和操作模式，但是每个机关通常都会聘请大量的体育发展主任。尽管每位体育发展主任所承担的具体职责会有所差异，但都负责增加社区成员参加校外体育活动的机会。体育发展主任负责项目预算的支出，因此，与体育发展主任合作可能会对体育活动的开展带来很多帮助。比如说，你所在学校的游泳池出了故障，或是 10 年级的女生要求在假期开展某项活动，你就可能会同体育发展人员一起进行短期或长期的组织筹备工作。

参观了解当地的体育俱乐部和休闲中心并与其管理者交流，对体育教师会很有帮助。有些俱乐部已被授予"合格俱乐部（Club Mark）"的称号，表明这些俱乐部拥有适合青年人活动的完善体制。这对于学生，尤其是对特定活动项目具有天赋的学生来说，是非常重要的。学校的特定活动很难培养学生卓越的能力，通常最好的方法是跟俱乐部或教练紧密合作。此外，还有可能安排机会，让学生参观俱乐部并参与校外活动。安排学生参观俱乐部和休闲中心是让学生了解可参加活动和可利用机会的好方法。虽然体育教师不直接参与学生的校外体育活动，但鼓励学生养成终身参与体育活动的习惯是所有体育部门的主要目标。教师的介绍可以让学生更加了解体育俱乐部和休闲中心，也可以因此激励学生离校后继续参与体育活动。

要发展此方面的合作，你需要研究当地的可用场所，并抽出时间参加会议。你需要了解俱乐部和休闲中心工作人员的各种职责，并愿意娴熟且富有创造力地洽谈合营项目。任务 16.8 要求找到所在实习学校附近的体育俱乐部并了解让学生成为俱乐部会员的方法。

任务 16.8　调查一家当地的体育俱乐部

调查研究实习学校所在地附近能够帮助培养青年特殊才能的俱乐部。至少与其中一家取得联系，了解安排学生成为俱乐部会员所需要的步骤。将调查结果放入你的 PDP 中，并将你在职前教师教育培训（initial teacher education course）过程中的相关体验记录到你的 PDP 中。

小结与要点

本章讨论研究了一系列可能与体育部门合作的人员，你可能会和需要发展有效合作关系的人员联系。与他人的合作所涵盖的范围很广，包括积极参与学校内部政策准则的制定，经常与其他老师交流，同其他学校和俱乐部合作，以及借助主要工作人员，如合作发展经理和当地教练的专业知识。

上述合作的主要目的是开发学生潜能，保证学生获得适当的体育经验。这些经验可能涉及培养学生才能，为学生提供各种参与体育活动的机会，对有特殊需要的学生提供额外支持，以及帮助学生准备参与校外活动。任务 16.9 要求思考与他人合作的利与弊。

核查通过本章的学习，你达到了哪几项课程要求。

任务 16.9　和他人合作的利与弊

和另一位实习老师一起阅读并讨论由伦敦路特雷奇出版社出版，卡佩尔和皮奥特洛夫斯基编辑的书籍《体育教育问题》中的文章《同社区合作：是必要之恶还是积极的方向改变?》（Waring and Warburton，2002）。

围绕与各种非体育部门工作人员进行体育教学合作的利与弊这一话题，写一篇 2 000 字左右的评论文章。

将讨论结果和评论文章放入你的职业发展档案。写两篇文章对教学工作面试会很有帮助。

教师作为研究者和反思实践者 **17**

序　言

　　近几十年,与"探索""研究"这两个概念相关的词汇已经逐渐成为与教师职业发展,特别是与绩效管理(performance management),提高教学水平,以及学校改善计划有关的文章中的固定用语。出于对自身专业的关注和环境因素的影响,教师们开始思考教育实践问题;为表达进行持续学习的信念,教师们找寻新思路,评价反思新思路的影响,尝试新型实践和工作方法以提高自己在教学环境的有效性。这种发展专业的方法体现并巩固了"教师作为反思实践者、扩展专业人士以及研究者"这一概念。这些概念紧密联系,斯坦豪斯(Stenhouse,1975)曾这样描述,扩展专业人士的显著特点是有信念和能力通过反思进行自主自我发展和系统性自我学习与研究。

　　对自身课堂情况进行观察研究并运用自己的专业判断对观察研究结果进行反思和反应以提高学生的学习和教师的教学,拥有这样的信念和能力是教师发展的关键。这让你能够通过实证对学生学习和教师教学的有效性进行明智的判断。

　　本章介绍关于"教师作为研究者与反思实践者"这一思想的关键概念,并对怎样让你在培训期间获得更多观察机会和体验进行了思考。本章提出了两种方法:一是让你观察导师与其他有经验教师的课堂教学;二是让导师和其他教师观察你的课堂教学。此外,本章在描述运用于教学中的研究方法的性质时,介绍了另一种收集信息的方法,即行动研究(Action Research)。

目标

　　本章结束后,你应该能够:

■　明白老师作为反思实践者、扩展专业人士和研究者意味着什么;

■　了解反思教学在发展教师专业和提高学生学习质量方面所起的作用;

■　了解可以通过课堂观察解决的各种问题;

■　了解用于收集有关体育课程教学和学习信息的可用方法,包括行动研究。

教师作为反思实践者、扩展专业人士和研究者

目前,反思实践成为教师职责的重要组成部分,但教师有责任进行自我学习和发展早已是人们长期关注的问题。本学科重点作家的著作,如 Dewey(1933)、Schon(1987)、Hoyle(1974)、Stenhouse(1975)都证明了此研究的必要性[见 Capel,Breckon and O'Neill(2006)的活动 3.1]。杜威(Dewey)观点明确,特别指出开放的思想态度、责任感和全心全意的投入是反思行动(reflective action)的前提条件。在此基础上,杜威提出反思与特定的思维模式,即对某项主题的审慎思考相联系。他将思维过程分为五个步骤:疑难的情境(problem)、确定疑难的所在(suggestions)、提出解决疑难的各种假设(hypothesis)、对假设进行推断(reasoning)和验证或修改假设(testing)。舍恩(Schon)对反思实践者的概念化来源于早期的作品(Argyris and Schon,1974)。舍恩的作品主要描述了与反思有关的两个概念,即"在行动中反思(reflection in action)"和"对行动的反思(reflection on action)";这两个概念对你职业生涯的现阶段很有帮助。"在行动中的反思"指的是发生在课堂教学过程中的反思。在你进行课堂观察时,可能会得到意想不到,甚至可能改变课堂计划的反应。"站着思考(thinking on your feet)","解读课堂(reading the class)"和"随机应变(keeping your wits about you)"等表达对"在行动中反思"进行了适当地描述。"在行动中反思"是一种能力,随着观察能力的增强和应对各种意外的经验积累而不断提高。如果遇到第4章所讨论的情况,即学生没有像你所期望的一样作出回应,或是遇到第6章所讨论的,遇到学生开小差(off-task behaviour)的情况,要准备好对教学计划进行调整。"对行动的反思"指的是在事件发生之后对行动的反思。"对行动的反思"强调教师需要认真思考教学结果并有能力通过严格系统的评估过程提高学生的学习。第3章的课堂环境评估部分和第8章已经对此类反思进行讲述,本章也会对此类反思进行讨论。

霍伊尔(Hoyle,1974)阐述了对"教师作为扩展专业人士"这一观点的理解。他认为,作为扩展专业人士的教师所展现的专业素质超过了基本教学能力。霍伊尔对此类教师的特点进行了归纳:

- 具有高水平的教学能力;
- 表现以学生为中心的态度;
- 拥有高水平管理和理解学生的能力;
- 从教学工作中获得满足感;
- 评估自己在感知学生行为和成绩变化方面的表现。

斯坦豪斯在霍伊尔(Hoyle,1974)的研究基础上,集中讨论了"教师作为研究

者"这一观点。斯坦豪斯（Stenhouse，1975：143-144）归纳了扩展专业人士对自身实践进行研究时所表现的五大特点。扩展专业人士：

- 对自身实践进行系统批判反思；
- 拥有把质疑自身实践作为教师发展基础的信念；
- 拥有信念和能力对自身教学进行研究，并能通过此研究发展自我研究的能力；
- 重视别人对自己的教学观察和与别人开诚布公地讨论自身教学所带来的益处；
- 敢于质疑理论，而且能在实践中对理论进行验证。

上述特点与本书已介绍的，以及你正在从事的教学工作的很多方面产生了共鸣。尽管迄今为止，对你来说，提高教学的重点集中在获取基本教学技巧或是迎合导师期望的需要。比如说，你可能已经在尽可能进行课堂管理的平稳过渡，或是为学生提供示范。尽管上述特点主要是由教师自己的兴趣和愿望所导致的，当能更有效地提高学生的学习。对教师发展的认同来源于积极的批判性自我反思和经过深思熟虑所作出的回应，有可能发展成更系统的教学研究。本章回顾了职前教育培训课程的有关方面。职前教育培训课程为教师发展成为反思实践者创造了条件。本章接下来将介绍执行教学研究的程序之一，即行动研究。

在职前教育培训课上为成为反思实践者作准备

教学反思和教学研究的核心是确保学生按照教师的教学进行学习。职前教育培训课程主要要求对很多教与学之间的复杂关系进行观察、了解和确认。进行教师行为、技能和策略方面的实践，如制订计划、观察、交流、筹备组织和评定，都是为了到达这一要求。完成技能实践后，应判断这些技能是否能够有效地帮助学生提高学习。把对教学的反思态度延伸到国家体育课程标准所规定的教学活动以及英国高中初级课程和英国高中课程的课堂工作（classroom-based work）。

至少有三种方式能让你亲身感受教与学之间的关系。第一种方式是观察其他教师的课堂教学，确认其教学行为和行为效果。本书设置了许多任务，如任务4.1、6.1、10.2和14.1，请务必按照任务指示，观察教师的课堂教学。第二种方式是听取导师和其他教师对你的课堂教学所提出的意见。这些意见都集中在一个问题上，那就是你的课堂教学对学生学习的提高能起到多大帮助。要了解教学对学习的影响，第三种方法是对自己的课堂教学进行建设性的自我批判研究。通过自我教学评估，你会逐渐熟悉这个过程。

上述三种了解教学和学生学习的方法都以按照系统反思进行的某种形式的观察为基础。第4章详细讲述了进行观察的原因、内容和方法。观察是成为反思实践者的关键，实践和获取观察技巧都非常重要。因此，作者建议读者在此阶段重新阅读本章。

通过观察其他教师的教学进行学习

　　观察有经验教师的课堂教学是非常重要的,从中可以学到很多东西。谨记,参与课堂是非常荣幸的;当你真正开始职业生涯后,就很少能有观察别人的课堂教学的机会。观察不同教师的教学对你有很大的帮助,你可以从中了解许多不同的方式来提高学生的学习、管理学生,以及安排教学。进行课堂观察时,你所扮演的是研究界所称的"非参与(non-participant)"观察者的角色。这意味着你不会参与课堂教学,只能静静地坐在一个能够看见整个班级或是学生的地方进行观察。

　　计划对导师或其他教师的教学进行观察时,一定要采用适当的程序。例如,首先要与导师或其他教师沟通,征求他们的同意。然后要说明你最想要观察教学的那个方面。在前几周,你可能想要了解怎样在一定时间内组织安排学生。之后,你可能想要观察学生的学习以及教师迎合班里不同水平学生的方法。或者,你会对教师怎样将责任下放给学生感兴趣。在此阶段,收集所观察的班级和课程的有关信息是非常重要的(见下文)。

　　一旦确定并同意了观察重点,你需要借助一种简单的观察工具(本章稍后将介绍),这种工具可以引导你将注意力集中到教学和学生学习的主要方面。例如,利用工具,你可以记录教师表扬学生的方式,或是观察一小部分学生并记录他们在达到预期学习成果方面所取得的进展,以及和授课教师就观察工具方面的问题进行讨论。如果有机会,请观看录像课并实践这些观察工具,这会对你很有帮助。

　　课程观察结束后,安排时间与授课教师见面,一起研究并详尽讨论所观察的内容。当然,你应该感谢授课教师让你进行课堂观察。

观察所需的背景资料

　　了解所观察班级和课程的背景资料非常重要。背景资料可以以图表的方式,如图 17.1 [为方便完成,可从本书网站下载此图(www. routledge. com/textbooks/9780415561648)],从任课教师处收集。

班级··············	班级人数··············	男生/女生/混合··············
学习阶段··············	时间··············	教室··············
老师··············		
观察者··············		
教学活动··············		
工作单元长度··············	本单元第几课··············	
本科预期学习成果是什么?		
1.··············		
2.··············		
3.··············		
你可能想要另外添加适合此研究的信息。		

图 17.1　课程研究的背景资料

研究重点

为了最大限度地获取信息,任何观察都有必要确定一个研究重点。你所决定的研究内容取决于多个方面:你所处的职前教师培训课程阶段;你认为特别具有挑战性的教学技巧,如声音变化(voice variation);或者你正被要求对学生学习的某方面进行实践,如技能发展(skill progression)。见第 4 章关于研究内容的其他看法。

你的研究内容应包括:

■ 从学生到达一直到学生最后从更衣室解散,这段时间内的课程计划和课程阶段;
■ 教师怎样保证学生每次都能安全参与;
■ 教师对技巧的运用,如言语和言语互动(verbal and non-verbal interaction)、定位(positioning)和表扬与训斥的使用;
■ 学生怎样回应教师设置的挑战;
■ 教师怎样满足不同水平学生的需要;
■ 为什么学生会"开小差";
■ 学生问问题的频率;
■ 学生小组合作的情况。

任务 17.1 的重点是,观察怎样通过参与 2007 年国家体育课程标准所规定的关键环节(Key Processes),实现教学各个方面对学生学习的提高。上述关键环节在第 14 章进行过讨论。

怎样进行课程观察取决于观察的重点。例如,如果你正在观察一项特定的管理活动,你需要仔细观察整个环境而不仅仅是学生所参与的活动。因此,你需要具有观察所有学生的能力。在某些情况下,你可能只想集中观察一个或几个学生,比如说,遇到特定困难的学生或是没有集中注意力、调皮捣蛋的学生。另一方面,如果学生正在进行小组活动,你就可能只能观察一个小组。关于怎样进行观察的深入讨论可以参见第 4 章。

设计观察工具

如上文所述,如果你作好观察记录,你可以从观察中学到很多。关于教师和学生行为的系统记录是研究的重要方面,在职前教师培训课程期间所做的工作都是在为将来的反思调查作准备。观察记录是最好的预先准备的观察工具。观察记录并不需要很复杂,但要能让观察者把注意力集中在正在处理的事情上,因为一堂课上会发生很多容易让人分心的事情。设计观察记录要认真仔细,以保证其清楚易懂且容易完成。花时间精心设计观察工具给观察所带来的帮助是极其宝贵的。在你进行教学学习的这个阶段,最好简化观察工具。在本书网站(见 www. routledge. com/textbooks/9780415561648)可找到简单观察工具的范例。Capel,Breckon and O' Neill (2006)中的活动4.3c 包含了两个简单实用的观察工具。

　　任务 17.1 所概述的观察练习的要求是,将教师行为与学生工作配对以完成2007 年国家体育课程标准所规定的关键环节。图17.2 为一个简单的观察工具。图17.3 则是一个已完成的有关将教学与2007 年国家体育课程标准所规定的关键环节配对观察范例。

任务17.1　计划观察教师设置任务的目的

　　使用图 17.2 中的观察计划,观察一节由导师或其他老师所教授的课程。在课前与授课老师确认此课的预期学习成果。在上课期间认真听老师讲课,并试着将设置的任务与任务的预期学习成果相联系。因为在英格兰,这些预期学习成果与2007 年国家体育课程标准所规定的关键环节相联系,并决定了所设置的任务与三个关键环节是否相关。这三个关键环节分别是:发展体育活动技能、作出决策与实施决策、评估与提高。这些环节相互联系,每个任务都可能不止出现在一个栏里。图17.3 为一个已完成的体操课观察计划的范例,其中包含预期学习成果以及相关的国家体育课程标准所规定的关键环节。课后与导师讨论所观察的课程并核查自己对课上所发生事情的理解。将所完成的观察记录放入你的职业发展档案。

课程组成(见第 3 章的确定课程的组成部分)	发展体育活动技能	作出决策与实施决策	评估与提高

图 17.2　任务 17.1 的观察计划

　　观察有经验教师的课堂教学并与他们深入讨论,你所观察到的内容可以帮助你认识教学的各个方面以及这些方面与学习的联系。你确认并了解一系列教学技能的适当应用。而且你开始学习怎样进行教学研究,推断课堂上所发生事件的原因和起因;换言之,你回答了两个“为什么”,即关于课程的教学方式和使用这种教学方式的原因的问题。课后与授课教师交流,就有机会在第一时间了解授课教师对课堂所发生事件的理解,以及教师怎样在教学情境中作出考虑到学生反应的决定。此外,你可以和授课教师讨论进行课堂教学的其他方式,以及下堂课的授课方式是否考虑到了学生的学习进展。在讨论过程中,认真聆听授课教师的讲述,因为他/她正在与你分享你需要在职前教师培训课程中培养的反思过程。你所参与的认知研究过程和推论为你成为一名反思教师打下了坚实的基础。

通过别人观察你的课堂教学进行学习

在整个职前教师培训课程期间,可能会有一位教师对你全部或部分的课堂教学进行观察。作为一名实习教师,你还不能单独管理课堂,特别是对体育这种具有潜在危险的科目进行管理。

预期学习成果

在课程结束后,学生应该能够:

■ 完成一系列操作卡上所描述的展现躯干张力和明晰身体线条(clarity of body shape)的翻滚动作(发展体育活动技能);

■ 计划并完成一连串连贯的器械动作,包括跳跃、翻滚和手倒立(weight on hands)(作出决策与实施决策);

■ 参照教师所教授的标准,运用适当的术语,如张力(tension)、团身(tucked)、拉伸(stretched),对搭档一连串的翻滚动作作出言语反馈(评估与提高)。

课程组成	发展体育活动技能	作出决策与实施决策	评估与提高
引入与热身	教师加强跑步动作的质量		学生确认有益于他人和自身的改进
地板动作(Floor work)规则和技能的加强	所有学生完成相同的翻滚动作——为实现目标而努力,展现积极性,投入与毅力		学生为自身的学习和进展制订个人目标与成功标准
	学生从操作卡上选择开始和结束姿势	学生选择应用三个翻滚动作并把它们连接起来——学生创造性地将自身与他人的想法相连接	要求学生观察他人的系列动作并参照特定准则,提供建设性的支持与反馈——学生同样要学习怎样进行正面表扬与批评
器械	学生练习从体操凳跳跃到地板翻滚的连接		
		计划制订一连串的连贯动作——尝试各种排列可能并进行实践	学生对经验进行评估并学习了解将来的进展
			关于跳跃、翻滚和手倒立完成质量的问题和答案——学生研究并评估信息,判断信息的相关性和价值
总结	学生放回器械,练习手倒立动作		学生确认有益于他人和自身的改进

图 17.3 已完成的体操课观察计划范例

大多数情况下,观察教师会对你的课堂教学进行记录以支持你专业技能的发展;在课后还会与你一起讨论这些记录。这些反馈记录非常重要,应同课程记录一起保存或是归类放入你的职业发展档案。在职前教师培训课程前期,这些记录可以为你提供重要的进展信息。一旦你在学校的位置确立,你势必会为自身学习承担更多的责任,特别是在获取教师证书的整体期望方面。当你成为一名教师的时候,你就要承担相应的责任,开始练习批判性自我反思;而批判性自我反思本身存在于采用研究方法对学生学习和教学进行研究的过程当中。每周与教师会面是为了研究你的课程期望(course expectations),在讨论过程中,可能会确定你的实践重点。因此,你最好请导师或是你的观察教师对你的每一个实践重点给出具体反馈。为教师提供一份简单的观察记录表以确保你能够接收到你所需要的信息。重点的范例可能包括:

■　发现学生开小差的先兆并作出应对;
■　对学生的学习进行表扬或评价;
■　学生是怎样应对你的挑战、解决问题的;
■　学生怎样有效地利用信息通信技术提高学习;
■　你的教学是否对学生技能掌握的进展起促进作用。

任务 17.2 要求选择一个观察重点并设计用于观察的工具。

任务 17.2　改进观察计划

选择一项你需要掌握,能加强你教学能力的教学技能。参照本章和第 4 章所给信息,以及本书网站(见 www.routledge.com/textbooks/9780415561648)上的范例,设计一份集中运用此教学技能的观察计划。Capel,Breckon and O'Neill(2006)中的活动 4.3c 包括两个简单有用的观察工具。

请导师用这份观察计划观察你在课堂上对这项教学技能的使用。介绍这份观察计划的使用方式。课后讨论这份观察计划的有效性并作出必要的调整。和观察者讨论观察结果,运用此项教学技能提高你的教学能力,并用相同的(或修改后的)观察计划再次进行观察。将已完成的观察计划放入你的职业发展档案。

观察后的必要步骤就是与观察者讨论教学。在某些情况下,你可能能够意识到自己哪些地方做得好,哪些地方还做得不够;但在某些情况下,你可能就不会有这种意识。因此,你应该认真聆听观察者提出的所有意见,尽可能在这种反馈中学习更多的东西。在别人对你进行的教学观察以及课后的讨论中,你可以通过和观察者的讨论加强自己进行评判性反思的能力。你可能会被要求对课程作出整体评价并对自己的教学进行建设性的自我批评,以确认自己的实力和需要改进的空间。你将教学与学生学习联系起来的方式是非常重要的。你可能会被要求解释说明自身教学的各个方面,在解释清楚后,思考是否能够采用另一种教学方式。借助观察者的帮助,你可以确定自身教学中的可取之处以及将这些可取之处融入自身教学的方式;

此外,你还可以思考并反思在将来的教学中怎样避免可能出现的问题。更广泛地说,你可以思考教学与学习之间的关系,考虑使用不同教学方法对提高学习的潜在影响。你可能会面对挑战,要求在以后制作具有想象力和创新性的计划。总之,你在被别人观察的同时获得了培养重要反思技能的机会,这些反思技能包括:公正的自我评估、对课堂所发生事件的深入研究、确定自身实力、对问题原因的合理推断(intelligent conjecture)、拟订解决办法的灵活性。

通过对自身教学的自我反思进行学习

随着职前教师培训课程的进展,你应该为自身作为教师的发展承担越来越多的责任。导师的反馈可能会以各种提问作为开始,如"学生是否达到预期学习成果,完成情况如何?""你的教学的哪些方面能够最有效地帮助学生提高学习?""你认为自身教学的哪些方面需要提高?""你认为下一节课的教学计划应该考虑哪些问题?"你应该了解教学的各个方面,特别是教学对学习的影响,并且能够在课后对这些方面进行反思。换言之,你应该开始变成一名反思型专业人员。事实上,你在职前教师培训课程后期的进展也会被纳入对你作为教师对自身发展的掌控能力以及你用于提高学生学习的教学方式的评价范围。

当然,你在职前教师培训课程中所作的课程评估是记录你对自身课程进行反思的先兆。如上文所述,在课程评估中需要回答的主要问题是:

- 哪些目标学生达到了,哪些目标学生没有达到?
- 为什么学生能达到一些目标,而不能达到另外一些目标。换言之,为什么有些学习能够进行而有些却不能? 我所指定的计划或教学的哪些方面有效,哪些方面没那么有效,如任务太难、时间太少等?
- 针对这些发现,我应该怎样调整下节课的计划或教学? 哪些方面我需要继续执行,哪些方面我需要进行调整以提高学生的学习,如做个细致的区分,提供更具体的反馈等?

这些问题会导致不同的思考模式。例如"学生学到了什么?"这个问题要求你进行评估思维(evaluative thinking)。你需要把学生的进展同课程的预期学习成果相比较。另一方面,当你提出"为什么有些学习能进行而有些却不能"这个问题的时候,你在进行一种更具有分析性的思考。分析性思考可能会集中在你教学计划的制订或是你的教学上。当你开始进行教学研究的时候,这两种思维方式都非常重要。事实上,你在问这些问题的时候就已经在进行对行动的反思——一种反思专业人士和你所执行的教学研究的关键特征。

对行动的反思(见上文)能够让你重新考虑什么是值得做的,寻找代替你现在所用的教学方法的方法。因此能够增强你对现在所做事情及所用方式的敏感度。对在课堂上所发生事情的反思基于你所掌握的知识和对很多方面的了解,如学生的学习是否达到了预期学习成果,你所计划内容的合理性,以及你所用教学方法的有效性。课后抽出几分钟时间对以下方面进行反思:你所做的、有效的、无效的、有改进空间的以及打算在下次做的,可也让你获取洞察力并在错误中进行学习。这有赖于你对课程的观察以及回忆课程的能力。为了加强课程反思的有效性,你需要培养能够帮助你回忆课堂所发生事件的技能。在你忘记所看见的事情之前,尽快在课后"重温"课上所发生的事情。赶快记下课上所发生的主要事情,特别是有任何偏离教学计划或是有"关键"事件(critical incidents)发生的时候,要对这些事件进行更加详细的记录。你应该借鉴过去类似的经历、研究和导师的反馈。见 Capel,Breckon and O'Neill(2006)的活动 3.2c,一个对行动反思的范例。

用录像记录你的教学和学生的学习是一种很好的方法,能让你更充分地对课堂进行反思。运用录像还可以帮助你对学生进行观察(见第 4 章对学生的观察)。这种方法有一个优点,可以让观察集中在教学和学习过程的任意一个方面。这种方法存在的主要问题是可能会扰乱学生的注意力。

鉴于这个原因,最好先录制一段时间,让学生习惯这个过程。录制对话是非常困难的,特别是在有风的日子进行户外教学时。潮湿的天气同样会引起问题。任务17.3 是使用录像的范例。这个任务的目的是比较你与其他实习教师对课程的看法。

需要注意的是,对学生进行录像是一件非常敏感的事情,必须事先征得学生同意。你所在的学校应该有相关政策,因此你在开始之前应同导师进行充分讨论。

任务 17.3　用录像分析一段课堂教学

征得导师同意后,安排你其中一堂课进行录像(先和导师讨论)。课后观看录像并记录课上所发生的事件。让另外一位实习老师做同样的事情。比较两份记录的异同点。找出产生差异的原因。对另一位老师的录像课进行相同的操作。

这个任务应该让你意识到不同的人对同一节课的看法不同,拥有什么样的看法取决于进行观察的角度。开放性的课程观察(如上文)比集中于某些方面的课程观察更容易凸显差异。你可能想要重新观看这两份录像,针对其中的某些方面进行观察,比如说,实习老师在课程中的定位是什么? 学生有没有完成预期教学成果? 学生将哪部分时间花在了任务上? 如果这样做,你可能会想要使用一份集中观察计划。将观察和讨论结果放入你的职业发展档案。

通过对自身教学进行系统性反思,进行常规的建设性自我批判,你可以获得要求自己寻找类似于"为什么在你的课堂上学习能够进行或不能进行"这类问题的宝贵经验。你要面对下列挑战:学生对你的教学作出了怎样的回应、怎样对你的教学计划作出公正的评价、你怎样进行课堂教学。你对于不同教学方法对学习产生影响的意识有所提高。而且更清楚地认识到在教学环境中存在很多可变因素。为了最大限度地提高学生的学习,你对自己的教学实践提出疑问,假设了一系列提高自身

教学的方法。这包括富有创造性和想象力的方法,以及你参考影响并支持你决定的理论的意愿。你学习从旁观者的角度对自己的教学进行观察,对自身实践作出公正的评价。当你拥有更多经验的时候,你观察个体学生的不同反应,并开始了解为了迎合所有学生的需求,你需要对自身的教学进行一系列的微调。你变得更加了解学生学习和自身教学的各个方面,并继续寻找更好的、能够提高学生学习的教学方法。在这些方法中培养反思教师所必备的素质。

上文所讨论的实践,即观察其他教师的课堂、从别人对你的课堂观察中进行学习和通过自我反思对自身进展负责的期望,都是你所参与的职前教师培训课程的一部分,为成为一名反思教师做准备。这是你应有的思想态度,也是一种职业责任。这种态度应该渗透到你所有的工作当中。拥有这种态度,你就有可能成长发展成为一名教师,并能更有效地提高学生的学习。这种分析评估性的态度和方法是所有教学研究的基础。你应该以这些安排为基础,进行教学研究。你可以把这个研究当成一个小规模的练习并独立完成,作为学校创建(school initiative)或是作为评估课程或资格的一部分。行动研究的过程是教学研究的典型程序,将于下一节进行详细讲述。

行动研究

从实践中学习和提高实践的承诺是行动研究的特色原则,是生成和产生知识的关键。实践反思是行动研究的核心,也是一种重要工具;运用这种工具,你可以加强对教师职业发展的洞察、理解和意识,确定可供选择的实践方法,增强对自身工作的独立意识,并开始内化与自学技能相关的过程。

行动研究是最常用的、发展最完善的,用于质问和提高自身教学的方法。作为职前教师培训课程的一部分,你可能会进行一个小规模的行动研究;尽管在你以后有资格参加学校组织的持续专业发展或与持续专业发展有关的课程时,你很有可能会进行此类研究。(见 Capel, Lesak and Turner, 2009 的单元 5.4,深入探讨包括在持续职业发展中的研究)"在工作中学习(Learning at Work)"是硕士阶段学习的一项选择,现在被广泛用作进行行动研究的基本方法。尽管这是一种高度结构化的练习,很多过程你在职前教师培训阶段已经经历过,但这些过程会为你以后进行此项研究打好基础。

行动研究指的是教师研究自身实践,回答有关学习和教学质量问题的过程。这种过程包括事后对特定经历、事件和情况的相关信息进行分析和评估。这种批判性自我反思被看成是"置身事外对行动进行系统、深入的思考"(Russel and Mundy, 1992:3)。卡尔和凯米斯(Carr and Kemmis, 1986:162)也对此进行了描述,他们认为行动研究是"自我反思的螺旋循环圈,它的模式是:计划、行动、观察、反思、再计划、再行动、再观察、再反思"。麦克南(McKernan, 1996:29)提出了一个有关行动研究的简化模型,如图 17.4 所示,说明了这一过程的各个步骤。

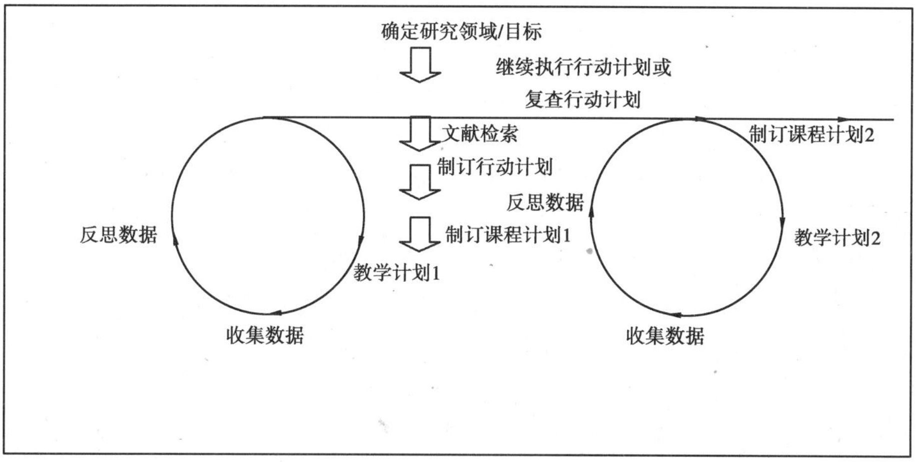

图 17.4 行动研究模型(McKernan,1996)

这个模型说明了行动研究的一个重要特征,即持续进行、提高实习质量和有效性的循环本质。在图 17.4 中,第一阶段由垂直宽箭头表示,以"确定研究领域/目标"为标题。一旦确定了第一阶段,下一步就是对所确定的领域进行文献检索。文献检索确定了此领域的现行理论和研究。完成文献检索后,你要制订行动计划;行动计划概述了你可能会用到的各种教学方法,将要收集的数据,以及用来收集数据的工具。

针对所要教授的班级,从确认的众多方法中选择将要使用的方法,制订第一节课的教学计划。你进行课程教学,在教学过程中或课后,或是观察者通过捕捉学生对教学的回应进行数据采集。然后用类似于研究课程评估的方法询问数据、反思数据,决定下堂课的教学方式。根据数据的本质特点,保留原行动计划或对其进行修改。如图 17.4 所示,接下来制订下节课的计划并进行教学,收集、反思数据,然后持续循环整个过程。

科恩、马尼恩和莫里森(Cohen,Manion and Morrison,2007:192)曾做过这样的描述,"一步一步的过程在不同时期都会受到持续适当的关注"。这句话是在描述一个事实,你不可能仅用一堂课就能解决一个问题,也不能仅用一堂课就把问题的所有方面都分析清楚。你应该在每节课上试着用特定的方式将教学的各要素联系起来。根据你的反思,把成功的要素保留起来并把这些要素作为基础,对不太成功的要素进行修改或替换。这取决于你的观察、反思和评估技能。行动研究的特点是:对每堂课所收集的进行系统的反思,以及对特定策略实现特定成果的原因的思考。

你的行动研究的重点

行动研究通常开始于对一堂课上所观察到的问题或事件进行确定。这可以通过你的课程观察、信息收集、反思和评估进行确定。针对体育课程的行动观察的重点通常包括：

■ 解决特定的事情或是与提高学生学习有关的问题，如增强学生的自尊心，提高班级的社会凝聚力，加强你的综合教学能力，在课堂上寻找实现差异化的不同方式；

■ 关注自身教学中需要改进的地方，比如说，对学生表扬得不够，没有运用有效表达方式，声音单调乏味；

■ 让学生能够达到特定的预期学习成果，如借助信息通信工具进行学习；

■ 达到特定的目标，如提高创造性，让男生女生一起进行更有效的合作，利用特定的学习资源（如在交互教学中使用教学卡）或教授策略。

　　在 Capel，Breckon and O'Neill(2006)中的 4.3c 节可以找到更多有关进行行动研究的信息。

　　在进行行动研究之前，充分了解伦理蕴含(ethical implications)并在整个研究过程中实施。例如，在参加职前教师培训课程时，你应该告诉导师你想做什么，打算收集哪类信息，并核查导师意见，看他是否完全认同你研究的各个方面。一旦你成为合格教师，需要获得部门领导和部门其他高级成员的认可。如果要向他人收集信息，应确保让别人知道你收集信息的原因并事先征得他人同意。你还必须对所收集到的信息进行保密。更多有关伦理道德的详细信息，可参照 Capel，Leask and Turner(2009)的单元 5.4 中的有关准则和 Bell(2005)的第 3 章。

信息收集技能

　　正如科恩、马尼恩和莫里森(Cohen，Manion and Morrison，2007)所描述的一样，行动研究的一个主要特点是数据收集，这些数据为你有关学生学习的教学提供教学结果记录。你需要先对数据进行详细分析，才能决定下一个步骤。因此，数据分析是此项研究的一个重要方面。通过观察所收集的信息或是用其他方法所收集的信息可以分为两类：

■ 定量技能：任何可以生成数字形式的数据或是能够被统计分析的方法（如有关事件发生次数的记录）。通常使用某种量表，以某种结构形式对定量数据进行收集，如对以下信息进行记录：持续时间（对一件事情从开始到结束之间这段时间的记录，如用停表记录，如学生完成任务所用时间）；间隔(interval)（记录一定时间段内所发生的事，如非言语行为）；或是事件(event)（记录在一堂课上某件事所发生的次数，如演示说明）。调查问卷中的封闭式问题也可以定量。

■ 定性技能：任何用于获取洞察力而非统计分析的方法，如非结构化观察，个人对所观察事物的理解，反思日志，一些量表、文件、采访和调查问卷上的开放性问题。

除了观察,还可以使用其他数据收集技能,如反思日志(field notes/diaries)、使用调查问卷、进行采访等方法,收集定量和定性数据。见 Capel,Breckon and O'Neill(2006)的活动4.3a,思考不同数据收集技能的利弊。

观察工具

观察工具适用于记录课程观察的有效结构化框架。观察工具可用于集中观察某特定事件,也可提供定性和定量信息,这是它的优势。可参照本书网站(见 www.routledge. com/textbooks/9780415561648)的观察计划样本,以及 Capel, Breckon and O'Neill(2006)的活动9.3c 和活动9.2。霍普金斯(Hopkins,2002)提供了由对收集各种事件的信息感兴趣的教师制订的观察计划和一览表,安德伍德(Underwood,1988)介绍了用于研究体育环境中的学习和教学各方面的计划。你也可以针对特定的目的,自己制订计划。

反思日志

一般来说,研究第一步并不是确定研究重点,而是使用反思日志。反思日志与研究息息相关,用于描述课堂上所发生的事件,既包括描述课堂上所发生的所有事件(如记录你对教学环境的整体印象),也包括描述一个广义定义的值得关注的领域中的所有事件(如学生行为)。此类观察可以让你确认任何事情或问题,以及决定研究重点。你可以系统地收集相关信息,以对特定事件或问题集中进行深入研究。麦克南(McKernan,1996)区分了用于教育研究的三类反思日志:

■　私人日志——用于记录每天发生的事情的个人日志;
■　记事簿——用于定期总结所发生的事件;
■　科研报告——不常使用的记录,用于反思事件和对事件进行更加客观的说明。

从某种意义上说,你在整个职前教师培训课程期间所使用的职业发展档案可以被看成是更加集中的、基于研究的反思日志的先导。你的课程评估则是一种反思日志的范例。如果你想对个体学生或是整个班级进行案例研究,例如,如果你参加"影子"练习(a "shadowing" exercise),反思日志将会非常有用。此类实例中,进行一段时间的观察并使用反思日志后,可以对日志中的信息进行核对。这可以用于对范例进行一段时间的反思和研究。做好保密工作,避免在反思日志中直接提到具体的学校和个人是非常重要的。

调查问卷

使用调查问卷可有效获取教师和学生对教学和学习的看法。例如,通过让学生回答与课程有关的具体问题,你可以获取非常有价值的信息,如关于你的教学对学生产生的影响。构建问题的方式会对调查问卷的有效性产生很大影响。如波顿(Burton,2007:153)所述,你的问题应该:

- 清楚——所构建的问题要简单,必须避免组合问题(combining questions);
- 简洁——将歧义最小化,避免信息过量;
- 易理解——所用语言必须适合调查对象,避免使用双重否定这样的复杂语法;
- 公正——公正地构建问题,必须避免能够引导出偏见回答的问题。

你的调查问卷可涵盖各种类型的问题,提供不同程度的定性和/或定量数据。例如,封闭性问题给学生提供选项(definitive choices),把他们的回答限制为"是"或"不是";而开放性问题可以引导学生用短语回答、给出自己的意见,或是提出更具启发性的见解,但这都取决于学生的语言能力。

表17.1 的调查问卷能够很快实施,并提供关于课程的定性和定量数据。问卷包括封闭性问题和开放性问题。

表 17.1 一份简单的、有关学生对学习看法的调查问卷范例

问题	圈出最符合你观点的答案
你喜欢上体育课吗?	经常/有时/从不
这门课的内容,你喜欢的有多少?	全部/一些/没有
你认为自己完成任务的情况如何?	非常成功/成功(Quite successful)/不算成功
你觉得能从这门课上学到多少东西?	很多/一些/不太多
你觉得自己参与这门课的积极性如何?	非常积极/积极(Quite active)/不够积极
你有多少器材?	足够/不够
你从教师那里得到多少帮助?	做够/不够
	用自己的话回答问题
写下这门课你最喜欢的地方。	
写下你认为这门课应该改进的地方。	

如果问题构建仔细,调查问卷很容易实施,可以提供大量信息。但有一个问题,在正常教学情况下,问卷的发放、完成和回收都需要花时间。另一个问题是,问卷是否能很好地完成取决于学生对问题的理解能力。在制订调查问卷或选择已制订好

的调查问卷时,确保问卷中所用语言符合学生的语言水平,此外,不要使用行话,以便学生能够完全明白你的要求。

还有一个问题是,学生为了迎合教师,可能不会填写自己的真实想法,而是填写他们认为的教师想要听到的答案。贝尔(Bell,2005)提供了设计和实施调查问卷的详细指导。

参 访

主要有三种类型的采访:结构化采访、半结构化采访和非结构化采访。

■　结构化采访通常由封闭性问题组成,为采访对象提供答案选项,通过使用采访计划得以实施。然而,这种采访的灵活性受到了限制,所得的数据可能缺少研究所需的关键证据,因为你所给出的回答选项范围有限,不能完全涵盖所讨论话题的全部观点。

■　半结构化采访比结构化采访灵活,可用于收集结构化采访所收集的信息。用于半结构化采访的问题所引出的答案类型没有限制,你先确认好各种关键问题以便在采访过程中能够及时提问。深入探讨可用于确认采访对象是否完全了解题意。奥本海姆(Oppenheim,1992)描述了一种技能——“漏斗式问题(funneling questions)”,使用漏斗式问题可以让你对感兴趣的领域或主题进行持续深入探讨,从而获取更多信息。

■　非结构化采访是最灵活的采访方式,可以收集互补性证据(complementary evidence)。这种方法通常用于对新兴领域进行研究,获取专业信息(for people with access to specialized information)。然而,此类采访能否成功取决于采访者所具备的技能和专业知识,如采访者提出准备好的问题,再根据采访过程中出现的新信息作出反应,对问题进行调整以适应新情况。

虽然很多采访都是一对一的形式,但你也可以对采访对象进行小组采访。小组采访的主要优势是,当参与者相互倾听的时候可以引出更丰富的数据。科恩、马尼恩和莫里森(Cohen,Manion and Morrison,2007)对小组采访的好处作了进一步确认,小组采访的好处包括:当人们参加自由讨论的时候,会更加放松,不会那么胆怯;小组采访比个人采访更节省时间;随后的个人采访可以探讨小组采访中出现的问题。正如丰塔纳和弗雷(Fontana and Frey,2000:652)所确认的,小组采访的主要弊端是“结果不能被归纳概括,采访过程中产生的小组文化可能会干扰个人的表达……小组可能会被一个人控制,“小组想法”只是一个可能的结果。

使用所收集的信息

值得一提的是,你所收集的信息只是研究的起点。用来为你的反思、评估和与导师以及其他教师的讨论提供资料,以决定下一步的行动,比如说,制订、实施、观察以及评估一种办法。在行动研究循环中,要了解特定教学有效或无效的原因,制订下一节课的计划,就一定要对数据进行反思。

任务 17.4 指导你独立执行一项小型的行动研究项目。

任务 17.4　行动研究项目

你的课程作业可能会包含一个行动研究项目。如果没有,请完成以下任务。

确定一件你想处理的事情或是想要解决的问题,如你想要关注的自身教学的某个方面或是你想要提高的学生学习的某个方面,以提高自身实践和学生学习。通过进行文献研究确定有关此事的并已经完成的作品或研究。决定最恰当的信息收集方法,设计研究工具(如有必要,争取导师或另一位实习老师的帮助;通常,两个人一起进行行动研究会非常有效)。安排合适的课程以收集数据。研究所收集的信息并尽量得出结论。根据所得到的结果,考虑调整教学实践的方式。试着对你的实践进行适当调整并对所作出的调整进行关注。过段时间再进行一次数据收集,确定你作出的调整所达到的成效。将研究结果放入你的职业发展档案。

本书网站(www. routledge. com/textbooks/9780415561648)上还有两个研究生阶段的任务。

对你的教学进行研究的价值

以这种方式进行研究,你可以探究教育理论的各个方面。你会渐渐了解理论与实践的复杂联系方式,认识到虽然教学有很多共同点,但每种情况都会创造一个理论使用的情境影响教学。当你以这种方式进行研究的时候,你会知道影响"良好实践(good practice)"的因素的范围,说出学校环境、一个班级的社会动力以及学生对你所教活动/科目的看法。你将研究结果应用于你的教学和/或学生的学习以处理一件事、解决一个问题或是达成特定的目标。你会更加深入地,或是从不同的角度、不同的侧重点看待同一件事、同一个问题或是目标。你也可以同他人一起分享你的研究成果,如你可以给专业期刊(如《体育教育情况》)写文章或是在会议上展示你的文章以分享你的研究成果。

现在教师有很多机会去执行第 18 章所详述的研究,因此,一旦获得第一个教师职位,你就应该考虑参与此类研究。你的专业学会,及体育教育协会,也在积极鼓励研究工作。他们的研究与发展工作小组确定了当下与联合王国体育课程有特定关联的研究领域。他们会提供指导以及一些相关的初始阅读(initial readings)，还会为所研究的领域中可能进行探究的问题提出建议。体育教育协会的网站(http://www.afpe.org.uk)上还有一些其他可能为你的研究提供帮助的网站链接。

小结与要点

为了让你意识到教与学环境间的复杂情况，本章努力让你了解国家体育课程标准(2007)中的活动设置和教室中所发生的事件。人们普遍认为，观察与体验老师的课堂教学是了解教学过程的最佳办法之一。但是存在着这样一个问题，如果没有观察重点，那么花在学校和课程观察上的时间都会被浪费掉。本章确定了一些用于集中观察和获取相关信息的技能。本章还介绍了对自身观察进行反思、对自身所进行的工作进行批判性研究以及对解释自己进行此工作的原因的必要性。只有采取批判的态度，你才能够以理性的、反思的和专业的态度回应很多在你整个体育课程职业生涯中影响学生学习和你的教学的因素。实施行动研究应该可以帮助你确认问题，解决在观察、反思和评估过程中确认的问题。这就意味着批判性思考你所进行的工作，找到对其进行系统性研究的方法，了解你所做的研究。当你获得经验、自信，学会挑战、交流、开拓思想，你就变成一位更好的老师，达到斯坦豪斯(Stenhouse,1975)所描述的拓展专业人士的标准。

体育课程的持续专业发展 **18**

序　言

你作为教师的职业发展应该被看做一个终身学习的过程。当你还是一个实习教师的时候，这个过程就已经开始了，延续到你作为新任合格教师的第一年教学，并贯穿于你的整个教学生涯。劳伦斯、泰勒和卡佩尔（Lawrence，Taylor and Capel，2009：443）指出，这种一般被称为持续专业发展的终身学习过程"帮助你在整个职业生涯中不断进行专业学习和发展"。持续专业发展被定义为"用于提高个人品质、知识、理解和技能的反思活动；支持个体需求，增强专业实践"（学校培训与发展署，http：//www. tda. gov. uk/teachers/continuingprofessionaldevelopment/what_is_cpd. aspx）。因此，对于有效教学和学生的有效学习来说，持续进行的持续专业发展是必不可少的。

你必须为自身的专业发展负责。你们当中的很多人正在参加结构化的职前教师培训课程，要接受两个方面的进展评定，一方面是教学实践评定；另一方面，如果你在英格兰学习教学，那么你有可能在硕士阶段接受写作评定。当你在英格兰的职前教师培训课程结束时，你的入职与发展档案是你为将来的职业生涯积极制订计划的开端，为你确定合适的发展领域以及为达成发展目标需要参与的活动和/或经历。在你的导入期间（induction period），入职培训导师会为你提供支持，同时学校经理也会支持你的教学职业进展。教师是所有学校最伟大的资产，学校对教师的专业发展和福利的持续支持是提高教学、学习和评定质量的核心。

在认识持续专业发展的重要性的同时，你需要认真思考你所进行的持续专业发展的类型和重点。持续专业发展的重点可能是，比如说，教师的知识和/或教学技能的发展，但也可能包含很多其他的重点和活动，包括批判性思考、反思实践、智能发展，以及作为专业活动的教学的个人、道德、政治方面。

至于职业发展的类型，可能包含一系列的活动，包括正式的官方认证的课程（accredited courses）和非官方认证的课程（non-accredited courses）（可以是长期课程，如硕士课程，也可以是短期课程）；教师评估；参与行动研究项目；阅读现行的研究和检验证据（research and inspection evidence）；独立学习；参加会议；对同伴进行批判性观察，让别人对自己的教学进行观察；合作实践，如同学施教（peer teaching）；把教师当成学生进行演示（demonstrations with teachers as pupils）；研究个体差异，如学习风格和偏好。最常见的一种持续专业发展活动是一次性短期课程（one-off short course）。但是，这种形式的持续专业发展受到了批判。例如，Armour and Yelling（2002）发现很多持续专业发展常常在特定时间进行，有些教师常常缺席，参加一次培训活动后就很少再出席，给学校其他教师传达的信息有限，没有提供足够的机会和/或支持让教师在课堂上使用新学习的知识技能。

持续一段时间的持续专业发展更有效，将新学的知识技能和现行的实践联系起来，有足够的资金和人员配置。加瑞特等（Garet et al. ,2001）强调了让教师参与主动学习：积极参与有意义的计划制订、实践和讨论（如观察和被观察）的重要性。英格兰教学协会（2007b）确定了有效持续专业发展的特点：

■ 在学生的学习上有明确的重点；
■ 让教师确认他们的需要；
■ 以所谓的有效成人学习为基础。

这包括：

■ 对培训和指导的持续评估；
■ 一系列观察和反馈的机会作为合作和大学工作实践的一部分；
■ 让教师交换实践、进行研究和参加反思事件的机会；
■ 在教室和学习情境中，模拟你更喜欢的实践方式（如主动学习）；
■ 持续积累结构化的实践所学知识技能的机会。

本章对持续专业发展进行了讨论，内容涵盖了你的职前教师培训课程的各方面，从实习教师到新任合格教师的过渡，从入职到导入阶段（刚入职和整个第一年的教学）以及一年后的持续专业发展。

目标

本章结束后，你应该能够：
■ 使用职业发展档案，保存自身职业发展证据的准确记录；
■ 申请你的第一个教学职位；
■ 做好从实习教师到新任合格教师的过渡；
■ 善用你的入职阶段；
■ 了解一些教师的持续专业发展机会，为职业生涯的前期设定持续专业发展目标。
核查你的课程要求，看哪些课程要求与本章内容有关。

建议在学习本章的同时,阅读 Capel,Leask and Turner(2009)的单元 8.2。

发展并保持你的职业发展档案

职业发展档案是对你在体育课程职前教师培训期间的进展和发展的积累记录。事实上,我们已经要求将你对本书中所有任务的完成情况进行记录,并将记录信息放入你的职业发展档案。职业发展档案对你的相关情况进行了记录,包括你的表现是否达到对合格教师的要求,你的能力、成功之处以及你需要改进的地方,为你在职前教师培训课程的工作情况提供了范例。他证明了你专业知识的发展和你对教学知识补充的判断。建立职业发展档案的好处是让你(和他人)能够对你的成就和职业发展需要进行反思、讨论和记录,因此确认和核查你的进展与发展;他能形成一个强大的平台,在你成为新任合格教师的前几个星期,你可以从中对你的职业发展需要进行思考。你们的高等教育机构可能会提供建立职业发展档案的框架。如果没有,下面就是可能包含在你的职业发展档案中的内容的范例。

- 履历(包括相关的证书/奖项)[你可以在 Capel,Leask and Turner(2009:430-431)的单元 8.1 找到关于履历的信息];
- 需要研究/审核(一学期一次);
- 行动计划(一学期两到三次);
- 基于学校科目的指导教师和高等教育机构的指导教师在观察你的教学后所做的记录和/或书面报告;对课程观察的反思;
- 对每周与基于学校科目的指导教师的讨论所做的记录;
- 达到合格教师标准的证据记录;
- 体育课程和专业学习的书面作业以及相关的活动和任务;
- 对基于高等教育机构工作的记录/反思;对本书任务完成情况的记录/反思;对课程中所发生所有方面的记录/反思;
- 对课外进行的专业发展的反思和这些发展对学生学习影响的评估;
- 对学习和教学的其他方面以及你作为教师在广义学校环境中的发展的反思/评估;
- 确定其他适合你的/对你很重要的项目。

在你进行第一个教学职位面试时应随身携带你的职业发展档案,它是非常有价值的文件(在英格兰了解你的自我评估工具非常重要)。

它对你的整个教学生涯也非常有用[如为你的正式评估或与教学管理相关的面试作准备(performance management-related interview)]。职业发展档案的各个方面可能包含在职业发展记录中,如由英格兰体育专业人士发展理事会所指定的职业发展档案(可从体育教育协会获取)。任务 18.1 要求开始保存你的职业发展档案。

任务 18.1 你的职业发展档案

如果你在职前教师培训课程期间获得一份职业发展档案,请妥善管理并及时更新。如果没有,请根据以上确定的框架,再加上其他你认为合适的信息,自行设计一份职业发展档案。按时确认、关注、记录和批判性反思你的进展和发展;特别是你所达成的目标、职业发展需求和行动计划。

增强你的教学知识

阅读下一小节之前,请完成任务 18.2。

任务 18.2 教学知识

列出你认为在此发展阶段,你作为老师应该具有的用以有效提高学生学习的知识。将你列出的知识与另一位实习老师的相比较。

读完本章的下个小节后,将你所列出的内容与以下确定的知识相比较。如果有差异,请思考原因。

将你的反思保存到职业发展档案中。

教学应该被看作是以知识为基础的专业,和以能力为基础的专业不同。高质量或专家教学不仅要求教学技能,还要求一系列的知识。

有很多关于教学知识的不同分类[例如,Hoyle and John,(1995);McIntyre,(2005);Wilson(2009)]。要发展成为一名成功的教师,你需要的一种常用的知识分类是舒尔曼(Shulman,1987)的有效教学知识基础模型。此模型为职业发展档案的重要框架,本书将对此作出介绍。如舒尔曼(Shulman,1987:8)所述,教师要求的知识基础为:

- 内容知识(Content Knowledge)[有时也称作学科内容知识(subject matter knowledge)]:教师的知识储备和组织(the amount and organization of knowledge)。这包括实质结构(substantive structures,用于理解信息和指导科目探究的事实信息和解释性框架)和句法结构(syntactic structures,一系列用于组织基本概念和方法原则的方式,确定正确和错误、合理和不合理的方法)。
- 一般教学知识(General Pedagogical Knowledge):超越科目内容的、关于教室管理和组织的广义原则和策略。

- 教学内容知识（Pedagogical Content Knowledge）：内容与教学法的结合，一个用于教授特定科目并让他人了解所教授科目的独特的知识体系。它包括，对于任何科目来说，最有用的思想表达形式，最有力的推断、说明，解释、说明；特定的话题、问题或事情，怎样对其进行组织、描述，根据学生不同的能力和兴趣进行修改、呈现。

- 学生的知识和特点（Knowledge of Learners and their Characteristics）：学生的经验知识和社会知识（小孩在特定年龄段所拥有的知识）；学生的认知知识（小孩发展的知识和特定学习群的特定情境下的知识）。

- 课程知识（Curriculum Knowledge）：作为教师的"交易工具（tools of the trade）"课文、材料和活动计划。

- 教育情境知识（Knowledge of Educational Contexts）：影响发展的课堂表现的因素，包括小组工作和班级工作、学校的管理和融资、社区和文化的特点。

- 关于教育目标、目的和价值的知识（教育哲学与历史渊源的知识）[Knowledge of Educational Ends, Purposes and Values (and the philosophical and historical grounds)]：有目的性的教学活动，从一堂课或是系列课程的短期目标和教育的长期目标这两方面意义而言。

　　教学知识并不是包罗万象的。如特纳·比塞特（Turner-Bisset, 1999）补充了自我的认知（knowledge of self）。教学要求大量的自我投入，因此，在教师了解教学工作本质的过程中，自我起到了非常关键的作用，是进行更高一层反思的必需品。而且，你必须要意识到，你所学习的知识（技能）并不是相互独立的；各种知识（技能）相互作用，构成有效教学的基础。

　　此外，特纳·比塞特（Turner-Bisset, 1999）争辩说，在任何时候，实习教师的知识基础都要比有经验的教师的知识基础薄弱；实习教师倾向于直接复制有经验教师所采用的大规模课程模式，不能根据特定的学生群或教学情境进行相应调整，不对内容知识或是教学内容知识进行反思，或是没有清楚地了解和掌握关于教育目标、目的和价值的知识；实习教师往往想在课堂上大量展现自己的才能以给学校工作人员和学生留下好印象，实习教师想要顺利授课却忽视了对问题的管理和处理（第17章探讨了对自身计划进行批判性反思的重要性——不能只是按照以往的教学方式进行教学）。因此，你在成为合格教师后仍要继续学习和发展。

　　现在返回任务18.1，将你所列出的内容与上文列出的内容相对比。你可能会像其他实习教师一样，确定了内容知识、教学内容知识和课程知识（英格兰国家体育课程标准所规定的）。你所列出的内容可能并没有包括教学所需的其他方面的知识。如果是这样，你需要了解你所需要掌握的知识的范围和宽度，并能在教学发展中对其进行应用。

　　和其他参与职前教师培训课程的人相比，你获得了不同的体育课程经验，对体育课程也有了不同的理解。在体育课这样一门复杂科目的实践经验和知识方面，你有各种能力和专业发展需要。为了确认和处理知识能力和专业发展需求，高等教育机构要求你完成一项需求研究/审核。这个要求的出发点是鼓励你对自身能力和需求进行确认和评估,并制订能力发展计划,填补知识漏洞。这项审核可能包括用于回顾自身进展的系统和确认你所需要采取的行动,以帮助你在职前教师培训课程阶段(中途离开或坚持到最后)、入职/导入期间,以及在你的整个教学生涯巩固、发展和关注这些知识基础。

图 18.1 提供了一种方法,用于记录你的知识能力,确认你为了进一步发展需要采取的行动。现在完成任务 18.3。

任务 18.3　回顾你所掌握的学科知识

通过确认以下内容,完成表 18.1 中的空白栏(可在本书网站上找到空白栏:www.routledge.com/textbooks/9780415561648)。

■　你可以列举的、在课程期间的三次中每次都可以表明你能力的证据;

■　为了强化你的知识,你所需要采取的行动。

空白栏并没有包括所有你所需要强化的知识。适当地添加空白栏。

把这作为你在职前教师培训课程期间和导入期间发展的基础。谨记,在职前教师培训课程期间,你不可能同时发展所有的教学知识基础或教学的各个方面,因此,确认你的发展重点。将其放入你的职业发展档案。

在职前教师培训课程结束之前,你需要找到一份教学职位。下一节将讨论申请你的第一个教学职位。

申请你的第一个教学职位

在职前教师培训课程期间,你需要面对的众多挑战之———获取你的第一个教学职位。你必须认真考虑和关注这一过程。很多信息都可以为你提供有关这一过程的指导和支持,其中有很多还可以为你获取第一个教学职位提供基本框架。例如:

■　决定你想要教学的地点;

■　寻找合适的职位空缺(比如说,在哪里、什么时候征聘教师职位,以及这个职位是否适合你);

■　申请教师职位[例如,寻求详情、职位信息、怎样利用入职者条件、写成功的工作申请/求职信、写履历、选择推荐人、犯罪记录局审核、犯罪记录(criminal convictions)];

内容知识	参加职前教师培训课程以前你所具有的能力[即3或4(见下面)],加上你提供的以表明知识的证据	九月/冬季学期需要发展的项目领域[即你的成绩为1级或2级的活动(见下文*处)]	为了发展能力,你需要采取的行动	十二月/春季学期需要发展的项目领域(即你的成绩为下文*处的1级或2级的活动)	为了发展能力,你需要采取的行动	三月/夏季学期需要发展的项目领域(即你的成绩为下文*处的1级或2级的活动)	为了发展能力,你需要采取的行动
你所教授的课程活动中的安全实践	3＝划独木舟运动(英国独木舟协会,英国执教资格证书,划桨运动一级执教证书) 4＝田径运动(基本科目二级执教;对所有年龄段的大多数比赛项目拥有丰富的执教经验);游泳(业余游泳协会,英国执教资格证书,游泳三级执教证书)	1＝橄榄球运动、体操运动	接受橄榄球训练;需要参加体操课程和/或观察并协助体操俱乐部				
表现/展示和演示的自信	3＝舞蹈 4＝曲棍球、无挡板篮球、游泳	1＝体操、网球、曲棍球	进行更多网球和曲棍球训练				

你所在学校课程活动的教学/学习重点知识	3=舞蹈、户外和冒险活动 4=田径运动、游泳	1=体操运动	更多舞蹈经验；期中后安排一些舞蹈课；需要更多体操活动				
策略性知识和管理知识：列出你能恰当运用管理知识的活动	3=排球 4=曲棍球、无挡板篮球	1=网球、橄榄球 2=篮球	参加橄榄球和篮球课程。阅读最新的规则手册				
裁判奖（Officiating awards）：列出授予你奖项的管理机构			参与曲棍球、无挡板篮球的裁判训练课程				

*在体育课程的一系列活动中,根据你对这些项目的了解和知识的掌握情况以及你向他人进行项目展示和演示的自信度,给自己评分:

1 = 没有经验/知识/自信/展示；

2 = 有一些经验/知识/自信/展示；

3 = 有良好的经验/知识/自信/展示,但缺乏有效证明；

4 = 有丰富的经验/扎实的知识/非常自信/是熟练的展示者,具有有效证明。

重点提示

请谨记,上表所涉及的是特定活动项目能力和发展领域,在英格兰,你的教学应该采用学习情境活动,用于帮助学生掌握国家体育课程标准中的关键概念和关键过程（见第13章）。

图18.1 回顾教学知识:不同体育活动中的知识能力和确认你需要采取的、用于进一

步发展与课表中某个项目有关知识能力的行动。

■ 面试(例如,为面试作准备、面试、退出面试、面试费用);
■ 如果你获得了职位(例如,决定你是否想要这个职位、起薪、接受职位);
■ 从没有面试成功的学校得到反馈(有时可以获取非常有用的信息,即学校对你的能力和不足之处的看法)。

　　想要更加详细地了解怎样获取和到哪里获取有关申请第一份教学职位的信息,可以阅读 Capel,Leask and Turner(2009)的单元 8.1。本章末的深入阅读会列出其他有用资源。尽管如此,如果还是没有获得一份固定工作,可以考虑做代课教师。任务 18.4 旨在帮你完善找工作的其中一方面——你的简历。

任务 18.4　履历

　　写履历或更新你的履历[见 Capel,Leask and Turner(2009:430)有关履历内容和版式的信息]。和另一位实习老师或导师讨论,确定有关你的实践教学、知识和职业发展需求的能力。确认与你现在的审查以及你关于发展的明确计划相匹配的内容。

　　将你的履历和审查放入你的职业发展档案。

从实习教师到新任合格教师的过渡

　　成功结束你的职前教师培训课程和获取教学职位都只是你教师发展的开始。在这个阶段,你可能会有混乱的感觉:因通过课程成为合格教师而感到轻松,自信并相信自己有能力解决所面对的问题,但同时又感到害怕。当你作为一个合格教师,面对教学现实的时候,你可能会发现你失去了自信,你没有能力解决所有问题。作为教师,这只是一个正常的发展部分,意识到这一点非常重要。作为一名新任合格教师,你所收到的持续支持(后来收到的贯穿整个教学生涯的支持)就是为了帮助你克服这个问题,并继续确认职业发展需求以继续提高你作为教师的有效性。

　　作为成功从实习教师过渡到新任合格教师的开始,你可能想要在正式开始第一份教学工作之前到学校进行参观。实际上,很多学校也鼓励这种做法。这通常发生在夏季学期结束的时候,你可以花一些时间去熟悉将要一起工作的教师,收集有用的资料(例如,你的课表、工作方案和考试大纲复印件、体育活动日期、教工手册)。此外,当学生和下一年的班主任见面时,你可能会被邀请去参观学校。

　　如果你担任班主任的职务,和班主任组或导师组的非正式见面是非常宝贵的机会。你可能还会被邀请协助由体育部门负责的体育日或其他类似学校活动。

　　这些初步的参观会对你自信心的增强起到非常宝贵的作用,为你提供机会询问只有面试后才能问的问题。你也可以确信你拥有指导你思想的必需资源,为即将来临的学期作好了准备。如果你能善用这段时间,可以为你想问的问题、需要收集的资源和想要见的人列一个清单,为参观作一些准备,这些准备是非常值得的。表18.1列出了其中的一些内容。

表18.1 在初步参观学校时所问的问题和收集的信息的清单

- 课程:你将教授哪门课程?
- 学生:班级号、班级名称、班级配置基础、其他;
- 程序:更衣室、注册、评分、奖惩、其他程序;
- 资源:学校有哪些场所设施?在其他地方有可用的场所设施吗(如城镇的休闲娱乐中心)? 如果有,怎样到达那些场所? 放置器材的地方在哪里? 怎样使用它? 理论课程有哪些资源?
- 课外活动:什么时候举行课外活动? 你应当参与哪个部分? 这一年有怎样的比赛时间安排?
- 日期:学期日期、特殊活动日期、教师培训日(In-service days);
- 服装:有没有什么特殊要求?
- 要见的人:体育部门的领导和老师、校长和副校长(Head and deputies)、入职培训导师、年级主任或院长;
- 使用的联系方式:名字和电话号码;
- 其他信息。

在初步参观或是第一学期开始的时候,你都有可能与入职培训导师见面。入职培训导师可能是高级工作人员,也可能是副校长。

作为新任合格教师,有些事情你可能会成功,有些事情你可能会失败。你会很快意识到:你不能解决所有问题,也不能改变这个世界。结果,你可能会自信心下降,在工作稳定之前,你可能无法完全有效地发挥。一个支持自己的入职培训导师和结构良好的入职方案应该可以帮助你顺利过渡。[Capel et al.(2004)的第一章介绍了有关从实习教师到新任合格教师的过渡以及你当前的职业需求的补充信息]

任务18.5要求你在职前教师培训课程期间思考这一过渡。

任务18.5 准备从实习教师过渡到新任合格教师

跟你所在学校的新任合格教师谈话。找出他们认为的作为实习教师和新任合格教师之间的差异。他们在任职之前作了什么准备? 他们认为在过渡期间最有用的是什么,为什么?

你会在导入期间怎样运用这些经验,记录到你的职业发展档案。

入 职

一旦你成为一名合格教师,开始教学生涯,你将开始巩固你在职前教师培训课程上所学习的知识技能并以迄今为止的成绩为基础。而且,你可能开始明白一些在职前教师培训课上所使用的材料的重要性,虽然在当时你还没有意识到。事实上,很多实习教师都觉得他们在开始教学之前并不明白一些在职前教师培训课上学习的知识的重要性,也不知道这些知识是怎么组合在一起支持教学的,他们是在开始教学工作后才了解这些知识的重要性以及它们的组合方式的。因此,一份保存完好的职业发展档案对于支持教学来说非常重要。

职前教师培训课程后就是导入期。导入期可以分成两个阶段:快速导入(immediate induction)学校和工作,可以为你提供重要信息,在导入期前期给予你帮助;贯穿第一年的持续导入(ongoing induction),连接职前教师培训和持续专业发展。Capel,Leask and Turner(2009)的单元 8.2 介绍了快速导入。下一节集中讲述持续导入。导入期的目标是确保所有获得教师资格证书的新任合格教师在整个教学入职/导入期间能够接受到支持。你的导入期间应该为你提供个人职业发展计划并予以关注。在英格兰,教育发展机构(http://www.tda.gov.uk/partners/induction.aspx)表明你在导入期间可以要求:

■ 一位入职培训导师跟你一起合作制订包括一系列发展机会的有效个人导入计划。

■ 一份精简的时间安排(a reduced timetable):你的时间安排最好控制在另一位与你在相同学校任职的初任教师[这位教师没有收到责任津贴(responsibility payment)]的百分之九十以内。除了非面授时间(non-contact time)以外,这段时间可用于活动,特别是用于导入计划。

■ 关于关注、支持、评估的个人导入计划:这份计划应该由你和你的入职培训导师一起制订,应该反映出你的能力、职业发展需求和重点(像目标一样详细列出);要求特定职位作为你职业生涯的开端;在导入期结束时你需要达到的要求(在英格兰,核心标准见 http://www.tda.gov.uk/teachers/induction/corestandardsandassessment/corestandards.aspx)。为了达成这些目标,你需要获得支持,这些支持包括:确认谁将负责什么,活动在什么时候进行。了解计划的目的和计划所涉及的内容是非常重要的。

■ 有关专业发展机会的计划:你将需要和你的入职培训导师合作计划其他的专业发展机会,如观察有经验的教师教学的机会;学校和部门制订的计划;参观学校和工作场所以外的环境;更多正式的培训活动和课程;和他人合作,逐渐参与学校和部门的计划制订;和你的入职培训导师会面,回顾你的进展并考虑你的发展。

■ 你的入职培训导师或其他合适的教师在前四个星期对你进行教学观察,然后差不多每六到八个星期观察一次。通过和入职培训导师一起参加接下来的总结会议,回顾跟你的课程和进展相冲突的目标,如果需要,对你的目标和行动计划进行修改。第一次观察应该在第一个学期的前四个星期,之后至少半学期一次。

■ 学期正式评估会议:每学期结束之前,你、你的入职培训导师和/或校长要参加一次正式评估会议。会议集中回顾你当前完成导入期要求的进展(在英格兰,核心标准)。

■ 关于你的进展的报告:在前两次正式评估会议结束后,校长应向地方当局或其他适当机构(如英格兰的私立学校委员会教师导入咨询组)报告你完成通过导入期所要达到的要求的进展的情况。

■ 遇到困难所得到的额外帮助:在导入期结束时,如果你不能达到导入期的要求,应尽快安排制订进一步的支持计划。在英格兰,地方当局/教师导入咨询组应当被告知相关情况并确认支持已经到位。导入期期间一个阶段不顺利并不代表你一定不能成功渡过整个导入期。重要的是所有人积极努力帮助你克服困难。

■ 地方当局/教师导入咨询组的指定联系人:如果你有任何关于你的导入计划的内容或是管理机构方面的问题,你必须首先通过学校程序引起专业关注。如果你的问题超过了学校的管理范围,你应该和地方当局或是教师导入咨询组的指定联系人联系,指定联系人的详细信息应该会在导入期开始的时候告诉你。

■ 完成导入的建议:在导入期结束之前的正式评估会议后,校长会向地方当局或是教师导入咨询组提出关于你是否完成导入要求的建议。地方当局或是教师导入咨询组将决定你是否圆满完成导入期的要求,并向你、你的校长和英格兰教育协会传达这个决定。

想要了解更多关于导入的信息,请参考 Capel, Leask and Turner(2009:443-452)的单元8.4。

整个教学生涯的持续专业发展

从体育课程职前教师培训到导入期这段时间的教学进展和连续性是你的持续专业发展的第一阶段。导入期的圆满完成应该可以为以后打下坚实的基础,让你能够为自己教学生涯的持续专业发展承担更多的责任。在导入期的最后一次评估会议中,应把第二阶段(前期)教学的重点集中在需要发展的领域。你的持续专业发展的类型和重点取决于很多因素:为了增强以后的实践,你应该发展自身教学的哪个方面;怎样才能更好地在你真正需要发展的领域提高实践;你对未来职业生涯的计划和抱负。你需要针对自己个人的提高和发展的需要,制订持续专业发展的活动计划。

作为一个开始,为了提高你的教学绩效,你应该通过导入期期间系统的自我评估和协助评估,并凭借你的直觉,了解计划制订、课堂教学、反思/回顾这一持续循环的过程。此外,你所在的学校应该准备好内部(教师评估/绩效管理)和外部(教育标准局审查)的质量保障机制,对你的教学以及你对自身实践进行常规和系统反思的程度进行评估。教育发展机构(http://www.tda.gov.uk/teachers/continuingprofes-sionaldevelopment/what_is_cpd.aspx)确定了三种可能进行持续专业发展的途径:

■ 在校内,如辅导和指导(coaching and mentoring)、对其他教师的教学进行批判性的观察和别人对你的教学进行观察、教学观察的反馈、合作制订计划和合作教学、影子练习(shadowing)、分享良好的实践、全校的发展活动;

■ 学校网络,如跨校或虚拟网络;

■ 其校外的专业知识,如校外课程和包括高等教育机构和学科联盟在内各种机构所提供的继续教育。

下文讨论了一些可以帮助你的持续专业发展活动,包括评估和业绩管理、教育和体育的学位课程(award bearing courses)和非学位课程(non-award bearing courses)、成为一名职前教师培训的学科指导教师以及其他持续专业发展活动。这张列表并没有穷尽持续专业发展活动,你应该根据自己的学习需要把握持续专业发展的机会。

评估和绩效管理

评估和绩效管理可以明晰教师的职责,这对学校的绩效管理安排非常重要。你应该在导入期结束时的导入回顾会议上呈现你的职业发展档案中所记录的有关导入期的信息。在导入回顾会议上所设定的目标为绩效管理过程中的年度回顾奠定了基础。评估通常是由对你的教学观察和评估面谈(appraisal interview)两部分组成。评估面谈中的对话对你来说很有价值。一开始可能会讨论别人对你的教学绩效的观察,然后讨论你过去一年的绩效进展(特别是和学生进展有关的)。除了你的教学,还可能讨论其他话题,比如说,牧灵工作(pastoral work)、课程发展工作、行政活动和管理、委员会成员和工作组。讨论你在这些领域的能力和需要发展的地方,进行持续专业发展就是为了处理这些问题或可能满足任何确定需求的方法,如通过参加会议、进修(studying for a higher degree)或校内其他进行持续专业发展的机会。

研究生阶段教育和体育的学位课程

为了发展教学知识,在英格兰参加为期一年的学士教育证书课程学习教学的你们要获得硕士阶段的学分(你们应该在课程结束时拿到 60 个硕士阶段的学分),而且你们要努力达到你们应该达到的标准,在课程结束时获得教师资格证书。硕士阶段的课程,至少有一部分是为了支持你发展成为批判教育者而设计的。弗朗(Furlong, 2007）确定了批判教育者的特点，即"教育学生对知识和价值进行批判性思考，认识演绎的差别，发展在快速变化的世界中所需的、用以形成自身判断的技能"。硕士阶段的课程让你能够用批判的态度对待自身的专业教学和发展。

为了继续你在职前教师培训课程中所获得的进展和发展，特别是在理论联系实践、批判性研究和反思这方面的进展和发展，你可能想要修得额外的学分以获取教育学或体育方面的硕士学位。高等教育应该支持你作为独立专业人员的发展；保障你从国家和国际的视角定义、评估复杂教育问题的能力；深化知识和你对专业科目的理解，让你能够对政策、理论和实践进行研究，努力完善教学和学习；让你具有所需的方法论知识以选择恰当的方法进行研究（见第 17 章）。高等教育还可以提高你晋升部门领导、年级主任和副校长等中级或高级管理职位的机会。

在职前教师培训课程结束之后，高等教育机构可能会设计硕士阶段的课程，其中可能包含一个单元，让你可以作为一名新任合格教师在体育课程环境中发展自己的专业知识和技能。除了提供持续专业发展，这也让你拥有了在导入期间定期返回高等教育机构进行问题讨论，并向其他新任合格教师或高等教育机构的导师寻求特定问题的答案的机会。如果你已经把特定领域的发展确定为你职业生涯发展（比如说，成为高级技能教师的专业科目单元，或是拓展到其他领域，如领导与管理、特殊教育需求或是其他工作方面）的一部分，你也可以参加一些支持你在这个领域发展的单元。很多高等教育机构的硕士课程可以让你利用基于学校的经验提高学习（inform your learning），有些课程还会重点关注在工作中学习。因此，有各种机会可以让你在硕士阶段继续学习。就教学生涯而言，参与适合自己专业发展需求的单元是非常可取的。

除了硕士课程，还有很多成为教育博士、哲学硕士和哲学博士的研究机会。想要获取更多相关信息，请联系当地高等教育机构。

非学位课程

持续专业发展国家学院有体育教育协会管理，"在很多方面扮演重要角色，如领导开展体育课程，培养领导人才（providing leadership for PE and those who deliver it）；提高、维护专业标准，让协会能够发展系统的认证制度（accreditation systems）以确保恰当的准备、经历和资格；提倡安全和道德的授课方式（to promote safe and ethical delivery）；共享实践案例"（http://www.afpe.org.uk/public/ncfcpd_info.htm）。学员提供持续专业发展课程、咨询和选修课支持（support options）以支持所有体育和学校竞赛运动的工作人员的专业发展。

在英格兰，儿童学校家庭部和文化传媒体育部有责任一起执行体育、学校竞赛运动与俱乐部联合国家战略，以支持、提高、改革体育和学校竞赛运动，达到为所有5—16 岁这一年龄段的人提供每周参与 5 小时高质量的体育和运动的机会（16—19岁这一年龄段的人每周参与三小时）。希望能够达到以下成果：至少两小时的体育和学校竞赛运动——希望能够全部在课堂上完成;没有包含在学校内的另外两个或两个多小时由各种提供者,如学校、社区和俱乐部帮助完成。此策略包括九个相互关联的部分[体育专业学校(specialist sports colleges)、学校体育协调人员、专业发展、融入体育(Step Into Sport)、俱乐部联盟、才干与资优(Gifted and Talented)、体育活动场所(sporting playgrounds)、游泳、课程和学历管理局体育和学校竞赛运动调查]。专业发展计划为英格兰公立学校和特殊学校的体育教师提供了很多可参加的单元。你应该要了解这个计划(http://www. teachernet. gov. uk/teachingandlearning/subjects/pe/nationalstrategy/Professional_Development/)。

　　为了学生的利益,也为了提高体育和学校竞赛运动的标准,英格兰的体育专业人士发展理事会确保所有体育教师都能拥有高质量的持续专业发展。可在网站(http://www. afpe. org. uk/public/pbd_current_awards. htm)查找被授予风筝标志(kite-mark)或许可证的课程列表。

　　通过参加有关专业体育/活动的国家主管团体证书课程[National Governing Body(NGB) awards],你可能会对你的体育内容知识的扩展方面感兴趣。这可能会导致你跟校级、县级、地方级和国家级的具有才干和资优的学生进行合作。或者你可能会想要参加你的内容知识有所欠缺的体育/活动方面的课程[见,"教师指导(Coaching for Teachers)"课程]。

作为学科指导教师参与职前教师培训课程

　　正常教学专业的其中一个特点是其成员积极参与下一代教师的吸收和教育工作。一旦你成为教师,就有可能通过学科指导教师这一角色与实习教师分享你的专业知识技能。很多教师反映说这是一种有益的、有满足感的,但是要求很高的持续专业发展活动。然而,虽然实习教师在学习教学的时候需要品质学术(quality academic)和情感/牧灵支持,但是他们也是获得新的、与现行体育教学有关的洞察力、视野和想法的重要途径,鼓励学科教师对自身实践进行批判性的反思。

自身的个人发展需求

　　作为一名新任合格教师,你将教学的前几年都用于自我建设。然而,当你的第一份教学工作稳定下来、经验增加、自信增强的时候,你可能想要发展你的专业领域,承担在学科领域、部门或学校中有责任的职务。有很多条途径供你选择,选择哪一条取决于你的能力、职业发展需求、兴趣以及可能的职业生涯的发展。例如,你可能想要继续进行教学工作并支持、帮助其他教师进一步发展教学(在英格兰,这种教师叫做高级技能教师;要达到一定的要求才表示你在教学方面足够优秀,此类要求可在网站 http://www. teachernet. gov. uk/ast 上查找)。

你可能会渐渐参与体育课程发展项目,如体育课程评估(见第 8 章)或是第 14 到第 19 章所讲述的关于体育课程的官方认可的资格(accredited qualifications in PE)(见第 15 章)。有很多关于这些方面的持续专业发展可用机会。例如,如果你以后参加了英国高中初级课程和英国高中课程的体育教学和体育审查工作,你可能会成为提供培训机会的认证机构的阅卷人或评分监督。

体育教师正常的职业生涯发展会用到他们的组织和管理技能。你可能想要成为体育部门的领导,正常情况下,你至少应该拥有三年的经验并获得在教学、组织和人际关系技能方面已被证实的良好记录。你还应该参加额外的、涵盖了科目发展和中等管理技能各个方面的学位或非学位课程。

你想要追求的其他职业发展机会可能与体育学院和学校体育协调人员计划有关(也可参见第 16 章)。和体育专业学校合作的角色很多,包括合作发展经理(通常隶属于体育学院,负责管理同其他体育课程和运动组织的合作与联系)和学校体育协调人员(每个有合作关系的中学都有一名学校体育协调人员,负责发展学校竞赛运动,以及学校或四到五个小学间的校内或学校之间的比赛)。每个有合作关系的小学或特殊学校还有首要环节教师,负责提高这些学校中的体育和学校竞赛运动。本书网站(www. routledge. com/textbooks/9780415561648)上有现行体育和学校竞赛运动的职位列表以及由合作发展经理协调的库帕斯公司(Coopers Company)的学校和科伯恩学校合作(Coborn School Partnership)之间的合作图表。

你有可能想要担任其他如关键阶段协调人员一样比体育更广泛的职位。你可能想要通过在学校进行牧灵计划教学或是参加教师感兴趣的牧灵问题方面的会议和课程,增加使用在学校牧灵工作方面的时间。这些经验可以帮助你逐步成为辅助教师和年级主任。

你一定要意识到,当你开始你的第一份工作,当你担任新的职位、承担新的责任时,你要经历一段过渡期并调整以适应新的环境。如果你已经确认了新职位的发展领域,你可能会调整得更快。这让你能够进行合适的持续专业发展(和任何正式的资格和要求),以让你更加深入地了解这一角色以及成功担任这一角色所需要的技能。持续专业发展的机会有很多,如短期或长期课程、高等教育或专业资格进修和参与学校发展和改进的活动。

虽然这里没有详细讨论,但参与学校发展计划的制订也是一个非常有价值的持续专业发展的机会。和你的导师一起讨论学校发展计划以及你可以怎样参与到与你的发展目标和职业志向相关联的部分。

其他持续专业发展活动

以上确定的活动只是可能的持续专业发展活动的范例。还有很多其他类型的可以让你发展自身知识的持续专业发展活动,如阅读现行的研究和审查证明,参与会议,像同伴教学一样的合作实践,把教师当做学生进行演示,研究如学习类型和偏好方面的个体差异。

我们也强烈建议你关注教学问题的发展。阅读《时报教育增刊》是了解教学问题发展的好方法,在很多学校的教师办公室都可以找到这本书。

专业协会

你必须要意识到参加专业协会的重要性。这可以是任何一个教师工会。作为一名体育教师,你有特定的需求和责任,确保你拥有足够的保险保障和获取专业建议的可用渠道。你将会意识到高度报道的、有关学生在体育课程或体育活动中遭遇不幸的事件。在这些事例中,有时,LEAs、学校和个体教师都被告上了法庭。见第9章关于教学安全和体育课程安全的信息。英国的体育教育协会是为体育教师成立的协会,为体育教师提供保障;如果你需要额外的有关体育教师个人责任的保障,你需要自行支付一笔额外的保险费用。体育教育协会还提供了很多信息、资源等以支持你发展教学技能(http://www.afpe.org.uk/)。

现在完成任务18.6。

任务18.6　关注和评估

为了继续在教学环境中进行学习,也为了在持续专业发展中得到最大的收获,你应该认真考虑,对从职前教师培训课程开始的学习保持积极、反思的态度。作为老师,当你开始进行教学工作,你应该关注、评估与你确定的特定发展目标相悖的发展,继续质疑你正在进行的工作并确定可供替换的方法(见第17章)。把你的进展记录到职业发展档案。

对此进行非正式的讨论或是通过评估过程进行讨论。

小结与要点

本章讨论了持续专业发展的重要性和意义;审核了体育职前教师培训课程期间的持续专业发展,特别是:职业发展档案;申请你的第一个教学职位;从实习老师到新任合格教师的过渡。本章讨论了你在教学入职/导入期间作为新任合格教师的持续专业发展,通过简要描述,总结了你整个教学生涯的持续专业发展,强调了一些重要的持续专业发展,在职前教师培训课程中担任学科指导教师和其他持续专业发展活动。本章还突出了持续专业发展在处理个体发展需求方面的重要性。

为了继续作为老师的发展并提高教学的有效性,你要在整个职业生涯进行持续专业发展。总的来说,本章讨论了三个值得认真思考,并已强调/确定的关键领域。第一,为了提高体育课程中老师教学和学生学习经验的有效性,你有必要执行一个持续循环的制订、教学、批判性反思/回顾的过程。第二,发展作为有效教师所需的、高度复杂的知识基础范围是非常困难的,在职前教师培训课程结束时,你也不可能完全发展这些知识基础。因此,为了支持你持续发展成为一名能够提高学习的有效教师,你需要在一段时间内参与持续的、实质性的持续专业发展活动;将新学的知识和已存在的实践联系起来;参与主动学习[有意义的计划制订、实践、讨论和争辩(如观察和被观察)]。第三,持续进行的持续专业发展活动可以让你保持(或重获)对学习的渴望(并以此鼓励你所教授的学生),保持你对学科的热爱和对教学的热情,让你对教学和学习充满热情、新鲜感和能量——特别是在你对文件资料、学生的不规范和不恰当行为和教育标准局的检查感到负担的时候。

我们希望你能享受作为老师的日子,通过持续发展你的教学和提高学生的学习,继续积极迎接教学生涯中固有的挑战。

核查通过本章你已经达到的课程要求。

附录：课外学习——日间访问和驻地实习

课外学习非常有益于参与者；因为一系列的原因，有必要开展课外学校访问。此类访问涉及体育部门成员，在访问期间，学生可能会作为体育部门的临时成员参与访问。参与国际体育事件、驻地室外冒险活动、体育交流/旅游可以让你走出校园，去另一个县或地区，甚至出国。作为一名实习教师或新任教师，你还不能组织此类旅行，但是你可以从旁协助，从中获取被广泛认为是实质利益的宝贵经验。尽管如此，在致力于协助管理此类旅行之前，你应该确保自己有信心能够承担应尽的责任。为了达成这一点，你应该在一开始就向旅行的组织者问清楚你所要担任的角色。

还需要注意的是，你需要仔细核查你希望参与此类旅行的动机。如果你只是想要有机会观看大型比赛，或总是想要攀岩，拥有免费的滑雪之旅，那你就应该重新考虑。此类访问要求投入很大的精力，和整个工作团队承担一样的责任。大量的监督工作可能让你无法追求自己想要参与的活动。毋庸置疑，此类旅行非常辛苦费力，但也非常有益。很多教师发现，带学生进行课外活动可极大地促进师生间的合作关系，有益于教师和学生在学校中的关系，不仅有益于教师与参加旅行的特定学生间的关系，还有益于教师与更广泛的学生间的关系。

值得冒险吗？

有些实习教师很担心他们所要承担的与课外学习所涉及的危险有关的责任。这种担心常常因为有关冒险活动的负面报道而加剧。工作人员确实有责任照顾学生，但这并不意味着我们应该将学生完全隔离到危险之外。人们普遍认为，过分宠爱会扼杀孩子发展自身危险管理技能的机会；这些技能是成人日常生活的重要组成部分。

政府、理事和校长协会公开支持教师开展课外学习活动。教师应运用常识、遵守行动准则、履行应尽的责任以保证学生的安全，但同时也要确保能够让学生学习自己处理危险情况。

履行职责

和很多其他教学情况相同,不可能对可能发生在教育访问的计划制订和执行过程中的所有情况作硬性规定,而且这也不可取。可以考虑遵循的是会在教学实践以及今后的职业生涯中使用的一系列准则。你将发现你所在的学校和地方教育局都有相应的行动准则,你在计划和执行此类活动时,必须遵从这些准则。

当你负责管理校外活动时,要注意以下几方面的问题。

为什么要进行访问?

虽然需要执行大量的重要计划,但重点还是要放在有关学生的健康、安全以及旅行的平稳管理这些实际问题上面,你一定要在一开始就弄清楚进行活动的目的。

事实上,"为什么"是一个最基本的问题,会对旅行的组织和执行的各个方面产生影响。访问可能是体育活动单元工作的一部分或是一些跨学科主题的组成部分;可能针对特定的、有特殊需求的学生组或是身体健康和社会教育活动的组成成分。不管目标是什么,每位参与其中的成员都必须清楚旅行的目的。如果学生认为自己是来度假的,那他们可能会很快醒悟,继而教师将面对无数问题。

一般在设定此类活动的目标时都会将学生考虑在内,在制订计划时也是如此,这样可以增加达成学习成果的可能性。

下一步做什么?

一旦明确了目标,就可以作更多的决定:谁将参与活动,什么时候,到哪里进行活动,到达目的地后将要做什么? 其中的一些问题之间有着明显联系,一旦确定后,就可能要考虑实际问题,即怎样对此进行安排。要处理这一问题,需要同学校工作人员中的关键成员,即教育访问协助人员(EVC)进行合作。顾名思义,教育访问协助人员负责学校访问项目的全面协调工作;在审批程序和文件资料方面进行帮助。

本文的有限空间不能涵盖计划制订方面的全部问题,以下几点是你可能想要考虑的有关目标确定方面的问题。

谁将参与活动？

- 年级组？
- 指导教师组？
- 目标组？
- 是否所有学生都能参加？
- 其他学校的学生和/或工作人员？
- 哪类工作人员将参加？
- 有任何成年的帮助者吗？
- 对没有参加的学生应作怎样的安排？

什么时候参加？

- 学期期间？
- 假期？
- 周末？
- 单元计划的前面、中间还是后面部分？
- 怎样使计划进行的旅行与学校的其他访问安排不相互冲突？
- 有没有其他需要你处理的事情？

在哪里进行活动？

- 活动地点是否适合目标的达成？
- 旅程大概需要占用的时间和花费？
- 你是否拥有此类活动经验？
- 是否有关于此类活动的可用信息？
- 如果需要住宿——怎样的住宿条件？

到达活动地点后你将要做什么？

- 制订的活动计划是否适合既定目标的达成？
- 你能管理此类活动吗？
- 产生差别的可能性？
- 需要考虑的环境因素？

其他因素

■ 活动涉及的费用和学生的承受能力都会影响上述问题。学校有怎样的收费政策?

你将怎样让一切发生?

一旦对上述各方面作出决定,就能开始制订详细的计划。很多访问的实际组织工作取决于对常识的应用,这会反映在你所要遵守的学校准则和地方教育局准则上面。作为一名专业的教育者,你已经成为或正在变成一名成功的组织者,但你仍然要记住,课外教学产生偏离学校准则的结果的几率普遍高于计划不周的校本课程教学。你不能低估自己将要承担的责任。下一节概述了很多重要的事情,虽不是不可更改的,但确实是需要执行的。

审　批

让学生报名参加"大型赛事"或是寄出定金之前,需要获得校长的批准,有时还需要管理机构和地方教育局的批准。所计划的旅行的性质决定了审批机构,通常冒险活动都需要与地方教育局联系。如果你所在的学校是由中央政府出资的学校,那就只需校长和管理机构负责作决定。参考你所在学校的规定,确认正确的程序。

家长许可

要进行不属于学校日常活动范畴的访问和旅行,需获得学生家长的书面许可。要获得家长同意,需要让家长了解活动计划。家长要求了解的信息可能包括:

■ 出发和返回的日期和时间;
■ 目的地,如果可能,还包括地址和联系电话;
■ 访问目的;
■ 所进行活动的详细内容;
■ 组长和随行人员的姓名;
■ 交通方式;
■ 与预期行为标准有关的行为准则;

■ 经费安排,包括收费/自愿捐款、付款方式、活动取消后的安排以及有关零用钱的建议;
■ 服装/鞋类/设备要求,禁止项目。

　　上述列表确定了大量必须完成的实践计划。对于一些访问来说,此类计划非常复杂,也非常耗时。此类计划必须切实可行,能够在有限的时间内完成。有些活动安排需要在出发的一年多以前就开始制订。

学生信息

　　除了获取学生家长同意书,还需要收集包括工作人员在内的每个组员的具体信息。此类信息可能包括:

■ 个人详情、全名、住址、生日等;
■ 近亲的联系方式、工作和家庭;
■ 健康情况,如现在服用的药物、过敏反应、潜在的疾病、医生的姓名和地址;
■ 有关道德、健康和宗教的特定饮食需求。

访问前的准备

　　出发之前,除了确定学生的去处和他们需要携带的物品,通常还需要和学生一起做一些准备。行为准则、组织群体、目标设定、学习技能、菜单计划只是其中一些可能需要处理的问题,可能需要几个星期,甚至几个月的时间准备。

学生和工作人员在访问后所作的反思

　　想要将学习效果最大化,就有必要对学生的访问经验进行总结。从反思已完成的活动开始,总结从活动中学到了什么,然后对所学进行转移。通常很难挤出时间进行反思,因此为活动项目安排总结时间非常重要。有时为了处理更紧急的事情,会忍不住把总结和反思搁在一边,这样会削弱之前努力进行的组织和传达工作的效果。

　　工作人员对访问和访问计划有效性的评估是非常有益的,特别是在想要继续进行此类访问的情况下。

供应者

学校经常会将使用日健中心和留宿中心作为教育访问项目的一部分。此类委托所涵盖的范围很广,包括:需要聘请的专业人员、需要使用大规模的商业活动中心或旅游公司。想要选择恰当的供应者,就要进行大量的调查工作,这不仅限于翻看用亮光纸印刷的小册子。毋庸置疑,供应者所提供的服务质量和价格是非常重要的问题,但选择供应者的出发点是看供应者所提供的服务是否符合你的项目目标。例如,他们是否能够提供现成的成套服务(off-the-peg package)或是准备好和你一起制订符合你需求的课程。如果能够和另一位已经使用过该中心的老师进行交流,可以获得大量的有效信息。

冒险活动的提供者必须获得冒险活动许可证制度的所规定的资格证。为了获得资格证,冒险活动的提供者会对自身操作的各方面进行审查,包括管理制度、工作人员的专业知识、设备的适合度、安全程序和很多其他有关健康和安全的安排。学校向本校学生提供冒险活动不需要获得许可,但需要遵守地方教育局的准则。

出发之前!

离开日常的教学环境,可能适合采用更加放松的教学方式,但不要忘记你仍然是一名教师,你和学生及同事的互动会被别人关注和讨论。你应该时刻谨记作为教师应承担的责任。

通过本节,你应该清楚地认识到教育访问涉及高度的投入和责任,以及大量辛苦的工作。尽管如此,不要气馁,因为学生可以从活动中获益,而你也可以发展自身专业。课外教学可以是非常有益的经历。

任务 A.1   学校教育访问程序

如果可以,获取一份有关教育访问的学校政策文件和地方教育局规定文件,从中找出以下几项:
- 获取包含冒险活动的访问许可需要哪些程序?
- 学校关于教育访问的收费政策是什么?能否会向在访问经费方面遇到困难的学生提供帮助?
- 学校/地方教育局对教育访问提供了怎样的保险保障?是否为出国访问或涉及冒险活动的访问推荐额外保障?

任务 A.2　选择供应者

寻找可向学生提供适当课程的地方教育局的住宿中心和商业中心,并获取其详细资料。为你选择的适合学生的假定课程制订标准,并根据此标准对提供课程的中心进行判断和评估。

参考文献

afPE (Association for Physical Education) (2008) *Safe Practice in Physical Education and School Sport*, 7th edn, Leeds: afPE/Coachwlse.

afPE (Association for Physical Education) (2009). *Generic Risk Assessment for Physical Education*, afPE Health and Safety Advisory Panel Meeting Papers, 25 March 2009.

afPE (Association for Physical Education) publications: http://www.afpe.org.uk/public/ncfcpd_info.htm.

afPE (Association for Physical Education) website: http://www.afpe.org.uk/.

AGCAS (Association of Graduate Careers Advisory Services): http://www.agcas.org.uk/.

Alexander, R. (2008) *Essays on Pedagogy*, Abingdon: Routledge.

Allen, F. and Taylor, A. (2009) Active learning, in S. Capel, M. Leask and T. Turner (eds) *Learning to Teach in the Secondary School: A Companion to School Experience*, 5th edn, London: Routledge, pp. 267-284.

Allen, M. and Toplis, R. (2009) The student teacher's role and responsibilities, in S. Capel, M. Leask and T. Turner (eds), *Learning to Teach in the Secondary School: A Companion to School Experience*, 5th edn, London: Routledge, pp. 21-35.

Almond, L. (ed.) (1997) *Physical Education in Schools*, 2nd edn London: Kogan Page.

Ames, C. (1992) Achievement goals, motivational climate and motivational processes, in G. C. Roberts (ed.), *Motivation in Sport and Exercise*, Champaign, IL: Human Kinetics, pp. 161-176.

Anderson, L. W., Krathwohl, D. R., Airasain, P. W., Cruikshank, K. A., Mayer, R. E., Pintrich, P. R., Raths, J. and Wittrock, M. C. (eds) (2001) *A Taxonomy for Learning, Teaching, and Assessing-A Revision of Bloom's Taxonomy of Educational Objec-*

tives, New York: Addison Wesley Longman Inc.

Argyris, C. and Schon, D. (1974) *Theory into Practice: Increasing Professional Effectiveness*, San Francisco, CA: Jossey Bass.

Armour, K. and Jones, R. (1998) *Physical Education Teachers' Lives and Careers. PE, Sport and Educational Status*, London: Falmer Press.

Armour, K. M. and Yelling, M. (2002) Looking with 'fresh eyes': Ways forward for CPD in physical eclucation, paper presented at the Annual British Educatmnal Research Association Conference, University of Exeter, September 2002.

Arnold, P. J. (1988) *The Curriculum, Education and Movement*, London: Falmer.

Assessment Reform Group (ARG) (1999) *Assessment for Learning: Beyond the Black Box*, Cambridge: University of Cambridge School of Education.

Assessment Reform Group (ARG) (2002) *Assessment for Learning: 10 Principles*, Cambridge: university of Cambridge, Assessment Reform Group.

ATL (the Association for Teachers and Lecturers): http://www.atl.org.uk/.

Avramadis, E. and Norwich, B. (2002) Teachers' attitudes towards integration and inclusion: a review of the literature, *European Journal of Special Needs Education* 17, 2: 129-147.

Bailey, R. (2002) Questioning as a teaching strategy in physical education, *The Bulletin of Physical Education*, 38, 2:119-126.

Bailey, R. (2005) Evaluating the relationship between physical education, sport and social inclusion, *Educational Review*, 57, 1: 71-90.

Bailey, R., Armour, K., Kirk, D., Jess, M., Pickup, I. and Sandford, R. (British Educational Research Association (BERA) Physical Education and Sport Pedagogy Special Interest Group) (2008) The educational benefits claimed for physical education and school sport: an academic review, *Research Papers in Education*, 24, 1: March: 1-27.

Bailey, R., Morley, D. and Dismore, H. (2009) Talent development in physical education: a national survey of policy and practice in England, *Physical Education and Sport Pedagogy*, 14, 1: 59-72.

Beaumont, G. (2007) Health and safety, *Physical Education Matters*, 2, 1: 31.

Beaumont, G. (2008) Cotton wool kids: risk and children, *Physical Education Matters*, 3, 3:10-11.

Becta (The British Education and Communications Technology Agency) website: What is ICT. Available online at: http://schools. becta. org. uk/index. php? section = cu&catcode = ss_cu_skl 02&rid = 1701 (accessed 8 September 2009).

Becta (The British Education and Communications Technology Agency) website: Pupil entitlement to ICT: Physical education. Available online at: http://schools. becta. org. uk/index. php? section = cu&catcode = ss_cu_ac_phy_03.

Bell, J. (2005) *Doing your Research Project: A Guide for First-time Researchers in Education and Social Science*, 4th edn, Maidenhead: Open University Press.

Bennett, N. (1976) *Teaching Styles and Pupil Progress*, London: Open Books.

Bennett, R. and Leask, M. (2009) Using ICT for professional purposes: an introduction, in S. Capel, M. Leask and T. Turner (eds), *Learning to Teach in the Secondary School: A Companion to School Experience*, 5th edn, London: Routledge, pp. 47-62.

BERA (British Educational Research Association) (2004) *Revised Ethical Guidelines for Educational Research*, Southwell: BERA. Available online at: http://www, bera. ac. uk.

Best, B. and Thomas, W. (2007) *The Creative Teaching and Learning Toolkit*, New York: Continuum.

Bhopal, K. (2004) Gypsy travellers and education: changing needs and changing perceptions, *British Journal of Educational Studies*, 52, 2: 47-64.

Biddle, S., Cavill, N. and Sallis, J. (eds) (1998) *Young and Active? Young People and Health-Enhancing Physical Activity-Evidence and Implications*, London: Health Education Authority.

Black, P., Harrison, C., Lee, C., Marshall, B. and William, D. (2003) *Assessment for Learning: Putting it into Practice*, Buckingham: Open University Press.

Black, P. and Wiliam, D. (1998) *Inside the Black Box: Raising Standards through Classroom Assessment*, London: Kings College.

Black, P. and Wiliam, D. (2002) *Working Inside the Black Box: Assessment for Learning in the Classroom*, London: King's College.

Blair, R. (2006) Planning for pupils' learning in broader dimensions of the curriculum 2: key skills and the use of information and communications technology, in S. Capel, P. Breckon and J. O'Neill (eds), *A Practical Guide to Teaching Physical Education in the Secondary School*, London: Routledge, pp. 80-88.

Bloom, B. S. (ed.) (1956) *Taxonomy of Educational Objectives: The Classification of Educational Goals. Handbook 1: Cognitive Domain*, New York: Longmans Green.

Bloom, B. S. (1976) *Human Characteristics and School Learning*, New York: McGraw-Hill.

Bowkett, S. (2007) *100 + Ideas for Teaching Thinking Skills*, New York: Continuum.

Brown, G. A. and Edmondson, R. (1984) Asking questions, in E. C. Wragg (ed.), *Classroom Teaching Skills*, London: Croom Helm, pp. 97-120.

Bruner, J. S. (1960) *The Process of Education*, New York: Vantage.

Burchardt, T. (2004) Capabilities and disability: the capabilities framework and the social model of disability, *Disability and Society*, 19, 7:735-751.

Burton, D. (2009) Ways pupils learn, in S. Capel, M. Leask and T. Turner (eds), *Learning to Teach in the Secondary School: A Companion to School Experience*, 5th edn, London: Routledge, pp. 251-266.

Burton, N. (2007) The research process, in P. Zwozdiak-Myers (ed.), *Childhood and Youth Studies*, Exeter: Learning Matters, pp. 146-159.

Burton, N., Brundett, M. and Jones, M. (2008) *Doing Your Education Research Project*, London: Sage.

Capel, S. (2009) Managing your time and stress, in S. Capel, M. Leask and T. Turner (eds), *Learning to Teach in the Secondary School: A Companion to School Experience*, 5th edn, London: RoutledgeFalmer, pp. 36-46.

Capel, S., Breckon, P. and O'Neill, J. (eds) (2006) *A Practical Guide to Teaching Physical Education in the Secondary School*, London: Routledge.

Capel, S. and Gervis, M. (2009) Motivating pupils, in S. Capel, M. Leask and T. Turner (eds), *Learning to Teach in the Secondary School: A Companion to School Experience*, 5th edn, London: Routledge, pp. 124-137.

Capel, S., Heilbronn, R., Leask, M. and Turner, T. (eds) (2004) *Starting to Teach in the Secondary School: A Companion for the Newly Qualified Teacher*, London: RoutledgeFalmer.

Capel, S. and Lawrence, J. (2006) Creating an effective learning environment which promotes 'behaviour for learning', in S. Capel, P. Breckon and J. O'Neill (eds), *A Practical Guide to Teaching Physical Education in the Secondary School*, London: Routledge, pp. 90-99.

Capel, S., Leask, M. and Turner, T. (eds) (2005) *Learning to Teach in the Secondary School: A Companion to School Experience*, 4th edn, London: RoutledgeFalmer.

Capel, S., Leask, M. and Turner, T. (2009) *Learning to Teach in the Secondary School: A Companion to School Experience*, 5th edn. London: Routledge.

Capel, S. and Piotrowski, S. (eds) (2000) *Issues in Physical Education*, London: RoutledgeFalmer.

Carr, G. (1997) *Mechanics of Sport*, Champaign, IL: Human Kinetics.

Carr, W. and Kemmis, S. (1986) *Becoming Critical: Education, Knowledge and Action Research*, Lewes: Falmer Press.

Central Advisory Council for Education (1967) *Children and their Primary Schools: A Report of the Central Advisory Council for Education (England) (The Plowden Report)*, London: Her Majesty's Stationery Office.

Chappell, A. (2006) Safe practice, risk assessment and risk management, in S. Capel, P. Breckon and J. O'Neill (eds), *A Practical Guide to Teaching Physical Education in the Secondary School*, London: RoutledgeFalmer.

Cheffers., J., Amidon, E. and Rogers, K. (1974) *Interaction Analysis: An Application to Nonverbal Activity*, Minnesota: Association for Productive Teaching.

Child, D. (2007) *Psychology and the Teacher*, 6th edn, London: Cassell.

Coates, J. and Vickerman, P. (2008) Let the children have their say: children with special educational needs experiences of physical education—a review, *Support for Learning*, 23, 4:168-175.

Cohen, L., Manion, L. and Morrison, K. (2004) *A Guide to Teaching Practice*, 5th edn, London: Routledge.

Cohen, L., Manion, L. and Morrison, K. (2007) *Research Methods in Education*, 6th edn, London: RoutledgeFalmer.

Cole, P. G. and Chan L. K. S. (1994) *Teaching Principles and Practice*, 2nd edn, New York: Prentice Hall.

Cole, R. (2008) *Educating Everybody's Children: Diverse Strategies for Diverse Learners*, Alexandria, VA: Association for Supervision and Curriculum Development.

Cooper, P. and McIntyre, D. (1996) *Effective Teaching and Learning: Teachers' and Students' Perspective*, Buckingham: Open University Press.

Crouch, H. (1984) *Netball Coaching Manual*, Kingston-upon-Thames: Croner Publications.

Cox, C. B. and Dyson, R. E. (eds) (1975) *Black Paper 1975—The Fight for Education*, London: Dent.

Cruickshank, D. R., Beiner, D. L. and Metcalf, K. (1995) *The Act Of Teaching*, New York: McGrawHill.

Daniels, S. (2008) Physical education, school sport and traveller children, *Physical Education Matters*, 3, 3:32-37.

Davies, E. (2001) *Beyond Dance*, London: Brechin Books Ltd.

Davis, R. J., Bull, C. R., Roscoe, J. V. and Roscoe, D. A. (2000) *Physical Education and the Study of Sport*, 4th edn, London: Mosby.

Davison, J. (2001) Managing classroom behaviour, in S. Capel, M. Leask and T. Turner (eds), *Learning to Teach in the Secondary School: A Companion to School Experience*, 3rd edn, London: RoutledgeFalmer, pp. 116-127.

DCFS (Department for Children, Schools and Families) (2007) *Children's Plan: Building Brighter Futures*, Annesley: DCFS.

DCFS (Department for Children, Schools and Families) (2008a) *Statistics of Education: Special Educational Needs in England January 2008*, London: HMSO.

DCSF (Department for Children, Schools and Families) (2008b) *Departmental Report 2008*, Norwich: The Stationery Office.

DCSF (Department for Children, Schools and Families)

（2008c）*Developing 14-19 Reforms: Next Steps*, Annesley: DCFS.

DCSF（Department for Children, Schools and Families）（2009）http://www, standards. dfes. gov, uk/schemes2/Secondary _ PE/（accessed 1 November 2009）.

DePauw, K. and Doll-Tepper, G. （2000）Toward progressive inclusion and acceptance: myth or reality? The inclusion debate and bandwagon discourse, *Adapted Physical Activity Quarterly* 17: 135-143.

Derri, V., Emmanoullidou, K., Vassilladou, O., Kioumourtzoglou, E. and Loza Olave, E. （2007）Academic learning time in physical education（ALT-PE）: is it related to fundamental movement skill acquisition and learning?, *International Journal of Sport Science* 3, 3: 12-23.

DES（Department of Education and Science）（1988）*The Education Reform Act*, London: HMSO.

DES（Department of Education and Science）（1990）*Starting with Quality: Report of the Committee of Enquiry into the Quality of Educational Experiences Offered to 3-4 Year Olds*, London: HMSO.

DES/WO（Department of Education and Science and the Welsh Office）（1992）*Physical Education in the National Curriculum*, London, HMSO.

Dewey, J. （1933）*How We Think: A Restatement of the Relation of Reflective Thinking to the Educative Process*, Boston, MA: DC Heath and Company.

DfE（Department for Education）（1995）*Physical Education in the National Curriculum*, London: HMSO.

DfEE（Department for Education and Employment）（1998）*Health and Safety of Pupils on Educational Visits*, London: DfEE.

DfES（Department for Education and Skills）（2002）*Guidance on First Aid for Schools*, London: The Stationary Office. Available online at: http://www. teachernet. gov. uk/_doc/4421/gfas. pdf（accessed 2 November 2009）.

DfEE/QCA（Department for Education and Employment/Qualifications and Curriculum Authority）（1999）*The National Curriculum for England. Handbook for Secondary Teachers in England: Key Stages 3 and 4*, London: Stationery Office.

DfES（Department for Education and Skills）（2001a）*The Special Educational Needs and Disability Act*, London, HMSO.

DfES（Department for Education and Skills）（2001b）*The Code of Practice on the Identification and Assessment of Children with Special Educational Needs*, London: HMSO.

DfES（Department for Education and Skills）（2002a）*Key Stage 3 National Strategy. Access and Engagement in Physical Education. Teaching Pupils for whom English is an Additional Language*, London: DfES: 0659/2002.

DfES（Department for Education and Skills）（2002b）*Key Stage 3 National Strategy*, Annesley: DfES.

DfES（Department for Education and Skills）（2003）*Every Child Matters*, Norwich: HMSO. Available online at: http://www. everychildmatters. gov. uk/publications（accessed 15 November 2009）.

DfES（Department for Education and Skills）（2004a）*Pedagogy and Practice: Teaching and Learning in the Secondary School, Unit 7 Questioning*, London: DfES. Available online at: http://www. standards. dfes. gov. uk（accessed 2 November 2009）.

DfES（Department for Education and Skills）（2004b）*Pedagogy and Practice: Teaching and Learning in the Secondary School, Unit 12 Assessment for learning*, London: DfES. Available online at: http://www, standards. dfes. gov. uk （accessed 2 November 2009）.

DfES（Department for Education and Skills）（2004c）*Key Stage 3 National Strategy: ICT across the curriculum, 'ICT in physical education'*, Ref: DfES, 0184-2004 G.

DfES（Department for Education and Skills）（2004d）*High Quality PE and Sport for Young People*, Nottingham: DfES.

DfES（Department for Education and Skills）（2005a）*Secondary National Strategy for School Improvement 2005-06*, Norwich: HMSO.

DfES（Department for Education and Skills）（2005b）*14-19 Education and Skills, Implementation Plan*, London: DfES.

DfES（Department for Education and Skills）（2006）*The Leitch Review: Prosperity for All in the Global Economy—World Class Skills*, London: HMSO.

DfES（Department for Education and Skills）（2007）*Pedagogy and Personalisation*, London: DfES.

Disability Rights Commission（2006）*The Disability Equality Duty*, London: Disability Rights Commission.

Durrant, A. (2009) *An Introduction to Exercise and Sport for People Who Have Autism*, Chelmsford: A. Durrant.

EIS (The Educational Institute of Scotland): http://www. eis. org. uk/.

Elbourn, J. (1999) *How to Develop and Monitor a Safe, Effective and Appropriate Physical Education Programme at Key Stages 3 and 4*, Bristol: Standards for Education.

Elliott, J. (1991) *Action Research for Educational Change*, Milton Keynes: Open University Press.

Elton Report (1989) *Enquiry into Discipline in Schools*, London: Her Majesty's Stationery Office.

Evans, J. and Williams, T. (1989) Moving up and getting out: the classed and gendered career opportunities of physical education teachers, in T. J. Templin and P. G. Schempp (eds), *Socialization into Physical Education: Learning to Teach*, Indianapolis, IN: Benchmark Press, pp. 235-248.

Filer, J. (2007) Bonding through developmental movement play, in E. Marsden and J. Egerton (eds), *Moving with Research*, Clent, Stourbridge: Sunfield Publications, pp. 69-89.

Fitzgerald, H. (2005) Still feeling like a spare piece of luggage? Embodied experiences of (dis)ability, *Physical Education and School Sport*, *Physical Education and Sport Pedagogy*, 10, 1: 41-59.

Fitzgerald, H., Jobling, A. and Kirk, D. (2003) Physical education and pupil voice: listening to the 'voices' of students with severe learning difficulties through a task-based approach to research and learning in physical education, *Support for Learning*, 18, 3: 23-29.

Flanders, N. (1960) *Interaction Analysis in the Classroom: A Manual for Observers*, Minneapolis, MN: University of Minnesota Press.

Fontana, A. and Frey, J. (2000) *The Interview: From Structured Questions to Negotiated Text*, 2nd edn, Thousands Oaks, CA: Sage.

Free Dictionary (2009) *Safe*, available online at: http://www. thefreedictionary. com/safely (accessed 30 June 2009).

Furlong, J. (2007) Universities and Education, Proceedings of the Universities Council for the Education of the Teacher conference, available online at: http://www. ucet. ac. uk/196 (accessed 24 October 2009).

Gallahue, D. and Donnelly, F. C. (2003) *Developmental Physical Education for All Children*, 4th edn, Champaign, IL: Human Kinetics.

Galton, M. and Croll, P. (1980) *Inside the Primary Classroom*, London: Routledge and Kegan Paul.

Gardner, H. (1993) *Frames of Mind—The Theory of Multiple Intelligences*, 2nd edn, London: Fontana.

Gardner, J. (ed.) (2006) *Assessment and Learning*, London: Sage Publications Ltd.

Garet, S. M., Porter, C. A., Desimone, L., Birman, B. F. and Suk Yoon, K. (2001) What makes professional development effective? Results from a national sample of teachers, *American Educational Research Journal*, 38, 4: 915-945.

Garner, P. (2009) Behaviour for learning: developing a positive approach to classroom management, in S. Capel, M. Leask and T. Turner (eds), *Learning to Teach in the Secondary School: A Companion to School Experience*, 5th edn, London: RoutledgeFalmer, pp. 138-154.

Godefroy, H. and Barrat, S. (1993) *Confident Speaking*, London: Judy Piatkus.

Government Equalities Office (2008) *The Equality Bill*, London: HMSO.

Graham, G. (2008) *Teaching Children in Physical Education: Becoming a Master Teacher*, Champaign, IL: Human Kinetics.

Green, A. and Leask, M. (2009) What do teachers do?, in S. Capel, M. Leask and T. Turner (eds), *Learning to Teach in the Secondary School: A Companion to School Experience*, 5th edn, London: Routledge, pp. 9-21.

Green, K. (2002) Physical education and 'the couch potato society', *European Journal of Physical Education*, 7, 2: 95-107.

Green, K (2004) PE, lifelong participation and 'the couch potato society', *Physical Education and Sport Pedagogy*, 9, 1, May: 73-86.

Griffin, L. L. and Butler, J. I. (2005) *Teaching Games for Understanding: Theory, Research and Practice*, Champaign, IL.: Human Kinetics.

GTCE (General Teaching Council for England) (2007a) Making CPD better: bringing together research about CPD, *Teacher Professional Learning Framework TPLF 07*.

GTCE (General Teaching Council for England) (2007b) A personalised approach to CPD, January 2007, available online at: http://www. gtce. org. uk/network/personal_cpd/personal_cpd_project. pdf.

Guillaume, A. M. and Rudney, G. C. (1993) Student teachers' growth towards independence: an analysis of their changing concerns, *Teaching and Teacher Education*, 9, 1: 65-80.

Hardy, C. and Mawer, M. (eds) (1999) *Learning and Teaching in Physical Education*, London: Falmer Press.

Harris, J. (2000) *Health Related Exercise in the National Curriculum*, Leeds: Human Kinetics.

Harris, J. and Penney, D. (1997) Putting health first: an alternative policy and practice for physical education, *Pedagogy in Practice*, 3, 1: 37-55.

Havnes, A. and McDowell, L. (2007) *Balancing Dilemmas in Assessment and Learning in Contemporary Education*, Abingdon: Routledge.

Hayden-Davis, D. (2005). How does the concept of physical literacy relate to what is and what could be the practice of physical education?, *British Journal of Teaching Physical Education*, 36, 3: 43-48.

Haydn, T. (2009) Assessment, pupil motivation and learning, in S. Capel, M. Leask and T. Turner (eds), *Learning to Teach in the Secondary School: A Companion to School Experience*, 5th edn, London: Routledge, pp. 329-351.

Haydon, G. (2009) Aims of education, in S. Capel, M. Leask and T. Turner (eds), *Learning to Teaching the Secondary School: A Companion to School Experience*, 5th edn, London Routledge, pp. 369-378.

Hayes, S. and Stidder, G. (2003) *Equity and Inclusion in Physical Education*, London: Routledge.

Haywood, K. M. and Getchell, N. (2009) *Life Span Motor Development*, 5th edn, Champaign, IL: Human Kinetics.

Heilbronn, R. (2004) From trainee to newly qualified teacher: your immediate professional needs, in S. Capel, R. Heilbronn, M. Leask and T. Turner (eds), *Starting to Teach in the Secondary School: A Companion for the Newly Qualified Teacher*, 2nd edn, London: Routledge, pp. 3-15.

Hellison, D. R. and Templin, T. J. (1991) *A Reflective Approach to Teaching Physical Education*, Champaign, IL: Human Kinetics.

Her Majesty's Government (HMG) (2005) *Every Child Matters: Change for Children*, London: HMSO.

Hill, C. (2006) *Communicating through Movement*, Clent, Stourbridge: Sunfield Publications.

Hopkins, D. (2002) *A Teacher's Guide to Classroom Research*, 3rd edn, Buckingham: Open University Press.

Hoyle, E. (1974) Professionality, professionalism and control in teaching, *London Education Review*, 3, 2: 13-19.

Hoyle, E. and John, P. (1995) *Professional Knowledge and Professional Practice*, London: Cassell.

HSE (Health and Safety Executive) (1995) *The Reporting of Injuries, Diseases and Dangerous Occurrences Regulations (RIDDOR)*, London: Crown. Available online at: http://www. opsi. gov. uk/SI/si1995/Uksi_19953163 en 1. htm (accessed 4 November 2009).

HSE (Health and Safety Executive) (2005) *Incident-reporting in Schools (Accidents, Diseases and Dangerous Occurrences)*, London: Crown.

HSE (Health and Safety Executive) (2006) *Five Steps to Risk Assessment*, London: Crown.

HSE (Health and Safety Executive) (2007) *Incident at Work*, London: Crown.

HSE (Health and Safety Executive) (2009) *Health and Safety Law: What You Need to Know*, London: Crown.

International Baccalaureate Organisation (IBO) (no date) http://www. ibo. org/(accessed 13 May 2009).

Joyce, B., Calhoun, E. and Hopkins, D. (2002) *Models of Learning, Tools for Teaching*, 2nd edn, Buckingham: Open University Press.

Joyce, B. and Weil, M. (1996) *Models of Teaching*, 5th edn, Boston, MA: Allyn and Bacon.

Kasser, S. L. and Lytle, R. K. (2005) *Inclusive Physical Activity: A Lifetime of Opportunities*, Champaign, IL: Human Kinetics.

Kelly, L. (1997) Safety in PE, in S. Capel (ed.), *Learning to Teach Physical Education in the Secondary School: A Companion to School Experience*, London: Routledge, pp. 115-129.

Kerry, T. (2004) *Learning Objectives, Task Setting and Differentiation*, Cheltenham: Nelson Thornes.

Khanifar, H., Moghimi, S., Memar, S. and Jandaghi, G. (2008) Ethical considerations of physical education in an Islamic valued education system, online *Journal of Health Ethics*, 1, http://www. usm. edu/ethicsjournal/index. php/ojhe/article/view/82/116.

Kinchin, G., Penney, D. and Clarke, G. (2001) Try sport education?, *British Journal of Teaching Physical Education*, 32, 2: 41-44.

Knowles, M. S., Holton Ⅲ, E. F. and Swanson, R. A. (2005) *The Adult Learner*, London: Elsevier.

Knudson, D. V. and Morrison, C. S. (2002) *Qualitative Analysis of Human Movement*, 2nd edn, Champaign, IL: Human Kinetics.

Kolb, D. A. (1984) *Experiential Learning: Experience as the Source of Learning and Development*, Englewood Cliffs, NJ: Prentice Hall.

Koshy, V. (2005) *Action Research for Improving Practice—A Practical Guide*, London: Paul Chapman.

Kyriacou, C. (2007) *Essential Teaching Skills*, 3rd edn, Cheltenham: Stanley Thornes.

Kyriacou, C. (2009) *Effective Teaching in Schools*, 3rd edn, Cheltenham: Stanley Thornes.

Lambe, J. and Bones, R. (2006) Student teachers' perceptions about inclusive classroom teaching in Northern Ireland prior to teacher practice experience, *European Journal of Special Needs Education*, 21, 2: 167-186.

Lawrence, D. (1988) *Enhancing Self-esteem in the Classroom*, London: Paul Chapman.

Lawrence, J., Taylor, A. and Capel, S. (2009) Developing further as a teacher, in S. Capel, M. Leask and T. Turner (eds), *Learning to Teach in the Secondary School: A Companion to School Experience*, 5th edn, London: Routledge, pp. 443-452.

Leach, J. and Moon, B. (1999) *Learners and Pedagogy*, London: Paul Chapman.

Leaver, B. L. (1997) *Teaching the Whole Class*, 4th edn, Thousand Oaks, CA: Corwin Press.

Leney, T. (2003) Developing the 14-19 curriculum and qualifications in England—aims and purposes: international and comparative aspects, Discussion paper for Nuffield Review of 14-19 Education and Training.

Macfadyen, T. and Bailey, R. (2002) *Teaching Physical Education*, London: Continuum.

Marland, M. (1993) *The Craft of the Classroom: A Survival Guide to Classroom Management in the Secondary School*, revised edn, Oxford: Heinemann Educational.

Marland, M. (2002) *The Craft of the Classroom*, 3rd edn, London: Heinemann Educational.

Marsden, E. and Egerton, J. (2007) *Moving with Re-search*, Clent, Stourbridge: Sunfield Publications.

Maude, P. and Whitehead, M. (2006) Observing and Analysing Learners' Movement, CD, afPE.

Mawer, M. (1995) *The Effective Teaching of Physical Education*, London: Longman.

Maynard, T. and Furlong, G. J. (1993) Learning to teach and models of mentoring, in D. McIntyre, H. Hagger and M. Wilkin (eds), *Mentoring: Perspectives on School-based Teacher Education*, London: Kogan Page, pp. 69-85.

McGuire, B., Parker, L. and Cooper, W. (2001) Physical education and language: do actions speak louder than words?, *European Journal of Physical Education*, 6, 2:101-116.

McIntyre, D. (2005) Bridging the gap between research and practice, *Cambridge Journal of Education*, 35, 3: 357-382.

McKernan, J. (1996) *Curriculum Action Research: A Handbook of Methods and Resources for the Reflective Practitioner*, 2nd edn, London: Kogan Page.

Metzler, M. W. (1989) A review of research on time in sport pedagogy, *Journal of Teaching in Physical Education*, 8, 2: 87-103.

Metzler, M. W. (1990) *Instructional Supervision for Physical Education*, Champaign, IL: Human Kinetics.

Morley, D. and Bailey, R. (2006) *Meeting the Needs of Your Most Able Pupils: Physical Education and Sport* (with CD-ROM), Gifted and Talented Series, London: David Fulton Publishers.

Morley, D., Bailey, R., Tan, J. and Cooke, B. (2005) Inclusive physical education: teachers' views of teaching children with special educational needs and disabilities in physical education, *European Physical Education Review*, 11, 1: 84-107.

Morrison, A. and McIntyre, D. (1973) *Teachers and Teaching*, 2nd edn, Harmondsworth: Penguin.

Mosston, M. and Ashworth, S. (2002) *Teaching Physical Education*, 5th edn, San Francisco, CA: Benjamin Cummings.

Mouratidis, A., Vansteenkiste, M., Lens, W. and Sideris, G. (2008) The motivating role of positive feedback in sport and physical education: evidence for a motivational model, *Journal of Sport and Exercise Psychology*, 30: 240-268.

Muijs, D. and Reynolds, D. (2005) *Effective Teaching: Evidence and Practice*, 2nd edn, London: Paul

Chapman (Sage).

Murdoch, E. (1997) The background to, and developments from, the National Curriculum for PE, in S. Capel (ed.), *Learning to Teach Physical Education in the Secondary School: A Companion to School Experience*, London: Routledge, pp. 252-270.

Murdoch, E. (2004) NCPE 2000—where are we so far?, in S. Capel (ed.), *Learning to Teach Physical Education in the Secondary School: A Companion to School Experience*, 2nd edn, London: Routledge, pp. 280-300.

NASUWT (National Association of Schoolmasters Union of Women Teachers): http://www. teachersunion. org. uk.

National Coaching Foundation (NCF) (1994) *Planning and Practice: Study Pack 6*, Leeds: NCF.

National Union of Teachers (NUT): http://www. teachers. org. uk.

Oeser, O. A (ed.) (1955) *Teacher, Pupil and Task*, New York: Harper and Row.

Office for Disability Issues (2006) *Secretary of State Reports on Disability Equality*, Department for Work and Pensions, London: HMSO.

Ofsted (Office for Standards in Education) (2002a) *Secondary Subject Reports 2000/01: Physical Education*, London: HMSO.

Ofsted (Office for Standards in Education) (2002b) *Good Teaching, Effective Departments. Findings from an HMI Survey of Subject Teaching in Secondary Schools 2000/01* Ref. HMI 337.

Ofsted (Office for Standards in Education) (2003) *Quality and Standards in Secondary Initial Teacher Training*, London: GreenShires Print Group. Available online at: http://www. ofsted. gov. uk/Ofsted-home/Publications-and-research/Browse-all-by/Education/Teachers-and-teacher-training/Routes-into-teaching/Quality-and-standards-in-secondary-initial-teacher-training/(language)/eng-GB (accessed 16 April 2009).

Ofsted (Office for Standards in Education) (2004) *2004 Report: ICT in Schools: The Impact of Government Initiatives*, May 2004, London: HMI 2196 (www. ofsted. gov. uk).

Ofsted (Office for Standards in Education) (2005) *The Secondary National Strategy: An Evaluation of the Fifth Year*. Available online at: http://www. ofsted. gov. uk/Ofsted-home/Publications-and-research/Browse-all-by/Education/Providers/Secondary-schools/The-Secondary-National-Strategy/(language)/eng-GB (accessed 16 April 2009).

Ofsted (Office for Standards in Education) (2008a) *Evaluation of the Primary and Secondary National Strategies 2005-2007*. Available online at: http://www. ofsted. gov. uk/Ofstedhome/Publications-and-research/Browse-all-by/Documents-by-type/Thematic-reports/Evaluation-of-the-Primary-and-Secondary-National-Strategies/(language)/eng-GB (accessed 16 April 2009).

Ofsted (Office for Standards in Education) (2008b) *Assessment for Learning: The Impact of the National Strategy Support*. Available online at: http://www. ofsted. gov. uk/Ofstedhome/Publications-and-research/Browse-all-by/Education/Curriculum/English/Primary/Assessment-for-learning-the-impact-of-National-Strategy-support/(language)/eng-GB (accessed 16 April 2009).

Ofsted (Office for Standards in Education) (2008c) *The Annual Report of HMCI of Education, Children's Services and Skills 2007/08*, London (www. ofsted. gov. uk).

Ofsted (Office for Standards in Education) (2009) *PE in Schools 2005/08: Working Towards 2012 and Beyond*, April, Reference number: 080249 (www. ofsted. gov. uk).

Oppenheim, A. (1992) *Questionnaire Design, Interviews and Attitude Measurement*, London: Cassell.

Parry, J. (1988) Physical education: justification and the National Curriculum, *Physical Education Review*, 11, 2:106-118.

Parry, P. (2007) *The Interactive Guide to Behaviour Management for Trainee and Newly Qualified Teachers*, Swansea: Inclusive Behaviour Publications.

PEITTE (Physical Education Initial Teacher Training and Education) (2009) Guidance Document for PE ITTE Providers: Supporting Trainees working with Pupils for whom English is an Additional Language, available online at: http://www. peitte. net/ (accessed 2 November 2009).

Penney, D. and Chandler, T. (2000) Physical education: what future(s)?, *Sport, Education and Society*, 5, 1: 71-87.

Penney, D. and Evans, J. (1994) It's just not (and just

not) cricket, *British Journal of Physical Education*, 25, 3: 9-12.

Penney, D. and Evans, J. (2000) *Politics, Policy and Practice in Physical Education*, London: Routledge.

Perrott, E. (1982) *Effective Teaching: A Practical Guide to Improving Your Teaching*, London: Longman.

Peters, S. (2004) *Inclusive Education: An EFA Strategy for all Children*, World Bank, www. worldbank. org.

Physical Education and School Sport (PESS): http://www. teachernet. gov. uk/teachingandlearning/subjects/ pe/nationalstrategy/Professional_Development/.

Physical literacy, available online at: www. physical-literacy. org. uk.

Piaget, J. (1962) *Judgements and Reasoning in the Child*, London: Routledge and Kegan Paul.

Piotrowski, S. (2000) Physical education health and lifelong participation in physical activity, in S. Capel and S. Piotrowski (eds), *Issues in Physical Education*, London: RoutledgeFalmer, pp. 170-187.

Placek, J. (1983) Conceptions of success in teaching: busy, happy and good?, in T. Templin and J. Olsen (eds), *Teaching Physical Education*, Champaign, IL: Human Kinetics, pp. 46-56.

Pratchett, G. (2000) The use of movement observation to assist the affective development of children with profound and multiple learning difficulties, paper presented at the International Special Education Congress, University of Manchester. July 2000.

QCA (Qualifications and Curriculum Authority) (1999) *The National Curriculum for England*, London: DfEE/QCA.

QCA (Qualifications and Curriculum Authority) (2006) *The Diploma: An Overview of the Qualification*, London: QCA.

QCA (Qualifications and Curriculum Authority) (2007a) *National Curriculum for Physical Education*, London: QCA. Available online at: http://curriculum. qca. org. uk/index. aspx.

QCA (Qualifications and Curriculum Authority) (2007b) *Physical Education: Programme of Study for Key Stage 3*, London: QCA/Crown. Available online at: http://www. qca. org. ukcurriculum (accessed 27 October 2009).

QCA (Qualifications and Curriculum Authority) (2008a) *A Big Picture of the Curriculum*, London: Crown.

QCA (Qualifications and Curriculum Authority) (2008b)

Physical Education Programme of Study, London: QCA.

QCA (Qualifications and Curriculum Authority) (2009) *Disciplined Curriculum Innovation: Making a Difference to Learners*, London: QCA.

QCA, DELLS and CCEA (Qualifications and Curriculum Authority, Department for Education, Lifelong Learning and Skills and Council for the Curriculum Examinations and Assessment) (2006) *The Qualifications and Credit Framework: An Introduction*, London: QCA.

Raymond, C. (ed.) (1999) *Safety Across the Curriculum*, London: RoutledgeFalmer.

Richardson, V. and Fallona, C. (2001) Classroom management as method and manner, *Journal of Curriculum Studies*, 33, 6: 705-728.

Rink, J. E. (1993) *Teaching Physical Education for Learning*, 2nd edn, St. Louis, MO: Mosby.

Rink, J. and Hall, T. (2008) Research on effective teaching in elementary school physical education, *The Elementary School Journal*, 3: 207-218.

Robertson, J. (1996) *Effective Classroom Control: Understanding Teacher-Student Relationships*, 3rd edn, London: Hodder and Stoughton.

Rogers, C. (1982) *A Social Psychology of Schooling: The Expectancy Process*, London: Routledge and Kegan Paul.

Rogers, C. (2007) Experiencing an inclusive education: parents and their children with special educational needs, *British Journal of Sociology of Education*, 28, 1: 55-68.

Russell, T. and Munby, H. (1992) *Teachers and Teaching: From Classroom to Reflection*, London: Falmer Press.

Schmidt, R. A. and Wrisberg, C. A. (2008) *Motor Learning and Performance: A Situation-based Learning Approach*, 4th edn, Leeds: Human Kinetics.

Schon, D. (1987) *Educating the Reflective Practitioner*, San Francisco, CA: Jossey Bass.

Seltzer, K. and Bentley, T. (1999) *The Creative Age*, London: Demos.

Severs, J. (2003) *Safety and Risk in Primary School Physical Education*, London: Routledge.

Sherborne, V. (2001) *Developmental Movement for Children*, 2nd edn, London: Worth Publishing.

Shulman, L. S. (1987) Knowledge and teaching: foundations of the new reform, *Harvard Educational Review*, 57: 1-22.

Shulman, L. S. (1999) Knowledge and teaching: foundation of the new reform, in J. Leach and B. Moon (eds), *Learners and Pedagogy*, London: Paul Chapman, pp. 61-77.

Siedentop, D. (1991) *Developing Teaching Skills in Physical Education*, 3rd edn, Mountain View, CA: Mayfield Publishing Co.

Siedentop, D. (1994) *Sport Education*, Champaign, IL: Human Kinetics.

Siedentop, D. and Tannehill, D. (2000) *Developing Teaching Skills in Physical Education*, 4th edn Mountain View, CA: Mayfield Publishing Co.

Siedentop, D., Tousignant, M. and Parker, M. (1982) *Academic Learning Time—Physical Education Coaching Manual*, Columbus, OH: School of Health, Physical Education and Recreation.

Silberman, M. (1996) *Active Learning: 101 Strategies to Teach Any Subject*, Harlow: Allyn & Bacon.

Slavin, R. (2003) *Educational Psychology: Theory to Practice*, 7th edn, Boston, MA: Allyn and Bacon.

Smith, A. and Green, K. (2004) Including pupils with special educational needs in secondary school physical education: a sociological analysis of teachers views, *British Journal of Sociology of Education* 25, 5: 594-607.

Smith, A. and Thomas, N. (2006) Including pupils with special educational needs and disabilities in National Curriculum physical education: a brief review, *European Journal of Special Needs Education*, 21, 1: 69-83.

Spackman, L. (2002) Assessment for learning: the lessons for physical education, *The Bulletin of Physical Education*, 38, 3:179-195.

Stenhouse, L. (1975) *An Introduction to Curriculum Research and Development*, London: Heinemann Educational.

Stidder, G. (2004) The use of information and communication technology in PE, in S. Capel (ed.) *Learning to Teach Physical Education in the Secondary School: A Companion to School Experience*, 2nd edn, London: Routledge, pp. 219-238.

Stidder, G. and Hayes, S. (2006) A longitudinal survey of PE trainees' experiences on school placements in the south-east of England (2000-2004), *European Phys-*

ical Education Review, Autumn, 12, 3:317-338.

Sutherland, R., Robertson, S. and John, P. (2008) *Improving Classroom Learning with ICT*, Abingdon: Routledge.

Swansea Civil Justice Centre (2002) *Rhian Elizabeth Ashton (Claimant) and Neath Port Talbot County Borough Council (Defendant) Approved Judgment*, Swansea: Swansea Civil Justice Centre.

Taylor, A., Lawrence, J. and Capel, S. (2009) Getting your first post, in S. Capel, M. Leask and T. Turner (eds), *Learning to Teach in the Secondary School: A Companion to School Experience*, 5th edn, London: Routledge, pp. 425-442.

TDA (Training and Development Agency for Schools) (2007) *Professional Standards for Teachers*, London: TDA.

TDA (Training and Development Agency for Schools) Continuing Professional Development, available online at: http://www. tda. gov. uk/teachers/continuing-professionaldevelopment.

TDA (Training and Development Agency for Schools) Induction, available online at: http://www. tda. gov. uk/induction.

Teachernet (2008) *Health and Safety*, available online at: http://www. teachernet. gov. uk/wholeschool/healthandsafety/ (accessed 30 June 2009).

Tearle, P., Golder,G. ,Moore, J. and Ogden, K. (2005) The use of ICT in PE in the Exeter Initial Teacher Training Partnership, available online at: http://www. ttrb. ac. uk/attachments/515557e2-ala6-4e2d-a92d-fc44179625c9. doc.

TES (Times Educational Supplement): http://www. tes. co. uk/.

Thomas, S. M. (1994) Adventure education: risk and safety at school, *Perspectives 50*, Exeter: University of Exeter Press.

Thorpe, R., Bunker, D. and Almond, L. (eds) (1986) *Rethinking Games Teaching*, Loughborough: University of Loughborough.

Tumer-Bisset, R. (1999) The knowledge bases of the expert teacher, *British Educational Research Journal*, 25, 1: 39-55.

UK Legislation (Health and Safety)/UK Parliament Statutes/Health and Safety at Work etc. Act 1974 (1974 c 37), available online at: http://www. hse. gov. uk/legislation/hswa. pdf (accessed 4 November

2009).

Underwood, G. L. (1988) *Teaching and Learning in Physical Education: A Social Psychological Perspective*, London: The Falmer Press.

Vickerman, P. (2002) Perspectives on the training of physical education teachers for the inclusion of children with special educational needs: is there an official line view?, *Bulletin of Physical Education*, 38, 2: 79-98.

Vickerman, P. (2007) *Teaching Physical Education to Children with Special Educational Needs*, London: Routledge.

Vickerman, P. and Coates, J. (2009) Trainee and recently qualified physical education teachers' perspectives on including children with special educational needs, *Physical Education and Sport Pedagogy*, 14, 2:137-153.

Voice: http ://www. voicetheunion. org. uk/.

Vygotsky, L. S. (1962) *Thoughts and Language*, Cambridge, MA: MIT Press.

Waring, M. and Warburton, P. (2000) Working with the community: a necessary evil or a positive change of direction?, in S. Capel and S. Piotrowski (eds), *Issues in Physical Education*, London: Routledge, pp. 159-169.

White, M. (1992) *Self Esteem: Its Meaning and Value in School*, Cambridge: Daniels Publishing.

Whitehead, M. E. (2007) Physical literacy: philosophical considerations in relation to the development of self, universality and propositional knowledge, *Sport Ethics and Philosophy*, 1, 3, December: 281-298.

Whitehead M. E. (ed.) (2010) *Physical Literacy Throughout the Lifecourse*, London: Routledge. Available online at: http://www. observinglearnersmoving. co. uk (accessed 1 September 2009).

Whitehead M. E. and Murdoch, E. (2006) Physical literacy and physical education: conceptual mapping, *Physical Education Matters*, 1 (1): 6-9.

Whitlam, P. (2003) Risk management principles, in J. Severs (ed.), *Safety and Risk in Primary School Physical Education*, London: Routledge, pp. 30-42.

Whitlam, P. (2005) *Case Law in Physical Education and School Sport: A Guide to Good Practice*, Leeds: Coachwise/BAALPE.

Wilson, E. (2009) *School-based Research: A Guide for Education Students*, London: Sage.

Wilson, S. and Cameron, R. (1996) Student teacher perceptions of effective teaching: a developmental perspective, *Journal of Education and Teaching*, 22, 2:181-195.

Wragg, E. and Brown, G. (2001) *Questioning in the Secondary School*, London: RoutledgeFalmer.

Wright, H. and Sugden, D. (1999) *Physical Education for All: Developing Physical Education in the Curriculum for Pupils with Special Educational Needs*, London: David Fulton.

Youens, B. (2009) External assessment and examinations, in S. Capel, M. Leask and T. Turner (eds), *Learning to Teach in the Secondary School: A Companion to School Experience*, 5th edn, London: Routledge, pp. 352-366.

Young, M. (2003) National qualifications as a global phenomenon: a comparative perspective, *Journal of Education and Work*, 16, 3: 223-237.

Young, R. (1992) *Critical Theory and Classroom Talk*, Clevedon: Multilingual Matters Ltd.

Zwozdiak-Myers, P. (2006) Action research, in S. Capel, P. Breckon and J. O'Neill (eds), *A Practical Guide to Teaching Physical Education in the Secondary School*, London: Routledge, pp. 28-38.

Zwozdiak-Myers, P. and Capel, S. (2009) Communicating with pupils, in S. Capel, M. Leask and T. Turner (eds), *Learning to Teach in the Secondary School: A Companion to School Experience*, 5th edn, London: Routledge, pp. 107-123.

译后记

《体育教学法》是由英国著名学者苏珊·卡佩尔(Susan Capel)和玛格丽特·怀特黑德(Margaret Whitehead)编辑出版的一本中学体育教学论专著。苏珊·卡佩尔教授是布鲁内尔大学体育和教育学院院长,具有丰富的教学与实践经验。玛格丽特·怀特黑德是英国权威体育教育顾问。

《体育教学法》第一版出版之后,备受读者赞誉,并被广泛地推荐成为英国体育实习生及年轻体育教师所使用的教材。它有助于读者深入地理解中学体育课程的教学任务和目的,并为体育课程设计、教学与评价提供技能指导。

最新出版的欧美学科教学法译丛还满足具有硕士水平的实习教师的需求,以供在英国攻读硕士证书课程(PGCE)的实习教师作为学习材料使用,包括了学习建议和标明"M"级的若干任务。

经过修订的《体育教学法》(第三版)保留了第二版的优点,但也做了修订以反映以下几个领域的变化和发展:获得合格教师资格的标准;政府政策(如《2007年全国体育课程标准(NCPE)》和《关心每一位儿童的行动计划》);健康与安全法律法规;信息与通信技术资源及与他人合作的方式,当今对于体育教师的工作哪一项才是关键点。加强了本书在实际应用中的指导意义,对于研究生水平的学习需求素材也有所涵盖与支持。

国内目前有关中学体育教学方面的著作不少,但对国外的中学体育教学著作了解却不多。有鉴于此,笔者翻译该著作,期望对国内中学体育教学有一定的借鉴价值。全书内容分为18章,从体育教学的基本问题入手,循序渐进,全面深入地阐述了中学体育教学涉及的各方面问题。本教材翻译分工如下:前言:刘承宇(西南大学外国语学院);第1至第3章:张国栋(西南大学体育学院);第4章至第6章:黄菁、董智慧(西南大学体育学院);第7章至第9章:陈雅清(西南大学外国语学院);第10章至第12章:王惠珍(西南大学外国语学院);第13章至第15章:刘婧(西南大学外国语学院);第16章至第18章及附录:唐榕(西南大学外国语学院)。全书由黄菁、刘承宇负责统稿编辑,由汪虹(西南大学外国语学院)负责校译,最后由刘承宇(西南大学外国语学院)负责审校。

本书最大的特点是紧扣体育教学实践性较强的特征,将理论与实践很好地结合,因此本书既是激发体育教育者深入思考体育教育问题的必读文献,也是体育教育专业方向的大学生和研究生学习体育教育思想的教科书和参考书,还可供各级体育师资培训以及相邻学科关心教育的学者参阅。

　　现在本书终于即将出版,笔者深感高兴。首先,笔者要衷心感谢张国栋老师,以及西南大学外国语学院刘承宇教授及他指导的硕士研究生陈雅清、王惠珍、刘婧、唐榕等人。他们在本书的翻译中承担了繁重的翻译工作,不厌其烦地进行修改。正是他们的大力协助,本书才得以顺利完成。其次,笔者要感谢汪虹老师、董智慧同学,她们在本书校订过程中承担了大量工作,保证了本书的翻译质量。最后,笔者还要感谢西南大学副校长陈时见教授、研究生院副院长张学敏教授、西南大学外国语学院副院长刘承宇教授、西南大学体育学院院长郭立亚教授,以及重庆大学出版社,本书最终能够翻译出版得到了他们的大力支持和帮助。我要感谢的人还有很多,在此一并感谢。

黄　菁

2013 年盛夏于西南大学学苑小区